経済戦争の理論

大戦間期ウィーンとゲーム理論

On the Theory of Economic Warfare

The Interwar Vienna and Game Theory

中山智香子
NAKAYAMA Chikako

勁草書房

まえがき

これは、経済戦争をめぐる思考の断面図である。切り口は大戦間期のウィーン、そこにアメリカ生まれのゲーム理論が織り込まれて見えている。だからこの本は、たとえば石油争奪戦や価格カルテルによる締め出しのような、いわゆる経済戦争をモデル化した理論的成果ではないことを、はじめにお断りしておかなければならない。基本的には経済思想をベースとした、もっとずっと限定的な試みだ。それでもこの一書を、「現代思想」と呼ばれる研究領域の片隅におずおずと差し出したい。いわゆる二〇〇一年のナイン・イレブンを境に、アメリカが世界に誇示した「戦争」を目の当たりにした同時代人の問題意識を、本書もまた負うのである。平和を謳うグローバルな自由主義世界は、経済を土台にしつつ、実は何かとんでもない暴力性を備えている。自由主義的経済思想を研究する者がそのことに無頓着なのは、致命的ではないか。テレビに繰り返し流れた崩れ落ちる世界貿易センタービルの残像は、ボディーブローのように効いて、筆者の従来の学問領域の狭い壁を、不可逆的にひび割れさせた。

すでに一九九〇年代から、大戦間期を含む二〇世紀の全体戦争の問題について、総動員や総力戦の概念を軸とする数々の研究成果が生み出されていた。この時期、いわゆる東側陣営と冷戦構造の崩壊は、世界各地に自由と解放をもたらすかと思われたが、実際に起こったのは、旧ユーゴスラヴィアの「内戦」を典型とする、紛争と難民の激増であった。それは従来の戦争の枠組では把握し難いものであった。スーザン・ソンタグは、一九九五年に次のように指摘している。彼女はサラエボで『ゴドーを待ちながら』を上演し、旧ユーゴスラヴィア紛争にコミットした人物である。

「（旧ユーゴの状況は）未来の戦争の見本だと思います。つまり、アイデンティティが明確な主権国家の間の戦争ではなくて、数多くの非常に脆弱な国家が崩壊もしくは自壊し、あげく、一つのエスニック・コミュニティに一つの領土という原則の下に統合された小国家群（statelets）になっていく現象なのです。（中略）そして、ジェノサイドと呼ぶにせよ民族浄化と呼ぶにせよ、小さな単一民族国家を設立するために、ある集団が他の集団を凶暴に侵略しようとする傾向があるのです*」。

＊ 共同インタヴュー「スーザン・ソンタグとの会話：冷戦終結後の政治と文学」（浅田彰・柄谷行人、『批評空間』II-7、一九九五年、八頁）

その頃、世界はまだNATOによるコソボ空爆も、ましてナイン・イレブンもアフガニスタン侵攻もイラク侵攻も、体験していなかった。しかしやがて次々に起こったこれらの出来事をきっかけとして、頻発する諸紛争は実は偶発的、無関係のものではなく、同じ根源から発する一連の事件ではないかと、考えられるようになってきた。戦争そのものが新しくなったわけではない。氷山の一角のように戦争や紛争として立ち表れるものの背後に、構造的かつ暴力的な力がきわめて強くはたらいている。論者たちはこれを帝国と呼び、グローバル・ニューディール、軍事ケインズ主義と呼んだ。いずれにせよそれは、決定的に経済的な要因と結びついた強制力をともなっていた。

紛争のきっかけが、当該国における社会的分断、特にＩＭＦや世銀による構造調整の結果としての一国内の亀裂や格差の拡大と結びついている場合、その力はしばしばネオリベ（＝ネオリベラリズム）と呼ばれた。新自由主義である。たしかに旧ユーゴスラヴィアも例外ではなかった。* 旧ユーゴスラヴィアの累積債務危機は、第三世界諸国が一九六〇年代から七〇年代にかけて経験した危機から構造調整への流れと並行しており、** さらに独自の社会主義システムに内包された第二世界の問題もあって、一九九〇年代以降の自由主義的経済システムのグローバル化の圧力の下で、さらなる脆さを露呈することになったのである。そしてたしかに、新自由主義とは第一に経済的概念である。自由主義的グローバル経済の暴力性を論じるにあたって、ネオリベ、新自由主義という概念を用いる論者は少なくない。

* 「一九六〇年代の終わりから一九七〇年代の初めにかけて、旧ユーゴスラヴィアのリーダーたちは、…自国の産業基盤と国内消費財の生産高を同時に拡大するために、西側諸国から多額の借り入れを行った。しかし西側諸

国が景気後退の局面に入り、ユーゴからの輸出をブロックするようになると、ユーゴでは輸出による利益が減少し、莫大な負債が生じた。…他の多くの債務国と同様、世銀やＩＭＦを含む債権者から、『構造調整』が要請された」(Parenti 2000, p. 19-20)。

＊＊ 例えばヤーギン&スタニスロー、邦訳上巻二七〇-五頁等。

しかし新自由主義が「新」を名乗ることができるのは、従来の自由主義、つまり介入をよしとしない自由主義とみずからを区別することによってであり、つまり国家（介入）か市場かという二者択一のフィクションを基盤にしてのことである。本書はむしろ、このフィクションが今なお、つまり冷戦構造崩壊から二〇年あまりが過ぎてもなお、世界を把握する際に、かえって認識論的障害となっていると考える。そこで、新自由主義の概念が生まれた大戦間期の時代的文脈を整理し、このフィクションから距離をとることを試みるのである。そこに浮かび上がるのは、経済と戦争の分かち難い結びつき、そしてそれをむしろ「平和」として積極的に進める経済戦争のあり方である。そこには、戦争と呼ばれることのない戦争状態と「平和」すなわち戦争不在の状態が共存する世界がある。恒常的な臨戦態勢。それは永続的な緊張と監視状態に留め置かれた、現代世界のフレームである。

＊

一九九〇年代の前半、筆者はウィーン大学で博士論文を準備する留学生であった。ゲーム理論とオーストリアの関わりを指摘する論考さえほとんどなかった当時、これをテーマとした筆者のとりあえずの課題は、ゲーム理論の理論史をまとめることであった。しかし、どうも釈然としない。そもそも浅田彰「公理主義的経済学の誕生(上):ウィーンとケンブリッジ」(一九八二)から基本的な着想を得た筆者にとって、日本でもかなり流行った「世紀末ウィーンもの」のきらびやかな学際的雰囲気への憧憬とともに、ゲーム理論をもっぱら経済理論内在的にとらえることには、強い抵抗があった。ましてゲーム理論の潜在的誕生期はファシズム期である。ファシズムの問題を、経済学や経済的要因だけでとらえることは、当然ながら不可能である。ちなみに一九九〇年代前半当時のオーストリアは、旧ユーゴスラヴィアの紛争のために、移民や難民の流入が次第に増大し、他方でEUへの参加を決めようとしており、民族・人種差別には奇妙なリアリティがあった。旧東欧やバルカン地域の出身者が大半を占める学生寮で、友人たちも筆者も同じく「外国人」であり、時として差別や排除の対象であった。奨学金の切れ目が縁の切れ目という不安定な土台のうえで、われら「外国人」は精一杯この機会を享受し、またこの地の文化を理解しようとしていた。本書の基本的な構想はこの時期に端を発する。博士論文提出を果たした一九九五年の以降の世界の動きは、前に触れたとおりである。

筆者個人はこの年、熊本大学文学部(歴)史学科文化史学講座に職を得て、日本に戻ってきた。文化史学という学際的な場は、思想を芸術、哲学などとのかかわりから総合的に考察する格好の場であった。しかしさらに強い推進力となったのは、二〇〇〇年に赴任し、現在の職場でもある東京外国語大学の大学院(旧)国際協力講座の環境である。本書の問題関心からすれば、むしろ皮肉のような名前を冠するこの講座を率いてきたのは、ブッシュの「テロとの戦争」に当初から鋭く切り込んだ、哲学・思想史研究の西谷修教授であった。かれが主催する二〇〇四年からの共同研究「ネオリベラリズムと戦争の変容」に三年間、また二〇〇七年からの「戦争・経済・メディアから見るグローバル世界秩序の複合的研究」にも参加するうちに、優れた議論や思考に触れ、何とか問題の焦点を絞り込むことができたのである。この間、「国際協力」という概念の不十分さを痛感する中で、(旧)国際協力講座を土台として、代替的な知の体系としての「グローバル・スタディーズ」の領域を考案し、特に教育の現場で練り上げ始めた。講座は大学の組織改編に伴い二〇〇八年度末で消失したが、この仕事はなお継続中である。また外大赴任と同時期から、早稲田大学政治経済学部の一般教養科目、「現代思想(特論)」一コマを持たせていただいた。本書の細部には、これらの講義やゼミを通じて得た学生諸氏の反応やコメントが、さまざまに反映されている。

勁草書房の徳田さんから御連絡をいただき、初めてお目にかかったのは、筆者がナイン・イレブン以降のアメリカの動向に、みずからの研究方針を激しく揺さぶられ始めていた二〇〇二年のことであった。「ゲーム理論の思想」というテーマをめぐって、あれこれお話しさせていただいたことを思い出す。しかしそこから経済戦争という枠組と、それが「平和」として提示されるという主張の基本線を確定するまでに、四年あまりもかかってしまった。二〇〇六年秋、筆者は日本学術振興会の特定国派遣制度の恩恵を得て、ふたたびウィーンに七ヵ月間の研究滞在中であり、この期間に草稿完成をという無謀な試みに挑んでいた。受け入れ先のウィーン経済大学の経済研究所のスタッフたち、別セクションのセクレタリー氏には、とても世話になった。十八区の古びた住まいの大家氏は当時八〇歳、戦争を生き延びた人間の生き様を見事な頑固さで見せてくれて、筆者が戦争を考える指針となった。今でもなお、ウィーン風のコーヒーの香りとともに、鮮明な記憶と懐かしさが甦る。しかし七ヶ月の滞在中に草稿は完成しなかった。完成にこぎつけるまで、さらに三年もかかったのである。

謝辞を捧げたい人々のお名前とお顔が、次々に思い浮かぶ。すでに鬼籍に入られた方々、お元気な方々、応援してくれる父母や親戚の皆様、若い仲間たち、ひとりひとりに深く黙礼する。とりわけ、どう考えても遅すぎる筆者の歩みを待ってくださった徳田さんと、本書を出版してくださった勁草書房さんには、厚く御礼申し上げたい。

二〇〇九年一一月

中山智香子

経済戦争の理論
大戦間期ウィーンとゲーム理論

目次

目次

第一部
大戦間期という時代

本書の対象は大戦間期である(1)。この歴史用語は大まかにいえば、第一次世界大戦と第二次世界大戦という二〇世紀の二つの戦争の間の時期を指すものだ。ヨーロッパ全体を巻き込んだ「世界戦争」が一九一八年に終わり、それからほんの二〇年あまり後、ふたたび世界規模の戦争が起こった特殊な時期である。戦争はひとを殺し、手足や家族をもぎとり、街を血の海にする。戦争に巻き込まれたら、誰しもおろおろと逃げ惑うしかないだろう。戦争の傷跡を癒すには、とても長い時間がかかるし、戦争について話したり考えたりすることは、気乗りしないものかもしれない。それでも、大戦間期について考える場合、それを避けることができない。戦争とのかかわりを見落とすと、この時代をとらえ損なう。

大戦間期は、さまざまなものを破壊した直後の時代であった。第一次世界大戦はそもそもヨーロッパでそれまで戦争について取り決められていた枠組をも、実質的に崩壊させてしまった。以下で詳しく論じるが、ヨーロッパの戦争を規定していたのは、一六四八年、三〇年戦争の終結に際して締結されたウェストファリア条約であったといわれている(2)。この条約は、一定の国々の勢力均衡を条件に各国の存立を認めるもので、結果的には国家という形態以外——もっとも著しくは宗教の覇権——を排除し、国家同士を相互に承認させることで、国家間システムの形成に寄与したといわれている。ところが、初めての「世界」戦争は、このような秩序の枠組を根底から破壊し、加えて、新しい秩序のために、ヨーロッパの中で分かち持たれていた秩序を、それ以外の諸国も含めて考え直させるきっかけとなったのである。ちなみに、ここで特にきわだった存在を示し始めたのがアメリカである。

第一次世界大戦後、人々は平和を希求して制度をつくりあげた。平和のビジョンを描く際に、中心とした考え方は、国際連盟の成立に象徴される「国際社会」であった。この国際社会は戦争で疲弊した諸国の復興を支援すべく、物資や補助金を支給し、銀行制度など国内の制度形成に関するアドヴァイスを行い、これをその後も維持するよう、管理、チェックすることにした。復興援助は特に、経済的側面に重きを置いていたのである。こうした制度のしくみが効果をもつように、人々は、国際社会の秩序が保たれるべきであると考えた。そして秩序を乱すものは、国際社会のネットワークから締め出されるという制裁を受けるよう構想した。ネットワークとは、物資や貨幣の流れであると同時に、国際的に存在を承認されていることでもある。諸国は物資の流入停止や孤立をおそれ、秩序を維持するだろう、と人々は考えた。つまりそれは、経済的な制裁へのおそれという経済的な動機が、つまるところ平和を維持するだろうという構想である。ところが、ひとびとの期待と努力にも関わらず、制度はふたたび危機に陥り、ほどなくして二度目の世界戦争がひき起こされた。この二度目の世界戦争は、多くの国の技術や政治、もちろん経済をも抱き込み、すべてを総動員したあげくに、人間の恐ろしい破壊力を露呈させたのである。

もちろん、国家を基本単位とした国際社会は、すでにウェストファリア体制の時代から、当時人々が想定することのできた「世界」の広がりにおいて構想されており、その意味では、大戦間期に行われたことは、その再建であったかもしれない。「国際的 international」という概念を考案したのは、イギリスで憲法典を構想し、国際法や国際法廷のような制度を確立する必要性を主張して、一九世紀の平和運動に影響を与えた自由主義者J・ベンサムであったといわれている(3)。しかしベンサムの夢は未完に終わり、実現されないままだった。さまざまな常設の国際制度や機関が初めて実際に整備されたのは、大戦間期のことであった。つまり、「世界」の広がりの規模のみならず、自由主義的な国際社会の現実性という点においても、大戦間期の平和のビジョンは、それ以前と異なっていたのである。

大戦間期の考え方の新しさは、経済的要素の重視の仕方にも見られる。つまり、経済的な制裁という考え方は、大戦間期の国際社会のビジョンにおいて初めて、平和に寄与すると信じられるようになったのである。それまでは、たとえば経済封鎖や貿易におけるさまざまな条件や制約など、経済を手段にしてどこかの国に圧力をかけることは、むしろ戦争を始めるきっかけであったり、あるいは戦争そのものであったりした。ちなみに、制裁（サンクション）という概念を考案したのも、実は先のベンサムであり、その用語法は現代とやや異なっているものの(4)、経済的な制裁も含めたさまざまなサンクションがすでに分類、検討されている(5)。ともあれ大戦間期には、経済制裁など経済的な手段を用いた措置を講じることで、軍事によるいわゆる戦争を防ぐことができる、したがって経済制裁は平和に寄与したり、平和そのものであったりする、と考えられるようになったのである。さらにいえば、実際に経済制裁が行われなくても、その勧告だけで十分な機能を果たせるかもしれないこと、その方が望ましいことも、同時に確認された。これらを貫くのは、戦争による被害の量をなるべく少なく済ませようとする合理的思考であった。合理的思考の性質と多義性は、本書が考察したいテーマの核心である。

しかし、果たして自由主義的な政治的・経済的ビジョンは、ほんとうに平和に寄与し、戦争や軍事のロジックと相容れないのであろうか。相容れないとすればなぜ、二度目の世界戦争が二〇余年でまた起こったのだろうか。また、そこで起こったことは、自由主義的ビジョンとの関係において、どのようなものであったのだろうか。本書の扱う大きな「問い」はこれである。結論を先取り的に示しておくなら、先の合理的思考はむしろ「平和としての経済戦争」の考え方を支え、逆に戦争の影を平時に持ち込むのである。

第一章　平和としての経済戦争とウィーン

1. 分析の主軸：三つの書物

さて、考察の中心に据える場所は、大戦間期のオーストリア、特にウィーンである。ハプスブルグ帝国から近代国民国家オーストリアへと縮小された国の首都ウィーンは、一九世紀後半から二〇世紀にかけて、ロンドンやパリと並ぶ世界都市であった。経済思想の分野では、オーストリア学派（ウィーン学派とも呼ばれる）の創始者カール・メンガーとドイツ（歴史学派）経済学の主導者グスタフ・シュモラーとの「方法論争」以来、オーストリアの経済思想が先進近代国民国家イギリスの経済学とこれに対抗したドイツ経済学の狭間に立ち、独自の立場を形成してきた。そしてここで扱う三つの書物、すなわちJ・A・シュンペーター『資本主義・社会主義・民主主義』(一九四二)、K・ポラニー『大転換』(一九四四)、O・モルゲンシュテルンとJ・フォン・ノイマン『ゲームの理論と経済行動』(一九四四)の著者たちは、いずれもウィーンと学問的なかかわりがあった(6)。著者たちはいずれも、学問を修めた時期にウィーンにおり、オーストリア学派と接し、これを学問的な背骨の一部分にした。とはいえ、元を辿れば、モルゲンシュテルンはドイツ(ザクセン地方、ゲーリッツ)、シュンペーターはチェコ(モラヴィア地方、トリーシュ)、ポラニーはハンガリー(ただし生まれた地はウィーンである)の出自であって、必ずしもウィーンの地元出身者というわけではない。学問のために当時の世界都市ウィーンに出るということ自体が、出自の共同体からの切り離しであっただろう。彼らはその後も、「漂流する知識人」としての生涯を送ることになる。彼らの生地であったハプスブルグ帝国は、もちろん勢力の衰退はあったものの、ほとんど時代錯誤に「帝国」という制度を保ち続けた、ヨーロッパ内の例外的存在であった。この「帝国」という制度は、ウェストファリア体制によってほぼ放逐されたはずの政治形態であったが、ハプスブルグ帝国は近代国民国家的なシステムを部分的・折衷的に取り入れ、何とか二〇世紀初頭まで生き延びていた(7)。

第一次世界大戦とその戦後は、三人にそれぞれの形で影響を及ぼした。一八八三年生まれのシュンペーターは、ハプスブルグ帝国の衰弱を目の当たりにしながら、この国が超国家的な役割を果たせるのではと期待を寄せ、また終戦直後に著した諸論考における国家や帝国主義に関する視点を、みずからの後期の代表作『資本主義・社会主義・民主主義』にまで継続させた。一八八六年生まれのポラニーは出兵して負傷し、これを大きな契機として、ジャーナリズムやアカデミズムの世界に踏み込むことになった。もっとも年少の一九〇二年生まれのモルゲンシュテルンは、第一次世界大戦期にはまだ十代の半ばであったが、大戦後にきわめてドイツ・ナショナリズム寄りの立場を表明した論考を著し始める。オーストリア学派に出会うのはその後である。その後三人の著者は、いずれも時代の流れに押されて生活の場を変え、やがてアメリカに到着する。移民の国アメリカ。しかし異国にいること、外国人であることは、いざというときに、あるいはおそらく本人の心構えとしては常に、自分がそこに居ることの意味を説明しなければならないこと、そして求められたときに説明ができなければ、「国籍」をもつ国へと強制送還されてしまう危険と、隣合わせである。まして戦火のもとではなおさらだ。本書で扱う三つの書物は、いずれも英語で執筆され、戦時下のアメリカで刊行されている。この時期のアメリカは、本書のもうひとつの舞台となるが、焦点となる特定の都市はない。

確認しておきたいのは、第一次世界大戦を敗戦したハプスブルグ帝国がついに崩壊し、新生の近代国民国家となったオーストリアは、国際的な取り決めにおいて、復興援助の対象とされた敗戦国であり、決定的に後発国であったという事実である。先に述べたとおり、ヨーロッパだけの広がりが「世界」であった当時のヨーロッパの人々の意識上の縮尺を、二〇世紀後半以降の世界の規模と対応させて考えれば、それは、当時のオーストリアが突然に世界の「周辺」的地域のひとつとなり、いわゆる「第三世界」になったことを意味するだろう。ただそこにきら星のごとく知性が集まっていた。そして一九二九年以降の世界大恐慌は、まさにオーストリアで起きた一九三一年の銀行破綻をきっかけとして、世界に広がったのである。
　その一九三一年、シュンペーターはちょうど来日して講演を行い、ハーバードへと拠点を移し始める。ポラニーはウィーンでジャーナリストとして盛んに筆をふるい、モルゲンシュテルンはウィーンの経済学アカデミズムにおける重責を担い始めていた。その時期からのオーストリアの経済的・政治的混乱は、シュンペーターにとっては、懐かしく戻りたいが遠い故郷の悲惨な現実として、またポラニーとモルゲンシュテルンにとっては目の前の現実として、存在した。そしてこの混乱に押し出されるようにして、ポラニーとモルゲンシュテルンもまた、オーストリアを離れる。ポラニーはひとたびイギリスに亡命して数年を過ごした後に、モルゲンシュテルンはたまたま一時的に滞在していた際に、オーストリアがナチスに侵攻されたという理由で、いずれもアメリカに拠点を移すことになったのである。

　さて、いずれも一九四〇年代の前半に刊行された三つの書物を著者たちが書いていたとき、かれらはもちろんまだ、その後の第二次世界大戦後の二〇世紀後半も、ましてや二一世紀も、経験していなかった。その後、シュンペーターは戦後世界をあまり見ることなく一九五〇年に没するが、ポラニーは一九六四年、モルゲンシュテルンは一九七七年まで生き延びて、『大転換』と『ゲームの理論と経済行動』は版を重ね、改訂された。しかし、その後の改訂や別の著作の有無に関わらず、三つの書物は、いずれもすでに一九四〇年代の時点で、その後の世界のあり方を、ある意味で見通していた。著者たちはそれぞれのありかたにおいて、大戦間期におけるヨーロッパの後発国、被援助国からの視点を基盤にもっており、それで第二次世界大戦後に世界に広がった後発国、被援助国の問題を、先取り的に示していたともいえる。もちろん彼らは知識人であり、いろいろな意味で特権的であったかもしれない。いずれにせよ、三つの書物はそれぞれの仕方で、著者たちが直面した「戦争」の問題を、その理論や思想の中に内在的に取り込んで考察した点において、際立っている。

2.「長い二〇世紀」という視点

三つの書物による「戦争」の考慮のしかたは、それぞれ異なっている。ポラニーの『大転換』は、経済戦争が平和に寄与するものであると国際的に認識された第一次世界大戦後の時代の政治的・経済的文脈と、その「平和」の矛盾がいかに次の世界大戦を引き起こしたかを、批判的な立場から分析した。これに対してモルゲンシュテルン（&フォン・ノイマン）の『ゲームの理論と経済行動』は、戦争に至らないための「平和」を謳う立場、つまり経済制裁を含めた手段としての経済要因を肯定する立場の内的ロジックを描き出し、経済戦争と軍事との位置関係をモデル化する基盤をつくった。その中心に合理性の概念がある。一方、シュンペーターの『資本主義・社会主義・民主主義』は、そのような合理性が次第に全面的に展開される時代の政治の実態、すなわち独自の価値を失って経済的価値観によって運営されていく様相を、特に資本主義、民主主義の変質に関係づけながら批判的に描写した。では、これら三つの書物をどのような文脈におけば、本書のテーマである「平和としての経済戦争」

の誕生と展開が浮かびあがるだろうか。

ここで援用するのは、世界システム分析という長期の時間的枠組である。I・ウォーラーステイン、G・アリギ、A・G・フランクらが、マルクス主義的な見方とフランスのアナール学派の歴史観を基盤としながら一九七〇年代以降に展開した、歴史的なシステムとしての資本主義の分析である。以来、世界システム分析に携わる論者たちは、およそ資本主義システムに批判的な立場から、資本主義の世界的なひろがりと、歴史における循環を含んだシステムの安定性を分析する手法において、一定の問題意識を共有している。そして、その手法にもとづき、長期波動を描く景気循環論によって戦争を「説明」する、つまり戦争の台頭を波動のある時点に特有のものと位置づけることによって、循環に組み込むのである。すなわち、「世界システム分析の視点からみると、戦争は資本主義の世界経済の政治的・経済的発展に不可欠な一部分である。戦争は政治的逸脱や経済的外部性ではなく、またシステムの通常かつ平時から根本的に離れたものではない。……利潤と保護防衛――つまり利のある貿易を求めることと、その拡大を促進したり妨害したりしようとして強制力を行使することとは、密接に結びついていたのである」(8)。

このような試みの一例として、ゴルトシュタインの研究がある(9)。そして、この論考とこれを評する論者たちが先行研究としてあげたのが、シュンペーターの『景気循環論』（一九三九）であった(10)。たしかに本書で扱う『資本主義・社会主義・民主主義』にも、以下で検討するように、ゴルトシュタインの分析と共通する視点が存在する。ゴルトシュタインの分析は、そこで明示的に述べられていない部分を補足する。すなわち、ゴルトシュタインによれば、シュンペーターの考え方には、またそのさらなる先行研究としてのコンドラチェフ（一九二六）と共通して、戦争と国家に関する二つの理論的な前提があるという。つまり第一に、国家は経済成長によって戦争を行うのに必要な資源が得られるようになること、第二に経済停滞によって、主要な国民国家間には市場・資源・領土をめぐる経済的・軍事的競争が発生するということである(11)。これら二つの前提により、国家の枠組を媒介として、戦争という要素を経済システムに内在的な要素として組み込むことができるという。

ゴルトシュタイン自身はこれらをふまえ、戦争の資源理論 a resource theory of war、つまり国家が戦争に向けた十分な軍事的、心理的、イデオロギー的資源を持つ場合に、戦争が起きるという予測的仮説を提示し、それが経験的に実証されてきたことを示した。世界システムの構造の中で好況がひとつのシステムとしてあらわれ、それが戦争に結びつくのは、経済停滞の際に発生した競争が激化すること、またそれが高額の軍事支出や軍備拡張競争、戦争コストを支え、さらに世論(12)における攻撃的で拡張政策的な心理ムードの高まりがこれらを下支えすることによると指摘したのである(13)。それは世界システム分析をベースとして戦争の開始、「開戦」を説明する理論であり、戦争がある程度規則的に繰り返し現れることを示している。もちろん、歴史的経緯に照らしてみた場合、戦争の資源理論は必ずしも常に妥当するわけではない。つまり国家が戦争に向けて十分な資源を持った場合でも、必ず戦争が起きたとは限らない。国家的資源の充実は、戦争が勃発するための十分条件となり得たとしても、必要条件とはなりえない。この点については、シュンペーターに即して、後により詳しく検討する。

しかしオーストリアに軸足を置きながら考察を進める本書の立場からみて、戦争の資源理論には、より重要な問題点が別の部分にある。たしかに戦争の資源理論による国家と戦争の関係は、国際社会の成立後も、少なくとも「大国」については、かなりの程度で当てはまったかもしれない。正確に言えば、歴史の流れの中で、大国だけはそれが有効であるかのようにふるまい続けた。二〇世紀にその大国に該当したのは、特に第二次世界大戦後に自由主義経済の主導国となったアメリカである。戦争の資源理論は、このように規模の大きい主要な国民国家に分析を限定し、結果的には、世界システムに直接の影響力や力学を行使することのできない小国を視野に入れることができない。それは、たとえば中核、周辺、半周辺というカテゴリーを設けて、世界システム内の不均等性を明らかにしようとした世界システム的な視点を、結果的に無意味化することになる。

この点で、同じく世界システム分析の論者であるG・アリギの仕事は、より直接的な参照軸として有用である。もちろんアリギにとっても、世界システムの中核、すなわち主導国（ヘゲモニー）の変遷がおもな問題関心であることに変わりはない。しかしかれは、主著の一つ『長い二〇世紀』で示したとおり、アメリカのヘゲモニーを理解するためには、それ以前との連続性や比較の視点を導入し、二〇世紀を「長く」とらえる必要があると考えたのである。それは単にアメリカをそれ以前のヘゲモニーと比較するのではなく、ヘゲモニー以外の部分との関係に目を向けることも意味している(14)。ここでアリギの諸著作の詳細に立ち入ることはできないが、たしかに本書のひとつの関心もまた、『ゲームの理論と経済行動』が生み出したゲーム理論に象徴的な、アメリカのヘゲモニー時代を支えた論理や構造を分析することにあるといえる。とはいえそれは、アメリカのヘゲモニー自体を分析の目的とするものではなく、むしろアリギが「戦争の産業化」(15)と呼んだ事態を、アリギとは異なる視点から考察するためである。なお、『長い二〇世紀』がポラニーの『大転換』やシュンペーターの『資本主義・社会主義・民主主義』を大いに参照したことを、ここでまず、確認しておきたい。

3. 分析の射程

ところで「長い二〇世紀」という視点を参照することからも明らかなとおり、本書は大戦間期を主たる対象としながら、実は第一次世界大戦の時期から大戦間期、第二次世界大戦期を経て、さらに冷戦期、冷戦構造崩壊期から現代に至るまでの、およそ百年余りの時代を視野に入れている。つまり、これらに通底する「平和としての経済戦争」を明らかにすることで、現代に至るまでのある種の連続性を明らかにすることを、副次的なねらいとしている。なぜか。すでに述べたように、第一次世界大戦の終結以降、国際社会は戦争を避けるための「平和的」手段として、自由主義的な国際経済システムを意識的に用いるようになり、実質的には経済戦争、経済を用いた「暴力」であるものを戦争と呼ばなくなった。そうした「暴力」は、ひとつの典型として経済制裁と呼ばれる制度となり(16)、その後、現在に至るまで、自由主義的な国際社会の承認のもと、特定の対象をターゲットとして行われるようになった。本書の関心は、そのような力の行使を受け取る側、被る側の立場から、こうした制度の意味を考えることにある。

経済制裁の制度が実際に遂行され、経済が現実的に戦争の肩代わりをするようになったのは、およそ第二次世界大戦以降、冷戦期のことであった。その直接的な要因は、第二次世界大戦において、核兵器の使用と大量虐殺という大きな事件があり、第二次世界大戦後に人間がみずからの致命的な破壊力を強く意識したことである。核についていえば、その前史ともいえる時代が大戦間期に重なっている(17)。そして、初めての世界戦争からの再建の試みが結果的に生み出した二度目の世界戦争、全体戦争が、「総動員」の勢いのなかでまるで当然のように科学技術を巻き込み、核兵器である原子爆弾を日本に投下し、おぞましい威力を世界に示したのである。同じく第二次世界大戦中に、ナチズムによる大量虐殺という未曾有の規模の殺戮が行われ、純粋戦争における殲滅の論理と核による全面的破壊が、現実的に二重写しとなった。そこで第二次世界大戦後、そうした直接的暴力による全面的破滅を避けることが、人間社会にとって、あるいは「平和」にとって、根本的な課題とされたのである。集約していえば、二度目の世界戦争、全体戦争が、大戦間期を前史とし、「平和としての経済戦争」の決定的な前提条件を準備したことになる。第二次世界大戦はきわめて大きな転換点であった。

ちなみに、自由主義的な国際社会の希求する「平和としての経済戦争」に潜む本来的な暴力性がさらに明らかになったのは、アメリカがヘゲモニー国家として特殊な位置を占めるようになった後の、二〇世紀も後半から世紀末、そして二一世紀に至ってからのことである。自由の名の下に、民主化の下に、あるいは人道の名の下に、特定の対象をターゲットとして行使される力は、その都度、国際社会による承認をめぐる、さまざまな政治的対立や駆け引きを含みながら、やがては国際社会の承認そのものを切り落とし、特にヘゲモニー国であるアメリカの直接的な暴力行使という事態を生み出すに至った。そのこと自体は本書の対象ではない。ただし、大戦間期の諸問題が現代世界における諸問題の決定的な源泉となっているのではないか。この確信に近い仮説を、本書が意識していることは確かである。

話しを大戦間期に戻そう。大量虐殺と核の問題は歴史的に一回的な問題であるが、いずれも世界戦争の生み出した典型的な帰結でもある。この特殊性を考える点において、本書は世界システムと一線を画している。つまり世界システム分析を援用しながらも、それだけでは経済戦争をとらえるのに不十分であると考える。世界システム分析は、戦争を一般化し、世界戦争における戦争の変容と軍事技術の未曾有の発達、とりわけ核兵器の出現を十分に考慮せず、世界戦争をそれまでのさまざまな戦争と同列に扱うからである(18)。これに対して本書は、三つの書物の出た時期に、それ以前からの決定的な転換点を見る。特に『ゲームの理論と経済行動』は、よくも悪しくも、その新しい視点を先駆的に示した書物と位置づけられるのである。

第二章　経済思想と戦争

通常の枠組からみれば、三つの書物の著者はいずれも経済学者に分類され、三つの書物はいずれも経済思想の領域に属している。つまり経済思想史や経済学史の分析対象である。ところが本書の見方によれば、それらはそれぞれ、「経済学」つまり経済を研究する学問の領域を超えた貢献を示している。戦争に直面したことはおそらく、経済という領域を相対化するきっかけの一つとして、著者たちに強く影響を与えたに違いない。つまり三つの書物は、経済学史や経済思想史の領域内在的な分析だけでは、十分に評価できない側面を持っている。もちろん三つの書物の各著者には、それぞれ何冊もの著作があり、経済学史や経済思想史の分野において、かなりの量の先行研究が存在する。「学問的」手続きにしたがうなら、これらについてそれぞれ一次文献、二次文献を十分に用い、ここで扱う著作の位置づけを試みるのが定石である。しかし本書では、このような定石的手続きを最低限におさえ、三つの書物をなるべく横断的に扱うように試みる。詳細な分析は第二部以降にゆずるが、このことにもう少し立ち入ってみよう。

前章でみたとおり、本書が援用する世界システム分析の枠組において、戦争は資本主義の発展プロセスに寄与するパラメーターの一つである。しかし世界システム分析自体、経済学史や経済思想史の分析対象となることが稀であるという事実もある。それは単に、世界システム分析の展開の時期が一九七〇年代であり、通常の分析対象に比べて若いからではないだろう。より重要なのは、それが社会における経済システムの役割や位置を相対化し、歴史の中での経済の位置についても相対化するため、経済学史や経済思想史の枠組におさめられることが難しいという点である。まして、分析に組み込まれた戦争というパラメーターは、そもそも経済の領域内だけで手なずけることが不可能なものである。以下、「戦争」を一枚岩ではなく、開戦期、戦時期、停戦期という三つの時期に分解し、これに沿って戦争と経済思想の関係を考えてみる。

1. 開戦期・戦時期の経済思想

第一に、開戦期に対応する経済思想を考えてみよう。これは、なぜ経済が戦争のきっかけになるのか、あるいは戦争を行う主体が、いかにして戦争を始められる経済的メドを立てるかを考察するものである。前章でふれた「戦争の資源理論」は、国家を主体とする戦争についての開戦の理論であった。

またたとえば、戦争をいわば肯定的にとらえ、君主や国王の体制の時代に、戦争を行うことのできる生産力を考察した重商主義論もまた、開戦期の経済思想のひとつであった。あるいは戦争を引き起こすに至る経済的要因そのものを批判するために論じられた帝国主義論は、ちょうど逆のベクトルをもつとはいえ、やはり開戦期に関する経済思想である。ちなみに『資本主義・社会主義・民主主義』を書いたシュンペーターや『大転換』のポラニーは、重商主義論や帝国主義論をかなり詳細に考察した。これについては第二部で再び立ち戻る予定である。

では、ひとたび戦争が始まってからについては、どのように経済的な問題が立てられるだろうか。戦時期に関する経済思想は、戦争を行う主体がいかにして戦争を続けることを経済的に、つまり物資面や資金面で可能にするかを問い、あるいは戦争と経済がいかなる構造によって結びついているかを明らかにするものである。これはいわゆる戦時経済論、統制経済論と呼ばれている。戦争の正や負の経済的効果を論じるものや、軍事費を国家予算のひとつに含めるというマクロ的な視点も、三つの区分の中では戦時期の問題に当てはまるだろう。ただし国家予算における軍事費、防衛費という発想が、戦時と平時を連続的にとらえるとすれば、開戦期の問題意識である「いかにして戦争を始められる経済的メドを立てるか」は、戦時期の問題意識である「いかにして戦争を続けることを経済的に可能にするか」と、きわめて似通った問いとなる。いずれにせよ、戦時期の経済思想は、戦争を続けるための基盤やその構造を明らかにし、あるいは戦争の経済的効果を示すことから翻って、戦争の拡大や縮小、場合によっては停止を提案することにつながっている。つまり場合によって、戦略や戦術に動員され組み込まれて戦争の一部分ともなるが、戦争に歯止めをかけることもある(19)。

戦時期の経済思想のバリエーションとして、戦争の生み出す「雇用」が経済的利益であるとする考え方、言い換えれば、貧困対策や雇用のために戦争が行われるかもしれないという考え方が存在する。それは実際、ケインズの経済学への批判として展開されたものでもあった。「ケインズは完全雇用という楽しい白昼夢に浸っていた。……政府にとって最も便利なのは軍事部門である。軍産複合体が主導権を握る。もちろん冷戦その他の戦争が雇用問題の解決のために考案されたとするのは、説得的ではないと思われるが、そのような効果をもっていたことは確かである。……ケインズの楽しい白昼夢は、恐ろしい悪夢となることが明らかになった」(20)。

このように雇用の内容を問わない経済理論が経済学の危機を生み、完全雇用の「幻想」に基づいたケインズ的な雇用政策が、つきつめれば戦時動員の肯定に至ると論じたのは、ジョーン・ロビンソンであった。彼女は続けて、財政赤字を問題としないケインズ主義が「軍産複合体のつけいる隙を許した」、つまり軍事と産業の構造的な結びつきを許し、軍事費の異常な増大を招いたという批判を示したのである。この軍産複合体という概念は、第三部で論じるが、戦争と経済の関係を考察する本書にとって、きわめて重要な概念である。ただし一定の留保も必要である。というのは、軍産複合体という概念を用いることによって、戦争の問題を過度に単純化する危うさを含むからである(21)。

戦争は雇用のために行われるという考え方を含めて、そもそも戦争を経済の問題に還元し、両者の関係が軍事費の問題へと収斂できると考えることは、戦争と経済の関係を考える上で、回避しなければならない単純化である。ロビンソンも述べているように、戦争を経済的な要因だけで説明することはできない。軍事費の増大を問題にし、軍事的関心によって予算や社会生活が圧迫されることへの脅威と批判を示すだけでは、解決策は軍事費の縮小以上のものとならないのである(22)。それは、戦争にはとにかく反対しなければという単純な反戦主義にもつながっている。反戦主義自体に問題はないとしても、ただ反対を叫ぶだけでは、戦争の構造はびくともしないだろう。根本的に問わなければならないのはむしろ、軍事費という項目が予算の一部分として、つまりその額の多少に関わらず、自明な費目としてあげられることの意味である。戦争や防衛が予定可能な経済的「事業」として扱われること、それ自体を問題としなければならない。本書が問うのは、戦争が経済的問題として制御可能であるかにみせる基盤が、いかに形成されたかである。

2. 国家の位置

こうして開戦期と戦時期の経済思想について概観すると、それらが「いかに戦争を行うか」という問い――そのことに対する価値判断をとりあえず留保して――に対する経済的側面からの回答であることがみえてくる。すでに強調したとおり、それは決して戦争のすべてを明らかにするものではない。とはいえ、戦争のある重要な側面を示すことは間違いないだろう。ここで停戦期の経済思想に立ち入る前に、ひとつの概念的寄り道をしておこう。いや、開戦期、戦時期に対応する経済思想の概観を超えて、このようなアプローチに潜む根本的な問題を探るために、そこで前提とされている構造を検討することは、寄り道以上のものである。先にふれた軍産複合体の概念が、冷戦期のアメリカを強く意識させ、もっぱらそこで増大した軍事費の問題をとらえる視点を喚起するとすれば、このような具体性を取り払った構造の呼称として、軍産複合体よりも、戦争機械という概念を用いる方がよいかもしれない。詳細な分析は第二部以降で行うが、それはつまり、機械のように持続的に戦争を行うことのできる構造である。

戦争の資源理論が典型的に示すとおり、開戦期や戦時期の経済思想において、戦争機械の主たるアクターは「国家」である。このことは、世界システム分析の考察対象でもある近代という時期が国民国家の成立期であり、戦争を行う単位もおもに国家となったことに対応している。もちろん、国家単位で行われる戦争を考察する場合には、そこに必ずや相手方があるということ、つまり国家の外部が検討されなければならないことは、明らかである。たとえば貿易に関して、一方で経済戦争的な側面を強調する重商主義論、他方でたとえば比較優位の理論などのように貿易を正当化する理論が生み出され、他の国家との関係を考慮に入れて、国家の役割が論じられるようになったことは、このことを示している。しかし、国家による戦争と平和の枠組が根底から揺らいだ第一次世界大戦、そしてその後の世界秩序形成をリアルタイムで体験した大戦間期の経済思想においては、分析単位としての国家の意味もあらためて問い直されることになった。このことは、立ち入って確認しておく必要がある。

一九世紀なかばから二〇世紀にかけて、社会主義や共産主義の考え方があらわれると、国家の意味は根本的に問い直されつつも、やがてある一定の方向に収斂されることになった。たしかに社会主義や共産主義は、近代以降におよそ当然視されていた資源と暴力の占有を問い直し、それがレーニンのいうコマンディング・ハイツ（管制高地）の概念(23)、つまり「そこから命令を下す高み」に対応するような、最重要かつ戦争遂行に役立つ蓄えの占有であることを確認し、所有という側面から国家のあり方そのものも問題とした。そこには戦争機械としての国家の認識が関わっている。ところが社会主義、共産主義は、みずからの立場を「国家」の側に置き、自由主義・資本主義的経済の立場との差異を際立たせようとしたときに、国家の戦争機械たる部分を、おそらく意識的に視野の外に置いた。かれらは帝国主義という概念を示すことで、戦争はもっぱら自由主義・資本主義的経済の帰結であるとした。そして国家はもっぱら、中央管理・計画経済の主体としての政府の機能・役割であるかのように、体制のビジョンをたてたのである。いわゆる東欧諸国をはさみ、社会主義が現実のものとなったソ連と近接していたオーストリア、ウィーンのアカデミズムの場で展開された社会主義計算論争は、こうした方向を強化する役割を果たした。ポラニーやシュンペーターは、まさにその渦中に身を置いたのである。

大戦間期、人々が真剣な議論を重ねたのは、社会主義か資本主義かの二者択一であり、その内実は計画経済か自由主義的経済かの二者択一、比喩的には国家か市場かという選択肢の問いであった。しかし実際に行われたことはむしろ、社会主義におけるような全面的計画経済を一方の極、自由主義の究極としての自由放任を他方の極とする軸のうち、その両極のあいだで、どの程度の政府の役割、どの程度の介入を最適なレベルとするかの選択であった。したがって、たとえば自由主義の側の「大きな政府」の究極的形態と社会主義の計画経済の相違、あるいは逆に社会主義が管制高地をどこまで手放しても社会主義なのかという問いは、つまるところ定義の問題に帰着することになった。国家か市場かという二者択一は、フィクションに過ぎなかった。にもかかわらず、特に自由主義の側では、このフィクションに基づき、大きな政府と小さな政府を決定的に区別する考え方が支配的となった。ちなみにそれは現在に至るまで、経済学者たちのものの見方を、かなり強く規定している(24)。ポラニーが指摘したことだが、それは自由主義的国際社会のビジョンが勝利し続けていることの証であるといえるかもしれない。

もちろん、国家か市場かというフィクションを支えてきた一つの大きな要因は、ケインズとケインズ主義の思想の台頭であった。実際、本書で扱う三つの書物にとって、あるいは大戦間期におけるウィーン、オーストリアとイギリスの関係においても、ケインズは重要なカウンター・パートであった。シュンペーターが生涯、ケインズの存在を気にかけ、理論的にも常に対抗しようとしたことはよく知られているが、ポラニーもまた、ケインズには早くから注目していた(25)。さらにモルゲンシュテルンもまた、確率や不確実性の理論を体系化しようとしていた際に、ケインズをかなり意識していた(26)。前節でみたとおり、ケインズの思想は、現実的な軍産複合体であった第二次世界大戦後のアメリカや、その原型とされるニューディール期のあり方に、理論的支えを与えたともいわれている。本書ではそれ自体を分析対象としないが、特に国家概念との関連において、ケインズとケインズ主義の思想はとても重要である。しかしここではむしろ、アメリカの自由主義という観点から、この論点にアプローチする。戦争の資源理論を論じた際にみたとおり、大国そしてヘゲモニー国であったアメリカは、国家の戦争機械たる部分を保持し続けた。あるいはそうであるように振る舞い続け、またそれが可能でもあったのである。

はじめての世界戦争で疲弊したヨーロッパに代わって、アメリカは独自の国際的な経済自由主義のネットワークによって戦争を予防するという「リベラルな統治」のビジョンを提示した。もちろんそれは、まったく歴史的な前段階をもたない新しいリベラリズムというわけではなかった。しかし先行研究が指摘するように、二〇世紀初めに登場した三代の革新主義政権（セオドア・ローズヴェルト、ウィリアム・タフト、ウッドロー・ウィルソンの三政権）を支えた理念は、コーポリット・リベラリズム（法人自由主義）という独自のリベラリズムであった。それは個々の経済主体の利害や自由よりもむしろ、企業や組合、各種団体などに所属することで組織化された諸個人の、共通の権利や利害を政府が調整・維持することを試みるという「修正された自由主義の理念」[27]であった。これによって、「巨大法人企業の圧倒的に優位な生産力を国民的観点から評価し、『公共の利益』と『一般的福祉』に反しないかぎり、その存立を容認する政策を採用し、これら巨大法人企業の活動を、建国以来のアメリカ合衆国の伝統的な政治・社会・経済機構にビルトインした」[28]のである。先行研究はこれをもとづき、アメリカのニューディールの諸政策を位置づけ直している。本書にとって重要なのは、このようにしてできたアメリカ的自由主義の特徴である。

特に国家との関わりにおいて確認したいのは、法人企業を積極的に支援する自由主義において、政府が逆に積極的に役割を果たすという点である。ちなみにここでも国家は政府の役割に還元されている。ともあれ政府は特に企業の方針に対して力をかけ、場合によって、あらゆるコミットメントを行うことができる。このような自由主義において、「大きな政府」か「小さな政府」かは、根本的な違いではなく、程度の差に過ぎない。たとえ「小さな政府」であっても、その政府はやはり積極的に役割を果たすのである。本書で検討する三つの書物の著者たちが直面したのは、ヨーロッパとは異なるこのような自由主義のありかたと、その行方であった(29)。そしてまた、そのような国家が戦争機械を作動させるメカニズムとその影響であった。しかしこれを明らかにするためには、停戦期の経済思想に踏み込む必要がある。

3. 停戦期と経済思想

開戦期、戦時期に関する経済思想が、戦争機械の経済的側面ということで直接に戦争と関わるのに対して、停戦期の経済思想、つまり戦争を終わらせる経済思想や戦争をしない時期の経済思想は、直接に戦争に関するものではない。もちろんすでにみた軍事費、防衛費の問題は、停戦期における「次なる戦争をいかに予防するか」の問いにおいて、開戦期、戦時期と連続的にとらえることができる。この問いは、防衛の形をとった恒常的な臨戦態勢を支えるものである。とはいえ、軍事費、防衛費は、予防の「結果」がいわば目に見える形となったものに過ぎない。

一方、大戦間期の自由主義的国際社会の問題意識は、戦争の予防に役立つ手段を考えたという「動機」の部分において、「次なる戦争をいかに予防するか」という問いに取り組んだといえる。それは、社会主義や共産主義、より正確にはマルクス主義の側が、帝国主義概念を通じて自由主義、資本主義経済に内在的な開戦の動機があったとし、戦争の責任を負わせようとしたことへの応答であったともいえる。しかし自由主義的経済思想は、その理論体系内に、戦争を考察する枠組を持っていない。このことを確認しよう。

戦争と平和に関する経済思想を直接的に扱った数少ない先行研究の一つでクーロンは、科学としての自由主義的経済学を、平和という視点から扱っている(30)。もちろん科学としての経済学は、「科学」を自称する限りにおいて、みずからを倫理的・規範的経済学と対置し、平和に関する価値判断も明示しない。とはいえ、クーロンによれば、そこでは平和が通常の状態と考えられており、経済発展が持続的な平和のための根本的な条件であることが基本的前提とされているという。

「科学」としての自由主義的経済学は、学問の全般的分節化、体系化の時代の産物である。すなわち、近代における諸学問の成立と展開という、より広い文脈のなかで現れた動きの一つである。そこでは、経済が戦争からのみならず、政治から分離できる、あるいはそうしなければならないとする信念に支えられて、学問としての経済学の独立性が獲得された。科学としての経済学は、政治や戦争とは無関係にはたらく経済メカニズムが存在し、客観的・中立的な「科学」によってそのメカニズムを分析、実証できるという前提に基づいて、成立したのである。またそれは、成立の時代以来、基本的にひとつの国民国家を分析単位とし、その限りで近代国民国家システムを学問的に支えるという一面を有していた。政治領域からの独立性の要請のため、経済学のパラダイムの中での国家概念は、特殊な位置に置かれることになった。すなわち、本来は学問そのもののパースペクティヴを根本的に規定するものでありながら、実際には内在的に「政府」という経済主体のひとつとしてのみ扱われるという位置である。つまり経済学は、国家を分析対象とするような国家論を、内在的構造として含まないことになる。このことの問題点は、先にみた社会主義、共産主義の側のあり方とも重なりあいながら、戦争機械としての国家という問題意識の欠落としてあらわれることになった。

つまり、科学としての自由主義的経済学は全般的に、戦争を分析対象としなかった。ただし例外的に戦争を明示的に示した論者として、F・Y・エッジワースを挙げることができる。それは国家概念とは独立した個々の駆け引きの観点から、戦争を考慮に入れるものであった。特にエッジワースによる契約の概念が示唆的である(31)。かれは一八八三年の著作 *Mathematical Psychics* において、経済の基本に自己利益を置き、これが個々の成員によって「他者の同意とともに、あるいはそれなしに」追求されること、そして同意のある場合が契約、同意のない——同意なく再契約を交わす——場合が戦争と呼ばれうることを示したのである。これはエッジワースの理論展開においては、決済（settlement）と最終的決済（final settlement）の概念の定義を経て、契約曲線の導出に至るものである(32)。それは、市場における契約が、ひとたび決裂するか不成立に終わるかの場合に、戦争へと方向転換される可能性を示している。契約と戦争はここで、一触即発の隣合わせであり、経済戦争の特質が想起される。

もちろん、エッジワースの定義において、契約すなわち経済行動が、直接的に戦争と同義というわけではない。しかし、契約か戦争かによって成り立つ世界において、もし全般的に戦争の方がより支配的であるとすれば、契約は単に戦争の一時停止を意味するに過ぎないことになるだろう。さらにいえば、契約はたえず再契約に取って代わられる可能性を秘めており、再契約という観点からとらえ直してみると、後のゲーム理論において示されるバックワード・インダクション、つまりさまざまな戦略的意図をもった契約決定という考え方を暗に含んでいる。第三者へのあてつけ的な契約や、相手にとってその締結がむしろ不利にはたらくような契約もあるだろう。この意味においては、戦争の一時停止としての契約自体も、戦争からまったく自由ではありえないことになる。第三部で立ち戻るが、モルゲンシュテルンはエッジワースの契約の概念から多くの示唆を得た。エッジワースの視点は、本書における経済戦争という概念に、強く示唆を与えるものである。

少し異なる側面からとらえ直すと、自由主義的経済学は、停戦に関する経済思想を含むといえる。その基盤となるのは、戦争に何らかの「等価」物を対置するという発想である。科学としての自由主義的経済学の諸思想は、価格決定プロセスにおける値切りの交渉や競争にみられるとおり、「等価」の確定をめぐる駆け引きを扱っている。これを戦争に応用すれば、戦争を続けること、あるいは戦争を始めることも含むが、その対価を経済的手段で支払うことで、戦争を終わらせたり、回避したりするという発想になるだろう。それが具体的な場面で行われれば、賠償金であったり、領土の譲渡であったりするような、停戦条件や戦後処理の手続き、あるいは経済制裁による軍事的戦争の予防となる。本書にひきつけていえば、『ゲームの理論と経済行動』に始まるゲーム理論は、まさにこの部分を抽象的に展開することで、経済戦争の理論の基盤をつくり、自由主義的経済学の中に戦争や政治を分析する装置を備えさせることになった。ゲーム理論の革新性はこの点にあり、本書が第三部で考察するのはこのことである。

第二部
大戦間期ウィーンの布置

第二部では、シュンペーターの『資本主義・社会主義・民主主義』とポラニーの『大転換』とをおもな手がかりにして、大戦間期以前の経済戦争に関する考察を進める。すでに明らかかもしれないが、本書で扱う第三の書物『ゲームの理論と経済行動』は、まだ登場しない。それは、前の二冊とほぼ同時期に刊行されたにも関わらず、そして類似した出自を持つにも関わらず、きわめて異なる性質の一冊だからである。第二部では、その著者の一人、モルゲンシュテルンに関する大戦間期の活動と思想だけを扱い、刊行された書物に関する分析は第三部にゆずることとする。

ここで考察するのは、ウェストファリア体制から世界初めての世界戦争に至る時代、つまり大戦間期に至る直前までに、経済と戦争のあいだにもたらされた、一つの大きな変化である。すでに市場らしきものは存在したが、そこに資本主義のシステムがあらわれ、やがて世界全体にまで広がるようになり、その中で戦争はある程度押さえ込まれた。しかし結局、それまで以上の規模でふたたび現れることになった。このように長いタイムスパンで歴史を対象とすることは、大戦間期を考えるために必要な一段階である。それは第一部ですでにふれたとおり、歴史家や世界システム分析の論者たちの手法、すなわちひとつの世紀を論じるのに象徴的な転換点となった事件の起こった年次によって、ひとつの世紀を少し長めもしくは少し短めに扱ったり、ある時代の到来を可能にした何世紀もの全段階をひとまとめに扱ったりする手法に倣うものである。しかし本書のアプローチが少し異なるのは、それを歴史叙述として行うのではなく、『資本主義・社会主義・民主主義』や『大転換』がそのような歴史叙述を含むこと自体を対象とする点である。

もう少し具体的に説明しよう。たとえば一九九四年に刊行されたアリギの『長い二〇世紀：資本、権力、そして現代の系譜』においては、二〇世紀が歴史叙述の対象として扱われ、シュンペーターの『資本主義・社会主義・民主主義』とポラニーの『大転換』が、重要な部分で大いに参照されている。「長い」二〇世紀は一六世紀から説き起こされ、生産と金融の局面が交互に支配的となる波動の最終的な結果として説明される。それは本書の展開にとっても、参考になるものだ。しかしそこで考察されていないのは、実は『資本主義・社会主義・民主主義』や『大転換』もまた、歴史の流れの中で生み落された成果であり、歴史の一部を形作るということである。経済活動だけが歴史の流れをつくるのではない。人々の思考を凝縮した書物の存在もまた、歴史の重要な要素として存在するのである。

第三章　二つの戦争機械

1. シュンペーターのウィーン

ここでまず素材とするのはヨーゼフ・アロイス・シュンペーターの『資本主義・社会主義・民主主義』である。この書物は一九四二年に刊行されたが、シュンペーターの一九一〇年代から一九二〇年代初頭にかけてのウィーン時代の思考を引き継ぐといわれている。シュンペーターにとって、ウィーンを含めオーストリアで過ごした時代は、生涯の前半に集中しているが、かれの早熟な才能を大いに発揮した多産な時代でもあった(1)。やがてかれはオーストリアを離れ、その後アメリカに移って、二度とここに定住することはなかった。しかし、一生ウィーンを心の故郷とし続けたのである。

シュンペーターは一九〇八年に一冊目の著作、『経済学の本質と主要内容』を二五歳で完成し、これを教授資格論文としてウィーン大学に提出して、私講師としての権利を取得した。一九〇九年の夏学期にはウィーン大学で教鞭をとったが、その後チェルノヴィッツ大学の助教授、一九一一年にはグラーツ大学の経済学教授となって、チェルノヴィッツで仕上げたという二冊目の著作、『経済発展の理論』を刊行した。一九一三年から一九一四年には、アメリカのコロンビア大学に大学間協定の研究者として赴き、ミッチェル、フィッシャー、タウシッグらの経済学者と親交を持ったが、一九一四年にはグラーツに戻って三冊目の著作『経済学史』を刊行、第一次世界大戦が勃発するも、グラーツ大学で唯一の経済学教授であったため、兵役を免除されたらしい。戦時下では、衰退しつつあったハプスブルグ帝国の将来を案じ、皇帝に対して何度か、政治経済的な考察を行った覚書を送っている(2)。そこには戦争と平和に関する考え方や、オーストリアとドイツの両義的な関係についての考察が含まれている。なお、このときに構想された経済的な処方箋は、一九一八年の著作『租税国家の危機』にある程度、結実したといわれている。これは同年のウィーン社会学会での講演をまとめたものであり、敗戦後のオーストリアの経済的苦境、莫大な財政赤字とインフレへの対策を示し、新生オーストリアの生存可能性を考察した(3)。実はここに、戦争機械としての国家の考察が含まれている。

第一次世界大戦後の一九一九年には、ドイツ社会化委員会からの誘いを受けてベルリンに赴き、ヒルファディング、レーデラーらとともに社会化に関する報告をまとめた。マルクス主義者たちの考え方に緊密に接したのはこの時期である。およそ二ヶ月でウィーンに戻って大蔵大臣となったが、その職務からは数ヶ月で追われ、一九二一年から一九二四年まで銀行の頭取をつとめたものの、巨額の負債を抱えて頭取を解任されて、一九二五年からはボン大学の財政学講座教授となるためドイツに赴き、ウィーンを離れた。さらに一九三二年には、一九二七年から客員教授としてつとめていたハーヴァード大学に正式に赴任することになり、アメリカへ移住した。すでに一九三一年には同大学を拠点として、フリッシュやフィッシャーらとともに「計量経済学会」を創設している。ハーヴァードでは後進の指導にも熱心に従事し、一九三九年に『景気循環論：資本主義過程の理論的・歴史的・統計的分析』(4)を完成させた。これが戦争の資源理論の先行研究とされた一書である。さらに一九四〇年には計量経済学会の会長に就任、そして一九四二年に本書の分析対象である『資本主義・社会主義・民主主義』を刊行するなど、実り豊かな時期を過ごして、一九五〇年に死去、最後の関心であった経済学史・経済理論史の研究は、その後『経済分析の歴史』として刊行された。

シュンペーターの多くの著作のうち、『資本主義・社会主義・民主主義』は、タイトルからすると一見、資本主義と社会主義の対立という論点が時代錯誤にみえる。このような二者択一は、第一部ですでにみたとおり、国家か市場かという二者択一のフィクションの土台の上でしか有効でない。にもかかわらず、『資本主義・社会主義・民主主義』が今もなお有効性を保ち続けているのは、資本主義の成功、つまり経済発展とその果てにあるものを突き詰めて考察したからである(5)。かれは、成熟し変質した資本主義における価値観が、社会内部の対立状態を先鋭化させた世界の絶望的な状態において、資本主義は成功ゆえに崩壊すると考えた。その中に、現代にも通じる経済と戦争のかかわりのメカニズムの解明がある。

同書は、第一次世界大戦前後の諸論考におけるシュンペーター自身の思考を受け継ぐといわれるが、アメリカが第二次世界大戦に参戦した頃のアメリカで刊行された(6)。つまり第一次世界大戦と第二次世界大戦というふたつの世界戦争の、ヨーロッパとアメリカとにわたる洞察から生まれている(7)。シュンペーターの課題は、迫り来る世界戦争による世界の変化の予測や、社会主義の実現に関する予言ではなかった。むしろ戦争や時代の変化にもかなり耐えうるような、社会と思想のビジョンを示すことであった(8)。それが『資本主義・社会主義・民主主義』に、今日なお続く有効性を与えている。シュンペーターのビジョンのなかでは、思想など人間のあらゆる文化的な営みが、人間集団によって構成される社会そのものと同じく、経済システムの進化、すなわち人間の力を借りず自立的にみずからを維持、発展するという機械的進化によって規定されている。かれは、そのような長期的進化のプロセスの中で個々の人間が刻印し得るものが、歴史的制約を背負いつつも有効性をもつと考えたのである。戦争に関する記述についていえば、『資本主義・社会主義・民主主義』の最後にある歴史的分析の数章に詳しいが、そこで論じられるのは必ずしも戦争の歴史だけではない(9)。むしろ、人間を抜きにして自律的に進行する経済システムと戦争のメカニズムとのかかわりをとらえ、それを抽出することが、『資本主義・社会主義・民主主義』全体にも通じる課題であった。

『資本主義・社会主義・民主主義』の要諦

では、『資本主義・社会主義・民主主義』が提示した重要な概念は何であろうか。それは資本主義のシステムが歴史上にあらわれて以来、長いスパンで発展の歴史をおし進めた際に、中心となった二つの原動力に関するものである。その一つは、政治的領域と経済的領域のあいだに横たわる、民主主義の概念である。そこではまず、資本主義の発展期における展開と変質が問題であり、また第一次世界大戦後に世界で主導的な立場をとり始めたアメリカと、それに続く諸国における民主主義の問題も、きわめて重要である。また、もう一つ注目される概念は、創造的破壊（creative destruction）の概念である(10)。これは経済発展・開発（英語で言うところの economic development）が根源的に破壊であることを端的に言い表す、きわめてインパクトの強い概念である。そもそも戦争のエッセンスである純粋戦争の概念に基づけば(11)、戦争はひとたび開始されると、巻き込まれたすべてのものが「敵」をできうる限り完全に否定し、その抹消、殲滅にむけて破壊をおこなうことを求める、という途方もないベクトルをもっている。ところがシュンペーターによれば、経済活動にとって、破壊は必ずしも生産の対極にある概念ではない。経済活動における生産とは、無から有を生じさせるプロセスではなく、すでにある何らかのものを結合させて別のものを生み出すという、利用と変形のプロセスなのである。ちなみに、これを明らかにするのが、一九一〇年代のはじめに刊行された『経済発展の理論』において、すでに示されていた新結合の概念である。しかし、逆にいえば、生産のために新しい結合を試みることは、古い結合から特定の要素だけを引き剝がすことであり、その力が強いものであれば明示的に、そうでなければ暗示的に、やはりそこに古い結合の破壊を含んでいる。創造的破壊(12)という考え方は、これを一言で示すものである。

創造的破壊の概念はさらに、終戦後の戦後復興援助として世界規模で進行した経済的な開発が、歴史的な一回性において強制的・暴力的であったばかりでなく、一般的にも、何かを破壊しながら進行することを示唆するものである。具体的に言えば、それはシュンペーターが直接に体験した第一次世界大戦後のオーストリア、あるいはその後、第二次世界大戦後に戦後復興を遂げた敗戦諸国、新たに独立した発展途上国において、共通して体験された事態であった。創造的破壊の概念は、開発(発展)の名のもとで行われる破壊が、経済にとっては、単に生産のもうひとつのプロセスの始まりに過ぎないという事実、つまり経済が戦争すらも利用する可能性を潜ませていることをあらわにする。それは、ひとが生きて暮らしてゆくという営みとしての経済が、生産という局面に関して戦争とは根本的に矛盾することもまた、示しているのである。

2.　帝国主義論批判

第一部で見たとおり、シュンペーターは世界システム分析の論者にとって、戦争の資源理論の先駆者である(13)。シュンペーターがそのような視点を持ちえたのはおそらく、第一次世界大戦後のウィーンで、敗戦国の戦後復興という戦争と経済との深い関わりのなかで、マルクス主義者たちとともに、資本主義か社会主義かの選択肢を問い、資本主義が平和に寄与するシステムかどうか、熟考したからであろう。シュンペーターが戦争に関する考察を行った重要なきっかけは、帝国主義の概念であった(14)。かれは一九一九年、「帝国主義の社会学のために」と題した論考において、帝国主義の概念を検討し、後の『資本主義・社会主義・民主主義』につながる議論を展開した。

シュンペーターが打ち出したのは、「帝国主義は隔世遺伝的なものである」(15)という考え方である。それは、「帝国主義は資本主義の必然的発展段階の一つであるとか、資本主義が発展して帝国主義に移行するとか考えることは、根本的に間違っている」(16)と主張するものであり、資本主義と帝国主義の連続性を説くマルクス主義者の立場、つまりは資本主義が世界戦争の原因であるとする立場を批判する。帝国主義はむしろ資本主義以前の世界、すなわち資本主義以前の「重商主義」時代の特質が、隔世遺伝的に再来したものである。実際、シュンペーターは、『資本主義・社会主義・民主主義』を執筆していた一九三〇年代後半、次第に悪化していく政治経済的状況を、新重商主義時代と名づけている(17)。この点については後述する。

ここで確認しておきたいのは、『資本主義・社会主義・民主主義』冒頭のマルクス主義的教義の検討のなかの、戦争のとらえ方を論じた箇所である。それはシュンペーターによる戦争と経済、政治の位置関係を明らかにする。マルクス主義の教義は、ナポレオン戦争、クリミア戦争、アメリカ市民戦争、第一次世界大戦などあらゆる戦争を、フランス革命、イギリスの自由貿易、労働運動、植民地拡大などとともに、すべて帝国主義、階級闘争の概念を用いて説明し、経済の理論的分析の内部に置いた。本書の見方に沿って言えば、戦争の問題を経済の問題に還元しようとしたのである。マルクス主義は、そもそも政治（ポリティクス）をそれ自体、理論的基盤をもつ独立の領域ではなく、「経済プロセスの構造と状態によって決定され、あらゆる売買と同じように完全に経済理論の領域内で影響を及ぼす導き手のひとつ」(18)として分析した。これに対してシュンペーターは、戦争の開始と維持が、もちろん経済的要素と深く関わりながら行われてきたとしても、戦争それ自体は経済現象ではないという考え方を示したのである。対立、戦いの動機やきっかけは、古代にさかのぼるほど人間に根源的であるが、戦争はそれを行うメカニズムをともなって初めて、いわば「体系」的に遂行されるという。

シュンペーターはここで戦争機械の概念を導入する。そのメカニズムは、社会階層の中で分化した政治・軍事の担い手と、経済の担い手が一定の利害関心を共有し、協同することによって機能し、そこで国家や社会のシステムが、戦争をいわば機械のように持続的に行うことができる仕組みを持つというものである。つまり戦争機械を問うことは、経済や軍事を含め、社会全般にわたる統治と社会的分業の問題を問うことである。シュンペーターはこれを、歴史的文脈に沿って展開する。それは世界システム分析において、何世紀にもわたる動きが分析されることにも対応している。しかしシュンペーターは、より思想史的に、つまり各時代に支配的であった経済思想の枠組に沿って、歴史を考察するのである。

戦争機械

シュンペーターにしたがって、大戦間期すなわち「新重商主義」の源にあるという重商主義の時代に立ち戻り、戦争機械の基本的特徴を確認しよう。かれによれば、中世期の君主は、通常の収入として封建的地代を得ることができたのに対し、その後の君主は対外紛争に直面し、次第にこれだけではまかなうことができなくなった。君主たちは戦費調達の必要を共通の関心事として徴税を始め、これが近代国家の成立に寄与したという(19)。ちょうど三十年戦争の頃の、租税国家の成立である(20)。租税国家の概念は、「あらゆるイデオロギー的粉飾を取り払った国家の骨格は予算である」(21)とする財政社会学的な考え方に基づき、国家の財政的な存立基盤を最も重視して、その本質と限界を租税制度から考えるだけでなく、国家という制度が形成されたそもそもの経緯を、租税の徴収の繰り返しや恒常化に求めるものである。

ここでシュンペーターは、同じ時期に「商業社会」（Commercial society）が成立したとする。この概念は必ずしも厳密に定義されておらず、あいまいな部分もあるが(22)、それは商品経済社会であり、生産手段の私有制度と私的契約、つまり契約の自由、もしくは私的マネジメント、私的イニシアチブによる生産過程の調整によって特徴付けられる社会である。ここで「戦争機械」の分業体制が機能し始めることになる。なぜなら、この商品経済に携わる階層の人間たちは、政治一般や国際政治のゲームに無頓着かつ無能であり、戦争という緊急事態が起こる度に、政治家や国家が抱える軍隊によって守られなければ、事態をのりこえられなかったからである。また他方で国王や貴族階層、軍人らは、商業の従事者たち——あるいはここでは大まかに、ブルジョワジーと言い換えられる——が納める税金、すなわち私経済からの歳入によらなければ、生活を維持したり、戦争を行ったりすることができなかった。つまり、商人もしくはブルジョワジーの側は税収に貢献するという名目で、みずからの安全を守るよう、はたらきかけることができ、国王や政治家たちはブルジョワジーの貿易航路を守ったり、取引における立場を高めたりするという名目で、経済的基盤を確保し、戦争を行うことができたのである。こうして、戦争という事業に関する社会的な分業体制と、これをテコにした階層社会が安定する。

もちろん、戦争機械はたえず作動しているわけではない。シュンペーターも租税がもっぱら戦争遂行のためだけに徴収されたとは考えず、平時には、文化や教育など「公的な」目的にも用いられるようになったとした。そのプロセスを含め、むしろ国家が「租税徴収権をもって、私経済に介入し、たえずそれへの支配力を増大させて」いき、みずからの存立基盤を確立したという点を重視したのである(23)。つまり商業社会の成立期は、戦争機械の形成期に重なる一方で、国家システムの形成期とも重なっている。

ところで、国王たちが地代や税収などによって得た歳入すなわち「資源」を、戦争に振り向けるのか、それともそれ以外のものの整備に振り向けるかに関して、常に国王の一存で即座に決まったと考えられるだろうか。これは、必ずしもそうではない。むしろさまざまな駆け引きがあり、戦争機械は権力者の一存で常に機能したわけではなかった。もちろん戦争機械が作動した時代は、政治・国家体制からみると、おもに絶対主義国家の時代である。各国の国王は、王権を宗教的権威の下で絶対化し、常備軍を携えて戦争に備えた。たしかに各国王は基本的に好戦的であったかもしれない。しかし実際に戦争を行うかどうかは一枚岩的には決定され得ず、そこに各社会階層の相対立する利害が絡み合い、開戦に至る度合いを規定していた。

たとえば、同じ貴族階層でも将校は戦争（特に勝利した場合に）からの間接的利益があるため戦争を支持するが、地主にはコストが大きく利がないのでむしろ反対、国家の役人は無差別か若干反対するなど、それぞれの利害はひととおりでなく、戦争へのそれぞれの態度を規定している(24)。商人階層の利害自体も、その商人が対象とする市場によって異なっている。国際的商人の場合、国家の政策がかれらの経済的・階級的利益を反映していると思われる場合には、もちろん戦争に賛成するが、国内的商人は税を支払わなければならないばかりか、土地や商業ルートに制約が課されるなど、戦争から得られる利益がないため、むしろ反対する(25)。さらに、債務発行から利益を得る金融資本家は賛成、税を支払わなければならない上に徴兵される農民たちは、総じて反対であった。これらの複雑な利害をすべて一掃して常に戦争に始めるほどには、絶対主義国家の国王の権力体制は「絶対」ではなかったのである。むしろ、国王はある程度の利害の一致をうまく利用することができる場合に、ようやく開戦にこぎつけたのである。

重商主義か官房学か

この時代にさかんに行われた戦争は、商業的・経済的利害の対立に国家が盛んにコミットするものであり、戦争機械はしばしば経済戦争のために稼動した。そこで封建制から絶対主義へと移行する早い時期から、経済と戦争の間には相関関係があると考えた実践家たちがいた(26)。重商主義者たちである。かれらは、経済活動そのものが他国との対抗関係においてなされるある種の戦争であること、つまり経済戦争であることに意識的であった。したがって重商主義者は、先行研究においてクーロンも指摘するとおり、ある国が生産力を高めると、その経済的要素が国力・国防に貢献するという立場をとり、政治的・外交的問題に対して、「国富を増強し、戦争できるレベルにするという解決法を示唆した」(27)。これは、それぞれの利害によって戦争への異なる態度をもった社会階層とは別に、思想的なレベルから戦争を支持する一群の人々がいたことを意味している。彼らは分化した社会階層の異なる利害に関らず、あるいはこれを調和させるように、考え方をしめした。M・フーコーがすでに一九七〇年代後半の講義において、自由と安全の概念との関わりにおいて主張したとおり、「重商主義というのは経済に関する教説というより、むしろ統治に関する諸問題の新しい立てかた」(28)であった。

しかし重商主義的な考え方は、続いて現れたアダム・スミスらの古典派経済学によって批判され、この学派が経済学の主流派を形成することになったため、その後、特に経済思想史の通史において、しばしば「スミス以前」として低い評価を受けることになった。シュンペーターが（そして後述するポラニーもまた）重商主義時代に否定的見解を示さず、戦争との関係において、あるいは次に論じるとおり「市場社会」(29)の出現との関係において考察を行ったことは、かなり例外的であった。

ここで、特にドイツ・オーストリア史の文脈において、重商主義と並列的に論じられる官房学の体系についても、ふれておこう。三〇年戦争の時期以降、現在のドイツやオーストリアの各地に当たる諸国で、戦時財政の逼迫と国の崩壊の危機から、租税の基盤強化と並んで求められたのが、官房学的体系の設立であった(30)。官房学を論じた論考の中でトライブは、オーストリアのゾンネンフェルスによる『原理』（一七六五年）を素材とし、官房学が内政（ポリツァイ、ポリス）、商業、財政という三つの領域を扱い、「内政学は、国内的安全を確保し維持するときに従う原理」、商業学は「土地と労働が生み出しうるものを最も有利に用いることによって生計の手段を増加させることについての教え」であること、財政学は「国家の収入を増加させる最も有利な方法」についての教えであることを示した(31)。このような体系に照らすと、官房学は、重商主義論よりも明示的に、商業と財政を調整する内政をも含み、統治の問題の重要性を示していたといえる。『資本主義・社会主義・民主主義』が執筆された大戦間期、英語圏ではヘクシャーの重商主義に関する論考が高い評価を受けていたが(32)、ヘクシャーはドイツの文献、すなわち官房学に関わる文献にほとんど触れなかった(33)。他方、シュンペーターはむしろ、官房学の伝統に大いに意識的であった。

シュンペーターにとって官房学の視点は、重商主義という概念をも乗り越える重要性をもつものであった。重商主義の概念は、文字通り、商業あるいは商品経済的な要素を強調する。ここで問題になるのは、商業や市場、また産業も含めた経済的要素が、国家に対してどの程度の力や独立性を持っていたかである。それは統治と経済の力のバランスの問題であり、マルクス主義の経済的分析とは相容れない部分でもある。シュンペーターによれば、この時期の各国の生産力は、重商主義者たちがいうほどには、つまり国内生産の余剰から資本輸出を行う諸国が対立し、国際間の軍事的もつれをもたらすほどには、高くなかった(34)。つまり経済的要素は、それ自体が戦争、開戦の原因ではなかった。むしろ国王の遂行する国家政策が産業、ひいてはブルジョワジーを従属させる力の方がずっと強く、そこで戦争機械がうまく機能していた、とシュンペーターはみるのである。実際、歳出に関する決定をもっぱらみずからの政策遂行のため、あるいは臣下の批判的介入を避けて行おうとする国王に対して、ブルジョワジーは探りをいれたり陳情・忠言を行ったり、あるいは制約を課したりした(35)。かれらは次第にその力を増大させ、商業と財政とをバランスさせる内政や統治のあり方を、次第に変化させていったと見られるのである。

ちなみにポラニーの『大転換』は、これを重商主義時代の両面性として論じている(36)。重商主義者は「産業に対する国家の介入が広く普及する」(37)ことを求め、また労働と土地という基本的な生産要素が商業の対象としての商品とならないよう、保護していた壁を破ろうとしなかった。しかし同時に、狭い地域内、もしくは地域間の取引と個別主義の壁を打ち破り、遠隔地を含めた取引や市場を「解放＝自由化 freeing」(38)した。後者は、重商主義期に内包された市場社会への移行プロセスである(39)。シュンペーターのビジョンにおいては、商業社会という、ややあいまいな概念で統一的に把握されていたため、明確に示されなかったが、重商主義の時代にはこのような両面性があった。しかし市場社会への移行にともない、官房学が明らかにした統治のバランスは変化し、戦争機械を担った社会階層の役割分担は、解体されることになる。

ウェストファリア体制の位置

ここで、重商主義時代から市場社会の全面展開期への移行を確認する前に、重商主義期＝官房学形成期を、戦争を軸とした世界システム分析の文脈にひとたび置き戻してみよう。それはシュンペーターによる商業社会の把握を、相対化するために役立つだろう。すなわち、商業社会形成の結節点となったウェストファリア条約、そしてオランダのヘゲモニーの形成と衰退という歴史的観点からの補足である。

ウェストファリア条約は、第一部で見たとおり、一六四八年に三〇年戦争を終結させ、領邦国家ドイツにおける宗教と領土を安定化させるものであった。しかしそれは、ドイツ一国の官房学体系もしくは重商主義的政策にとってのみ、意味をもったのではなかった。むしろ、カトリックやプロテスタントの信者がその後、他国の同一の信者を支援するとして主権の外から介入することを断念させ、内政不干渉と相互承認の義務によって、各国家を主権国家として存続可能にさせ、国際システムを安定させる役割を果たした(40)。それは宗教から政治への重点のシフトであり、世俗化の契機であり、また戦争と国づくりを行う単位としての国家という枠組みの確立であった。

それればかりではない。世界システムのなかのヘゲモニーを論じたアリギは、オランダが、このような国家を単位とする複数の集団から成るシステムの秩序に向けて「国際的な」提案を行い、多くの支持者を見出してスペインを孤立させ、主導権を握るきっかけを得たことを指摘している。ヘゲモニーという観点からすれば、ここからがオランダのヘゲモニー時代であるということになる。ただし第一部の冒頭で見たとおり、この当時の「国際的」とはまだ、二〇世紀的な意味での全世界的な広がりをもたず、ほぼヨーロッパ全体を射程に持つことを意味するに過ぎなかった。

ところでそのヘゲモニーの内実として注目されるのが、戦争との距離のとり方である。特にカギとなるのは、ウェストファリア条約において和解に続く条約の中の、貿易障壁の撤廃と商業の自由を謳う条約、つまり戦時にあっても、「非戦闘員の財産と商業を保護するルール」を定めたものである(41)。こうして経済という要素は、戦争から切り離されることになった。それは戦争中でも経済活動ができるという意味であると同時に、貿易障壁や経済封鎖も一つのやり方であるような、経済を武器とした戦争のあり方を否定する意味でもある。アリギが書くように、「私企業は、戦時でも、政治的管轄権に関係なく、平和裏に商業を組織する相当の自由を与えられていた。このことは戦争手段と生活手段の安定的供給についての、支配者と臣民の一般的利益を反映していただけではない。それは無拘束の資本蓄積に対するオランダの資本主義的寡頭支配の特殊利益をも反映するものであった」(42)のである。オランダはアムステルダムを金融の中心地として機能させ、海軍力を背景として貿易を拡大して、特許株式会社の形成へと世界システムを導いた(43)。まさにこれらの時期が重商主義時代と呼ばれる時期に対応していることを、ここで確認しておきたい。

3. 創造的破壊

資本主義時代の合理性

後続したのが、資本主義の時代である。シュンペーターはこの資本主義の時代を、民主主義との関連から位置づけている。すなわち資本主義の時代とは、政治、とくに民主主義を担う政治が経済の担い手によって、軍事の特別な担い手もないまま運営され、結果的には恣意的に戦争を可能にするような意思決定構造を生む時代であった。内的な矛盾が次第に増大していたその果てで、初めての世界戦争が「租税国家の危機」を顕現させ、ついにシステム全体を崩壊させるに至る。重商主義の時代は、各国が商業、すなわち私的ビジネス取引と租税による国家財政を、内政的統治によってバランスさせようとした時代であったが、外交的にはたがいに敵対し、さまざまな二国間戦争、経済戦争が繰り広げられた。この後に続いたのが、いわゆる産業革命の時代である。経済戦争は否定され、また軍事的な通常の戦争が行われている場合でも、経済活動が支障なく行われるよう、制度が整備された。そこで産業・工業の規模は飛躍的に上昇し、市場社会が定着し、古典派以降の主流派経済学が成立、展開される。カントが一七九五年に『永遠平和のために』を著し、常備軍を撤廃して平和を求めるべきだと唱えたことに象徴的なとおり、さまざまな意識的、無意識的志向性が「平和」に向かってはたらいたのである。

『資本主義・社会主義・民主主義』と『大転換』は、いずれもこの局面を重商主義の時代から半ば連続的にとらえているが、両者とも、この時代の平和をもたらした変化が矛盾を含んでいたことを指摘している。シュンペーターはシステムの内的ダイナミズムに矛盾を見出し、また次章でみるようにポラニーは、この矛盾を制度的メカニズムの中でとらえた。ともあれ矛盾は次第に増幅し、第一次世界大戦という世界戦争を引き起こすに至ったのである。この時代は、後続する新重商主義時代の直接の引き金であった。したがってシュンペーターによる資本主義時代の位置づけは、何よりもまず、租税国家の危機と崩壊という観点から捉えられる必要がある。そしてその中心に、創造的破壊の概念が置かれている。

租税国家の経済的担い手であるブルジョワジーは、かれらを支配していた上層階層の特権を次第に奪うことで、その階層の安定的な地位、既存の秩序、ついには階層そのものを破壊した[44]。社会階層における創造的破壊である。『資本主義・社会主義・民主主義』の別の箇所では、農業革命や産業革命の例によりながら、資本主義的事業が創造する「新しい消費財、新しい生産方法、新しい輸送方法、新しい市場、産業組織の新しい形態」[45]として、あるいは「絶えず古い構造を破壊し、絶えず新しい構造を創造し、経済構造を内側から（強調は原文通り）絶えず変革するという産業的変異——もし生物学的な用語を用いるとすれば——」[46]として、叙述されている。

それはまた、『経済発展の理論』における経済発展の概念、特にその中心をなすと定義される「革新」の概念にも対応している。すなわち、「新製品の生産や旧製品の新しい生産方法において、これまでに試されたことのない技術的可能性を試したり、新しい原料供給源との取引を開始したり、産業を組織し直して生産物の新しい売れ口を開始したりして、生産パターンを革新する」(47)企業家機能として、説明されているものである。革新の実体は新結合、つまり従来からあったものを別の形で結びつけることであり、このアイディアに信用創造というかたちで銀行を介した投資が行われ、やがてそこに利潤の実体を伴うことで、経済システム全体に影響を及ぼしていくプロセスが進行する。企業家機能について、シュンペーターは必ずしも資本主義に固有とはとらえず、むしろそれ以前からの商業社会として連続的にとらえた。ただ一点、資本主義時代には信用創造という銀行と貨幣市場の役割によって、企業家の威力が存分に発揮されるようになったとするのである。貨幣市場については、次章で『大転換』を素材として、あらためて論じることにしよう。

ところで、このような「創造的破壊」の根本にある、遂行原理としての合理性の貫徹という特徴が注目される。これが戦争の変容に深く関わり、また史上初の世界戦争を超えて、またひとたびの世界戦争、大転換の時代にまで裾野を広げるからである。シュンペーターは、資本主義経済が「社会・心理的上部構造（強調は原文通り）」(48)において、社会生活全般にわたる文化的、文明的補足物としての合理主義的思考、行動、合理主義的文明を伴うとした(49)。合理性はロマンティシズムやヒロイズム（英雄主義）を追い払い、人間の精神がものごとをすべて経済的必要性から考えるようにさせ、資本主義のプロセスを通じてさまざまな産物を生み出すという。近代文明のあらゆる細部がその産物である

(50)。つまり、重商主義時代には部分的にしか機能していなかった合理主義が、産業革命期以降に次第に全面的に展開されるようになる。

シュンペーターはこれに関して、本質的な点をつくからとして軍事的な比喩を用い、企業家と戦士や将軍を並べて論じている。中世やナポレオン戦争の頃までは、戦争は騎士や戦士たちの生涯にわたる訓練や将軍のリーダーシップに拠っていたが、社会や技術の変化によってかれらの価値が損なわれ、やがてはかれらの階層や機能そのものが破壊されることになった。しかし強調点は、それでも戦争そのものがなくなったわけではない、という点である(51)。所与としての戦争、それ自体なくなることはない戦争が、性質的に変化した。それは合理化され、組織化された戦争となる。総力戦時代に通じる戦争である。

従来シュンペーターは資本主義、ブルジョワジーの平和的性質を強調したとされており、この点で批判されてもきたし、それはマルクス主義を帯びた帝国主義論に対するシュンペーターの批判の核心部分でもあった。確かにシュンペーターのビジョンにおいて、戦争は所与であり、資本主義が戦争を引き起こしたり、可能にしたりしたわけではない。つまり端的に言って、戦争は資本主義の結果ではない。むしろ、戦費調達を担うブルジョワジーは戦士イデオロギーを共有せず、それを嫌悪して、合理的計算を行う(52)。この価値観は社会においてひとたび支配的となると、みずからに対してはその刃を振るわない。具体的に言えば、商業社会を特徴づけている私的所有と私的契約の制度において、ブルジョワジーはひとたび生産手段を所有し、契約を得ると、それを維持することがもっとも合理的であると判断する(53)。かれらはあえて資本主義的な創造的破壊のプロセスを続けることを求めず、さらによい生産手段、別の契約を求めたり、未知で新たな世界に向かって「闘い」続けたりはしないのである。というのは、そうした闘いにはリスクや不確実性をともない、余分なエネルギーを消費するため、いわばかれらはここでも闘いのコストを計算し、むしろ既得のものを保つことを選ぶのである。ここでの合理性は、より高い利潤にむかう合理性ではなく、コストを計算し、相殺するマネジメントの合理性である。たとえばそれは、契約を戦争に比して論じたエッジワースなどの考え方とは根本的に異なっている。合理主義的価値観はここではむしろ、自己保存を貫徹するとされるのである。生産手段や維持のためには、個人の行動よりも事務局や委員会組織などが重要となり、結果的に経済のプロセスは自動的かつ非人間的なものとなる。

それでもここには、合理的精神による創造的破壊のプロセスが含まれている。合理的精神は、それ以外の制度や行動原理を否定することによって、みずからを貫徹するのである。異なる価値観を否定すなわち破壊し、それを追い払う点において、ブルジョワジーとかれらの合理主義は、単に平和的性質をもつとはいえないだろう。その結果、何が生じるか。租税国家の経済の担い手であったブルジョワジーは、みずからを戦争から守る保護の楯を消失させ、戦争機械の分業関係を破壊した。戦争のあり方は変わるかもしれないが、戦争そのものはなくならず、戦争の危機が迫るとき、ブルジョワジーは対処することができない。これが初めての世界戦争をきっかけに明らかになった「租税国家の危機」であった。ちなみに合理主義的価値観と戦争、経済戦争の関係については、第三部で考察するとおり、ゲーム理論から戦略研究へと至る一連の研究が、この両義性を明確に示すことになる。

4. 資本主義時代の民主主義

租税国家の危機となった初めての世界戦争の後、続いたのは、各国があらたに租税国家としてみずからを組織し直し、その集団としての国家間システムの再建によって危機ののりこえを試みた大戦間期の時代であった。これ自体は次章の課題である。しかしこの時期以降、シュンペーターの関心は次第にアメリカへ向かうことになる。それはかれ個人の「外遊」という歴史的偶然性であると同時に、思想上の関心として、大きな危機を迎えた後に「資本主義は生き延びるか?」というテーマを考えたとき、到来すべき社会主義と同程度の重要度を帯びて、戦争機械の行方という問題が浮上したのではないかと思われる。それは、市民（ブルジョワジー）という一つの社会階層しか存在しない社会における意思決定、つまり資本主義時代における民主主義というテーマである。創造的破壊の概念と並んで、『資本主義・社会主義・民主主義』の重要な概念である民主主義の分析は、おそらくこの時期に熟成されたものである。

民主主義の萌芽の時代は、市民革命と近代国民国家の成立期であり、シュンペーターはこれを、戦時の戦費調達による財源が平時には公共教育や文化生活へと用いられるようになり、その限りで個人の生活を社会化すると同時に、公的支出の肥大化が租税制度を通じて私経済を圧迫した時期と説明した(54)。かれは、ブルジョワジーが基本的に政治に無頓着かつ無能であることを強調した。つまりこの時期の政治は、公的部門の拡大というよりは私的部門と公的部門の一元化であり、政治に固有でない担い手による「公」すなわち政治の領域の奪取、その結果としての「公」や政治の変質であった。ブルジョワジーの合理主義的価値観は、つきつめれば「吝嗇国家」(55)を志向するしかない。この見方にたてば、政治的に民主主義、民主化の実現としてとらえられるものの内実は、経済領域という私的＝民営的 private な領域の担い手が、素人であるにも関わらず、「公」的領域＝政治的領域を運営する事態とされることになる。これが民主主義をも変質させることになる、根本的な原因であった。

シュンペーターはここで、資本主義社会の行方を不安定なものとする要因として、知識人の存在をあげる。すでに重商主義時代における重商主義者たちの存在を指摘した際に、戦争を推し進める特殊な集団を考慮に入れていたが、重商主義者たちは実践家であった。一方、ここでの知識人は、文字通りの軍事的な侵略者とは異なるやり方で、社会の内部における敵対的要素を生み出し、一定の説得力を持って社会の中に政治的不平を生じさせる存在である(56)。知識人の存立根拠は教育（学問を修めた者）、特定の専門的資格（医者や弁護士など）などであり、かれらは社会のリーダー的存在である。特定の社会階層を形成しないが、かつての貴族や僧侶の階層、富裕なブルジョワジー階層の出身者などが、おそらくこれにあたり、集団としての一定の態度や行動様式をもつ。かれらが現存する社会に批判的、敵対的な立場をとって、社会を不安定にさせるのである。このような知識人たちが、もし専門知識にのっとって未来の社会を真剣に洞察するならば、現存の社会が危機に陥ったとしても、次なる時代を担うことができるかもしれない。ところが知識人の存在は、そのような方向に進まないのである。知識人は、やがて世論によって考え方を規定されるようになり、独自の力を発揮できなくなる、とシュンペーターは指摘した。ブルジョワジーにとっての「公」を担う者である「公衆 the public」、つまり安価な書物や新聞、パンフレットなどを通じ、匿名の世論を形成する存在が、私的領域と公的領域の担い手の区別がない資本主義時代の副産物のひとつとして、勢力を広げるからである。現代の用語で言うなら、ジャーナリズムやメディアの支配であろうか。かれらは売り上げを重視する大規模なメディアを通じて、やがて世論の側から知識人の考えを規定し、また知識人を過去の世論に従属させていく。ブルジョワジーは立法や行政の手続きに守られているとはいえ、世論そのものしか研究対象を持たない「フリーランス」と世論の力が次第に増大し、社会的価値観や雰囲気が政治領域に影響を及ぼすにつれて、社会が侵食されていく。これがついには社会の破壊力として機能する、というのがシュンペーターの見方である。

「開戦やむなし」の恣意性

したがって、資本主義時代の民主主義について考える際には、古典的学説の定義がもはや役に立たない。シュンペーターによれば、民主主義とは「政治的決定、すなわち立法や行政における決定に至るためのある種の制度的アレンジメントであり、したがってそれ自体、目的とはなりえない」(57)、したがってもちろん、絶対的な理想ではありえない。もちろんアリストテレスの時代から、人々による統治という考え方は存在し、それはまぎれもなく市民＝ブルジョワジーの理想でもあったが、誰がその「人々」であり、「統治」が何を意味するかが明確でない限り、民主主義は十分な定義ではないのである。

古典的学説に代わって提示されるのは、集団行動のリアリティを考慮に入れた民主主義プロセスの理論であり、それは競争的リーダーシップの理論である。ブルジョワジーによる政治、資本主義の産物としての民主主義の政治は、現実的には、「権力と議席を獲得するための競争的格闘」(58)、政党間の競争となるのである。なぜそのような事態が生じるのか。シュンペーターはここで、政治と経済の領域の並行性を論じていく。つまり古典的学説からの切り離しは、民主主義をはじめとする政治学の領域だけでなく、経済学にも及び、生産が人間の基本的ニーズを満たすために行われるという経済学の古典的なシェーマもまた、有効性を否定されるということである。

特にそれは個々人の意思決定に影響を及ぼす。個々の市民は日常生活において、自分自身や家族、自分の仕事や趣味、友人や所属団体など、みずからの領域としてリアリティの感覚をもつことのできる小さな範囲から得られる、慣れ親しんだ感覚や責任感で、意思決定を行っている。この感覚が政治的な意思決定においても、同じく個人を規定するようになる。そこで民主主義の政治は現実的には、この感覚に訴えて得票を増大させようとする政治家による、政党の競争プロセスとなるのである。政治は組織化され、得票のためにあらゆるテクニックが用いられる場と化す(59)。先にみたジャーナリズム、メディアがこれを推進し、現実化した民主主義的政治の実現の舞台となる。

ブルジョワジーによるパブリック・マネジメントにおいて、政治は固有の領域的実体をともなわないまま進行する。商業的広告宣伝から個々の消費を決定する意志がつくられるように、政党の広告宣伝から政策や政治への意志がつくられる。それは、PRつまり公的関係（public relation）がもっぱら「広告」の意味で理解される現代世界には、むしろ親しいものであろう。特に戦争との関わりからも重要な国家的（ナショナルな）、あるいは国際的な諸論点は、個々人みずからの直接の利害から遠く、リアリティの感覚を欠くため、多くの人々が、個々の意思決定において素人判断に頼るようになる。判断は短絡的・衝動的になり、少数者によって作られた意志が一般意志として機能することになる。少数者である政治家の側もまた組織政治や政治的ショーに無駄なエネルギーを消費し、長期的視野を持てなくなり、短絡的・衝動的な判断をするようになって、「外交政策はドメスティック（国内志向的）なポリティクスへと退行する」(60)。

ここで本書の関心から特に注目されるのは、社会における対立的傾向の増大のなかで、やがて民主主義が、「人々」のカテゴリーから何かを排除すること、いわば異端の告発を生むという点である。シュンペーターは、民主主義に関する議論の中の「異端を告発するかどうか、戦争を始めるかどうか」(61)という問いを論じている。「敵」としての名指しである排除の行為は、異端や敵の抹消をめざし、戦争の開始を可能にする。国内志向的なポリティクスが支配的となる「偏見」のなかで、誰が異端であるか、つまり誰が「われわれ」と異なる「他者」であり「敵」であるかが問われ、スローガンや広告宣伝に煽られながら「敵」の撲滅が叫ばれるとき、短絡的・衝動的に「戦争やむなし」と開戦が決断されるまでの距離はわずかである。ここには、知識人やメディアがいずれも独自の価値観を持たず、目先の利害関心に従属する様子が描かれている。

こうしてシュンペーターの『資本主義・社会主義・民主主義』は、資本主義の発展とその果てを明示的に論じながら、むしろ逆に資本主義の発展期を例外として、それ以前と以後に共通する戦争機械の構造を明らかにした。かれは帝国主義概念の批判から出発したが、帝国主義論とは一線を画しつつも、やがて経済的な合理主義が政治を規定し、「開戦」への契機をもたらすことを示した。開戦の契機は、資本主義における民主主義の変質がもたらす社会階層の分化によって、戦争へのなかば恣意的な意思決定を可能にする構造ができることであった。シュンペーターは、戦争そのものがどのように起こるかではなく、対立など戦争の火種が潜在的にはつねに存在するところで、誰がどのように戦争を始めるかを明らかにしたのである。

第四章　「国際社会」の誤算

前章ではシュンペーターの『資本主義・社会主義・民主主義』にひきつけ、戦争機械の構造と解体、その射程を考察した。ここでひとたび視点を大戦間期初頭の時期まで引き戻すことにしよう。それはシュンペーターが租税国家の危機を警告した、第一次世界大戦後の世界である。

人類史上初めての世界戦争であった第一次世界大戦が終わると、パリ（ヴェルサイユ）講和会議が行われた。この会議は、戦争で疲弊したヨーロッパの復興援助をめざし、戦時期の連合諸国の兵站システムを平時に適用して、復興援助のための物資の調達を行うことを取り決めたものであった(62)。またここでの決定によって、国際連盟という「国際」機関が設立された。それは戦争の再発をふせぐために、「一九一四年以前の国際関係的合体を、『システム』化させるという考え」(63)を持っていた。「諸国家、特に諸軍事大国は、世界戦争が起こる以前にはさまざまなフォーラムなどが行ってきた和解協定、司法的あるいは立法以前の行政的調整などの仕事を、終戦に際して制度化する必要があり、また終戦がそのためのよい機会であると認識した」のである。たしかに国際連盟は、国際社会を組織し、多目的かつ包括的な国際制度を作り上げる「意識的な」試みであった。平和への呼びかけを恒常的な組織とし、制度化したことは国際連盟の功績であり(64)、その後の国際的組織にかなりの影響を与えてきた。

しかし他方で、国際連盟がもたらしたものは、平和というよりはむしろ表立っての戦争のない状態にすぎなかった。このことは特に、第一次世界大戦を敗戦によって終わった諸国の視点から考えるとわかりやすい。本書が主たる関心を寄せるウィーンを首都とするハプスブルグ帝国は、この戦争をきっかけに崩壊し、新生オーストリアとなった敗戦国の一つであった。前章で言及したとおり、シュンペーターは戦時下でハプスブルグ帝国の皇帝に向けて覚書を記し、崩壊直前の帝国が置かれた状況と問題点を示した(65)。それは第一には隣国ドイツとの同盟関係あるいは競合関係、第二に多民族国家における国内の民族的対立、第三に、近隣諸国の近代化に対して依然として「帝国」であったという時代錯誤な政治組織であった。しかしシュンペーターは第三点の「遅れ」に対して、むしろ時代遅れの帝国であるからこそ、他国とは異なる独自の視点を持ち得て、世界戦争後の平和の使者となりうるのではと期待をかけた(66)。ところが現実的には、その役割は、やがてヘゲモニー的地位を得ることになるアメリカによって担われただけでなく、第一や第二の点においても、新生オーストリアはみずからの希望を果たしえなかった。オーストリアはむしろ、国際社会の徹底的な監視の下でのみ復興援助を得られるという小規模な後発国へと転落したのである。このことについて、オーストリアや東欧の諸国は政治的に「国際化」されたと表現する先行研究もある(67)。国際連盟は指揮官を任命してオーストリアに駐留させ、援助の貸付金の使途を監視させて、国内の銀行などの要職にも、国際連盟に配慮した人員配置を行ったことが知られている。

一方、この時期を発端として、自由主義世界にとってアメリカが果たす役割が次第に決定的なものとなる。国際連盟の設立を決定したパリ講和会議は、同時に賠償金、経済的和解、国際的労働調整、領土の確定をも行ったが、アメリカの存在は重要かつ特殊なものであった(68)。その関心は、世界貿易と投資による「国際経済社会」のビジョンの実現であった。ヨーロッパの対立や紛争は、それ自体として望ましくないのではなく、いわば「経済的に」望ましくなかったのである。すでに第一部でふれたとおり、アメリカの自由主義は政府の役割を重視するが、それによって保護しようとしたのは国益という「一般的利益」にかなう法人企業の利益であった。この時期のアメリカ大統領であったウィルソンは、国内に向けて法人資本主義を育成し、関税・銀行改革を積極的におし進め、アメリカ資本の自由な海外投資を可能にしようとした(69)。アメリカはまた、ヨーロッパのみならず自国内外の制度を広く整備して、世界貿易と投資が広く可能な国際システムを普及させようと試みたのである。

本章ではポラニーの『大転換』をおもな素材とし、第一次世界大戦終結時からの国際社会の援助と制裁のシステムの力を直接に受けた立場から、従来の自由主義世界からの連続と断絶の両面を検討していく。『大転換』が重要なのは、一九世紀、特に産業革命の時期から次第に確立され、初めての世界戦争をきっかけに崩壊した世界のシステム――自由主義的国際市場社会という世界システム――を再建しようとした試みが、自由主義の論者たちとその支持者によって共有された「幻想」であったことを、早い時期から構造的に分析、警告したことにある。大戦間期のリアル・タイムでなされたポラニーの警告にも関わらず、その「幻想」はやがて新たな世界戦争を引き起こすことになったのである。

1. カール・ポラニーのウィーン

先行研究の区分にしたがうと、ポラニーの生涯はおよそ五つの時期に分けられる(70)。一八八六年にウィーンに生まれてからブダペストに移るまでの第一期、ブダペストで幼少期から法学を修めた大学時代までを過ごし、ガリレイサークルの中心となって社会運動も展開したが、第一次世界大戦終結後の一九一九年、ハンガリーにおける革命とその余波を逃れてウィーンに移住するまでの第二期、オーストリアの政治体制の変化にともない、一九三三年にロンドンに亡命するまでの第三期、さらにそこからアメリカ（ただし住居はカナダ）へとさらに移民するまでの第四期、そして一九六四年に生涯を終えるまでの第五期である。

一九二〇年代から三〇年代の前半、三〇歳代なかばから四〇歳代後半に至るまでの一五年あまりを過ごしたウィーン時代は、ポラニーにとって知的に実り豊かな時期であった。当時の知的サークル、とりわけオーストリア学派の第三世代、第四世代のミーゼスやハイエク、またオーストロ・マルクス主義の経済学者たちのバウアーらと盛んに議論を行い、さまざまな論考も刊行した一方で、一九二四年からは『オーストリア・エコノミスト』のジャーナリストとして活動した。かれが論考でおもに扱ったのは、シュンペーターと同じく、資本主義か社会主義かという問い、とりわけ社会主義計算論争であり、また戦争と平和の問題をきっかけとした自由というテーマであった(71)。ポラニーはみずからを「リベラルな社会主義者」と位置づけた(72)。また同時期、社会学的な関心から、マックス・ウェーバーやトゥルンヴァルトらの著作にも親しみ(73)、C・メンガーによる広義の経済概念をみずからの問題意識とした(74)。

ロンドンに移ってからも、『オーストリア・エコノミスト』の仕事は、特派員かつ副編集長として継続したが、同時にイギリスの労働者教育にも携わり、D・H・コールらイギリスの社会主義者たち、キリスト教左派の人々とも親交をもった。ジャーナリストとしてのかれの関心は、大きく変動しつつあった国際情勢、国際関係にあった(75)。その当時、発表した時事的な評論には、ファシズムへと移り行くオーストリアの状況だけでなく、イギリスの労働者のストライキからアメリカのニューディール政策など、多彩なテーマが並んでいる。

やがて一九四〇年から三年間、ロックフェラーの奨学金を得てアメリカ、バーモントのベニントン・カレッジでの研究期間を与えられ、ウィーン時代からのさまざまな思考の軌跡や論考を土台として構想を固めたものが、一九四四年に主著『大転換』として結実する。これが本書の分析対象のひとつである。一九四三年に戦時下のイギリスへひとたび帰国するが、戦後一九四七年にはコロンビア大学に経済史の教授として招聘され、一九五七年に退職するまでここで教鞭をとった。妻がハンガリーとオーストリアでの政治活動を理由に、アメリカ入国を拒否されたため、トロント近くに住居を構え、アメリカへ通ったよき夫としてのエピソードも知られている。定年後も経済史、経済人類学の分野での研究を続けた成果は、死後に論考集としてまとめられた。

批判的ジオポリティクス

ところで、大戦間期の国際社会を見るポラニーの視点は、現代の批判的ジオポリティクスの先行研究と強く呼応している(76)。それは、一九二〇年代にドイツで成立して第二次世界大戦後に葬られたゲオポリティーク（地政学）を学問領域としてそのまま引き継ぐのではなく、むしろ批判的な立場をとりながら、地政学を含め政治的・経済的権力の空間的膨張に関わる広義のポリティクスを対象とする諸研究である。研究対象にはドイツのみならず、アメリカや諸列強のそれも含まれ、また狭義の政治、政策のみならず膨張のエコノミーすなわち経済、さらにそれらを直接的・間接的に支えることになった理論や思想――政治学、経済学に加えて、たとえば地理学も重要となる――、さらにそれらを可能にしたパースペクティヴも含まれ、学際的かつ広大な研究領域をひらいている。これらの研究が重要なのは、空間世界がひとたび「飽和」した時代として、二〇世紀初頭をとらえているからである。そのことは、この時期のアメリカと国際社会の関係を考察する際に、重要な意味をもっている。

もちろん留保は必要である。空間全体が飽和する以前の時代であっても、すでに経済戦争の時代から、争点となる個々の場所はその都度、すでに「飽和」していたのと同様であった。どこか特定の場所をめぐって二つの勢力が対立している場合、一方の勢力がこの場所を獲得する代わりに、もう一方の勢力には別の場所が与えられるとしても、それではもう一方の勢力は満足せず、事態の解決とはならないだろう。また飽和以前にいわば地図上で空白になっていた「未踏の」地にも、人間が居住していなかったとは限らない。地図を作ったひとが、そこに居住する人々を知らなかっただけかもしれない。いや、たいていの場合がそうであった。したがって、空間飽和以前の時代も、「先住」の民族や文化破壊の問題など、それ以後と連続した問題を含んでいる。

それでも、世界の「再分割」が明示的に問題となった二〇世紀初頭は、少なくともその規模において、それ以前と決定的に異なっていた。一九〇四年の地理学の学会において、この学会の会長をつとめていたH・マッキンダーは「歴史の地理学的旋回軸」という講演を行い、世界地図が完成した後、空間上のどの場所も他の場所から無関係では存在しえなくなると指摘したのである(77)。世界のどこかで起こったことは、いまや必ず他の場所に影響を及ぼし、世界のなかで政治的、経済的に弱いところは結果的に潰されてしまう。あらゆる場所は、そこにどのようなひとびとが居住し、誰によって統治されているかについて知られている。しかし諸権力は、どこかの地域の権力が十分に強くない場合、「政治的・経済的な」何らかのきっかけに乗じて介入し、統治権を奪おうとするかもしれない。したがって地理学という学問は、当事者にとってはひょっとすると中立的・客観的科学の使命として追究されたかもしれないが、この時期、結果的には中立的・客観的な意味や結果をもちえなかった。これが二〇世紀初頭前後の世界、つまり空間が飽和して世界がグローバル化した状況である。そしてポラニーは、かなり早い時期から、グローバリゼーションの問題に意識的であったといえる。

世界が空間的に飽和した後、どこかの国家が勢力を拡大しようとする場合、もはや「未踏」の地を奪うことは不可能となり、代わって明示的にその土地や人と関係を結んでいかなければならないことになる。共通のシステムや制度をもつことは、たとえ非対称なものであっても、関係を築くために不可欠な条件となったのである。たとえばアメリカの自由主義が国際社会による自由主義的経済のネットワークを提唱したことは、批判的ジオポリティクスの視点からすれば、空間的に伸張しようとする野心にとって、唯一の可能な選択肢であったともいえる。したがって、アメリカをはじめとする諸大国のビジョンは、当初からその野心を隠して「国際的な」友好的関係を提示するという、ダブル・スタンダードとなった。第一次世界大戦で勝利を収めた戦勝諸国は、国際社会における一定の地位を獲得したが、その足並みは必ずしもアメリカとそろっていたわけではなかった。アメリカと国際社会との複雑な位置関係は、この時期から始まっている。

第一部でみたとおり、戦争機械たることのできる租税国家の枠組は、資本主義の発展を通じて、すでにかなり解体されていた。そこへ世界戦争の暴力的な力がかかったことで、システムは根本から揺らぎ、政治体制の崩壊から国家自体が瓦解したところもあった。特に敗戦した諸国、典型的にドイツやオーストリアはそうであった。これらの諸国は、「国際社会」の存在なしには、自国の自律的なシステムを構築できないような仕組みで復興させられた。それだけでなく、これらの国家は、みずからを単位として戦争ができないよう、制度が整えられたのである。他方、戦勝国はどうだったのか。「国際社会」が整備した制度の非対称性に照らして考えると、戦勝国は戦争機械としての国家構造を曖昧に保ち続けたことがわかる。その利点をもっともはっきりと享受したのがアメリカであった。とはいえ、社会主義、共産主義の側が戦争機械たる国家の構造を視野の外に置いたのと同じく、あるいはそれ以上に、自由主義の側も、戦争をみずからの対極にあるものとした。国家か市場かというフィクションは、戦争のない状態としての「平和」にとって、重要な意味をもつものであった。両陣営ともに戦争の問題を、いわばフィクションの相手方の極へと押し付けたのである。

2. 経済戦争の基盤

第一次世界大戦の後、国際社会が再建を図った体制においては、戦争のない状態が平和として規定されることになった。以下、そのために定められた制度がむしろ、むしろ大戦間期の不安定要因となり、やがて二度目の世界戦争へと至る道筋を作ることに貢献したことを確認する。ポラニーに関する先行研究では、これまであまり論じられてこなかったが、『大転換』には、通常は国際関係論と呼ばれる分野に関する、かなり立ち入った分析が存在する(78)。かれはシステム再建における「国際社会」の決定的な問題点を、すでに意識していたのである。

『大転換』におけるこの部分の記述は、一九二〇年代から一九三〇年代にかけて、ポラニーが雑誌

(*Österreichische Volkswirt*『オーストリア・エコノミスト』)の副編集長としてジャーナリズムの仕事に携わった際に著した数編の時事的・国際関係的論考を下敷きに、それらのエッセンスをまとめた形で示したものとなっている(79)。この時期の各論考は、たとえばヴェルサイユ条約やケロッグ・ブリアン協定など、具体的な取り決めについて直接論じているが、『大転換』ではむしろ、それらの総体として歴史的な意味を論じたのである。第一次世界大戦後の戦後処理と復興援助は、敗戦国を武装解除し、戦勝国はそのままというアンバランスを抱えている。それが平和につながらないことは、ポラニーにとって自明であった。

かれによれば、そもそも国際連盟が、もちろん基本的な発想においては、世界戦争以前の諸国民国家の相互依存関係を再建しようと試みながら、実際にはすべての諸国が「独立した権力単位」として機能できるよう、支援するものではなかったという。この常設的な国際機関は、圧倒的に世界戦争の戦勝国のイニシアチブで、問題の処理にあたったのである。世界戦争以前の相互依存関係は、自由主義諸国のバランス・オブ・パワーのシステムと、これを支える自己調整的市場のシステムであったが、これを作動させるべく、力を単純に行使できる諸国と、それを課される諸国の間に、きわめて非対称な関係が作り出された。明文化された憲章において、敗戦各国に関する条約は、敗戦国がむしろ「独立した権力単位」として実質的に機能できないよう、平和の名の下に政治的・経済的に介入できる制度的枠組を整備した(80)。さらに敗戦国には巨額の賠償金が課されたが、敗戦国の側ではこれを支払う能力が備わっておらず、負債は結局、実質的に大国に肩代わりさせられることになった。この依存の連鎖から、やがてさらなる危機が生まれることになるのである。

経済制裁

根本的な問題点は、当時考えられた「平和」にある。つまり戦争に代わる何らかの手段が用いられることを、積極的な平和として評価したことである。かつてウェストファリア体制はオランダの主導の下で、戦時中でも経済活動が安全に行われることが可能なよう、諸制度を整備した。それ以降、経済の動きは戦争の動きと必ずしも連動しなくなった。これを踏まえ、第一次世界大戦後の時期には、経済に関する国際社会のネットワークが平和を保つと信じられ、そこから排除されることが、世界の各国にとって、戦争に伴う被害に勝るとも劣らない「政治的コスト」となることが期待された。国際連盟で初めて明示化された経済制裁の制度は、これを体現するものである。

国際連盟憲章は、諸国民国家の政治的・経済的依存関係を前提とし、戦争を回避するためには、その依存関係を武器として個別国家間の利益の不一致を「国際的に」解決することが必要であるとした。たとえば第十条、第十六条の刑罰的制裁においては、経済制裁の可能性、すなわち憲章に違反する者に対する商業的なやり取り停止を意味する封鎖、通商禁止、原料・食糧の供給禁止、該当国における公債などの発行禁止、および「あらゆる貿易および金融関係の断絶、また金融的、商業的、人間交流の断絶」を定めている(81)。ちなみにここには、実際に制裁が行われる場合と、その可能性を示すだけの場合の双方を含んだ「経済的圧力」と、軍事行動をともなってそれを実施する可能性が含まれている。

当時のアメリカの諸大統領、たとえばウィルソンのみならずセオドア・ローズヴェルト、フランクリン・ローズヴェルトらは、みな経済制裁の支持者であったといわれている(82)。かれらもまた、国際社会によるボイコットが戦争よりも重要な意味をもつと考えた。国際連盟に違反するものがあった場合、かれらに対して即座に戦争を仕掛けるのではなく、国際社会というシステムから孤立させるか、あるいはその危険を警告する。警告は実質的な生活物資の不足にも増して、また戦争をはじめたり維持したりするのに必要な物資の不足にも増して、孤立する国にとって負担となり、したがって「制裁」が機能するに違いないと考えたのである。もちろん、アメリカと戦勝諸国は必ずしも歩調をそろえていたわけではなかった。しかし国際社会への期待に関しては、ある程度、足並みをそろえていた。バランス・オブ・パワーが崩れた後の戦争防止の手段として、経済制裁は相対的に安価で効果的であると考えられた。血を流さずに侵略者を容易に降伏させることができるのは、肯定すべきことがらであり、力を行使するという脅し自体も、平和の遂行につながると考えられたのである(83)。

ポラニーが問題視したのは、まさに経済制裁の制度に関わる、国連憲章の第一六条と第一九条であった。二つの条項はまた、敗戦国と戦勝国のアンバランスに関する重要な論点を含んでいる(84)。敗戦国は武装解除され、領土その他を失い、戦勝国の主導する国際機関の監視と援助の下で再建をめざさなければならないことになった。一方戦勝国は、敗戦国の復興・再建を援助しつつも、実際はそれによってあらたな脅威を生み出される危険を避けるため、現存秩序を攻撃するもの一般に対して、経済制裁などの措置をとることができるよう、決定したのである(85)。これが戦勝国のもっていた表と裏の意図であり、これらの条項は敗戦国と戦勝国の間の、決定的なアンバランスをあらわしている。

第一六条においては、国際連盟憲章を守らない国民国家が、国際連盟に属するすべての諸国家と戦争状態に入ることを意味すると明記されており、そのような国家は、「あらゆる貿易、金融関係の契約解除、あらゆる取引を禁じられ、第三国とのそれをふくめたあらゆる国家との金融上の、あるいは商業的、個人的な交流を防止される状態におちいることになる」と明記される。もちろんその後、経済制裁が言葉通りの意味ですぐに実施されることはなかったかもしれない。しかし、実施されるかどうかはともかく、平和を謳う憲章が、守らなければ戦争状態に入る、という警告を明示するこの条項は、きわめて特徴的である。

他方、第一九条は、国際連盟がある程度の時間の経過の後に条約の再考を行い、また世界の平和を危機に陥らせる危険を含んだ国際的状態がないかどうかを考えるというものである。ちなみに、このような視点自体がすでに、力関係のアンバランスを示している。ポラニーによれば、この条項が重要なのは、条約の改正をめぐって敗戦国と戦勝国の利害が相容れない点である。敗戦国は当然、不当に課されたと考えられる条約の改正を求める。一方戦勝国は、改正によって自らの利益と集団的安全が脅かされることをおそれ、集団的安全保障の優先を主張した。さらに悪いことに、大国が領土分割の一部分を不当とみなし、その意味での条約の改正を求める場合がある。こうして改正と安全保障の対立、その悪循環が生じると、ポラニーは考えたのである(86)。

かつてウェストファリア体制が整備されるまでに行われてきた経済戦争は、経済的な手段を用いて、直接殺し合ったり血を流したりさせるのではないような「戦争」を行うことであった。一方、経済制裁とは、憲章を守らないものに対する戦争状態であり、同じく経済的な手段を用いた、「単数もしくは複数の国際アクター（送り手）による、単数もしくは複数の他のアクター（ターゲット）への行為であり、二つの目的、つまりターゲットから何らかの価値を奪うことでターゲットを罰し、もしくは（あるいは同時に）送り手が重要とみなす何らかの規範にターゲットを従わせることのいずれか、もしくは双方を目指す」(87)ものである。経済戦争は「敵」の敗北を目指して行われるが、経済制裁も結果的には、平時の秩序を攪乱するアクター（ターゲット）に対して、送り手側の要求の遵守、態度の変更、つまりその「戦争状態」におけるかれらの「敗北」を目指す。そこでは、経済的な脅威によって反対者をねじふせる戦略が、経済を武器とする可能性を開いている。つまりこの時期以降、二国間あるいはその延長線上にある数国間の個別の政治的取り決めではなく、「国際」制度という常設的な枠組によって、「暴力」が憲章に書き込まれ、国際社会によって認められることになったのである。

ちなみに、その後ガルトゥング、オルソンらの先行研究を経て、特に国際関係論や国際政治学などの分野において定まったとされている経済制裁の標準的定義は、現在もなお、当時の肯定的評価を引き継いでいる(88)。経済制裁に関する研究はおよそ、これまでに行われた歴史的、個別・具体的な経済制裁を分析対象とし、その成功度や意義について論じられる。成功の尺度は、経済制裁そのものよりも、それがどの程度、当時の具体的な戦争の勃発を防ぐことに貢献したかである(89)。制裁は実際に行われなくとも、脅威が有効に機能するならば、同等あるいはそれ以上の意義をもつとされる。経済制裁は、今なお「戦争」の対極にあるものとして、つまり戦争の予防手段としてとらえられ、また実施されている(90)。この連続性にゲーム理論が果たした役割を考察するのは、後の第三部の課題である。

賠償金

さて、第一次世界大戦後の世界のもうひとつの問題は、敗戦国への賠償金が国際的に認められたことであった。歴史的に見ると、オーストリアは第一次世界大戦を敗戦した後、むしろ復興援助を得るために前節で見たような国際社会のネットワークに入ることを余儀なくされ、国際連盟からのアドヴァイザーらが銀行制度の要所を占めるなど、強い管理と監視の下で政治・経済・社会システムを再構築させられた(91)。これはドイツのように多額の賠償金を抱えるという事態を避けるために行われた方策であったという。たしかに、ドイツへの賠償金の問題はやがて、一国のみならず国際経済に深刻な影響をもたらすことになった。この点についていえば、オーストリアは最悪の事態を免れたといえるのかもしれない。しかしその分、「国際社会」のひずみを直接的にこうむることになった。以下、『大転換』が論じた賠償金の問題点についても確認しておこう。

ところでJ・M・ケインズもまた、一九一九年の『平和の経済的帰結』において、ヴェルサイユ条約、特にドイツに対する賠償金の不当性を指摘した。『大転換』の賠償金に関する分析は、ケインズのこの論考を想起させる。ケインズは講和会議当時、イギリスの代表として出席した経験をもち、その立場から、休戦協定、ヴェルサイユ条約へと至る過程において、アメリカのウィルソン大統領の唱道により実現した「国際社会」的解決法が次第に損なわれたこと、ドイツの独立国としての権利がなし崩し的に奪われていったことを分析した。とりわけケインズは、賠償金を課した諸国のなかでも、戦勝国フランスによる強い要求の非妥当性を指摘した(92)。これによって国際社会的解決法が、勢力の強い戦勝国の利害に大きく左右されたからである。とはいえケインズの論考は、条約締結後まもなく書かれたものであり、経済システムへの長期的な影響までは分析されていない。しかし先行研究が明らかにするとおり、それはドイツ語文化圏において、強く共感を持って読まれた(93)。一方ポラニーは、すでに一九二〇年代の後半にはケインズの存在と『平和の経済的帰結』に注目していた(94)。『大転換』が言及するのは、賠償金が国際政治経済システムに与えた全般的な影響であり、『大転換』もまた、国際連盟の措置による平和のネガティヴな経済的帰結を明らかにしたのである。

『大転換』は貨幣・信用市場の側面から、賠償金が「債務国にとっても債権国にとっても、トラブルをもたらす厄介者以上にはなりえなかった」(95)ことを論じている。債務国にとって賠償金は当然負担であったが、債権国にとっても、受ける支払いから得られる直接的利益よりも、金もしくは財での受け取りによって自国の信用システムや貿易システムが被るかもしれないダメージによる損失のほうが大きかったからである。さらに敗戦国がそれを「戦勝国によって課された貢物」、諸悪の根源とみなしたことによる政治的悪影響、つまり賠償金がもつことになった政治的意味も深刻であった。そもそも、賠償金を通じて信用創造が政治的な理由で行われるようになったことが、世界にとって致命的な誤り、「立場の逆転」であったという(96)。ここに、賠償金という歴史的に具体的な戦争の問題に関して、ポラニーの貨幣市場の分析が適用されている。

逆転とはすなわち、それまで国際貨幣システム、信用システムが政治的仲裁の役割を果たし、結果的に平和に貢献するという政治的機能をもったのに対し、今度は賠償金によって、国際政治のシステムが信用創造を行い、いわば外生的要因として経済メカニズムを動かすきっかけとなったことの問題性を指している。より正確に言えば、問題は、戦争とその後の処理がそのような信用創造を行ったことである。賠償金はそもそも、二国間の対立から生まれた戦争の戦後処理として、いわば停戦の経済的対価を罰則的に課したものであり、本来的に不平等なものであった。そのような負債を国際的な承認の下で敗戦国に課し、史上最大規模の戦争の後処理を行おうとしたこと自体、またそのような債務が経済システムに与える影響を考えなかったこと自体、実に愚かな選択であったと『大転換』はみるのである。

生み出された債務はさらに、各国の戦後復興の変転のなかで対処できない厄介者として存続し続け、いわばやむを得ず恣意的に扱われていくことになった。一九二三年にドイツ・マルクが決壊した際、また一九三〇年の東欧の通貨危機の際、負債は西側の戦勝国に肩代わりさせられ、それが機能しなくなるとアメリカがその荷を負った。債務の国際的連鎖と依存関係が次第に膨れ上がり、当該のアメリカ自身が危機に陥ったときには、通常の景気循環の流れで起こるものと比べて莫大な規模になっていたという。

ポラニーはまた、上記のような貨幣市場・信用のアンバランスをうめるために、各国民国家が実物市場のほうをさまざまに調整しなければならなかったという、さらなる逆転を生んだと指摘する。典型的にドイツでは、賠償金の負担を産業と国家の間でシフトさせる、つまり一方で賃金と利潤の調整をはかり、他方で福祉と税を確保することに、多くのエネルギーが割かれたが、結局その試みは成功せず、保護主義的傾向を増大させる結果となったという(97)。ドイツのみならず多くの諸国が、債務の国際的連鎖のなかで同じような課題に直面した。貨幣市場で外生的に生じた債務に実物で対応するものはなく、結果的にビジネスの側にも大きな狂いを生じさせたのである。

このように貨幣・信用市場の危機により、アメリカを債権者の元締めとした国際社会の自由主義経済システムの矛盾は明らかになり、システム全体が危機に陥ることになった。後にみるとおり、この時期からモルゲンシュテルンの活動も活発化する。しかし、自由主義を信奉する経済学者たちは一般に、その間の大きな変化と戦争の勃発にもかかわらず、大戦間期から第二次世界大戦期にふたたび、あたかも戦争が起こっていないかのように、みずからのビジョンを立てた(98)。自由主義的経済学者たちにとって、二度目の世界戦争は「存在していなかった」ごとくである。そうした立場は、当時進行していた世界戦争が経済的要素との間にもったきわどい関係を、致命的にみすごすものであった。しかしこのことを詳細に分析するためには、大戦間期に再建されようとした貨幣市場のあり方について、それ以前の時代にさかのぼって考える『大転換』の分析を検討する必要がある。

3. 経済学批判の諸相

ここで、『大転換』の理論的、思想的基盤を分析していくことにしよう。略歴からも明らかなとおり、ポラニーは経済学に大きな関心を寄せながらも、それを相対化する経済学批判の立場から考察を進めた。かれはマルクスの経済学批判の視点から強い影響を受けており(99)、またシュンペーターと同じく、ウィーンで活動した時期に、ヒルファディングやバウアーら、オーストロ・マルクス主義者の帝国主義論を間近で考察した。しかしポラニーもまた、マルクス主義陣営に決定的に与することはなかった。前章で見たとおり、シュンペーターとポラニーがそれぞれ『資本主義・社会主義・民主主義』と『大転換』において明らかにした共通の点は、平和の時代とされた産業革命以降の資本主義社会が、一方でその前の重商主義時代から連続性をもちながら、他方で特に貨幣市場において目立った変化を遂げ、そこで戦争と社会の関係が抑圧されたことに矛盾がはらまれており、その矛盾のあらわれとして、次第に社会内の対立が激化したことであった。『大転換』に固有なのは、社会意識を凝縮した学問としての自由主義的経済学、つまり古典派から新古典派に連なる主流派経済学の系譜を、はっきりと批判的にとらえた視点である。

市場社会の虚構性

ポラニーによれば、前節でみたような第一次世界大戦後の国際社会の処方は、古典派経済学以来の自由主義的経済学に典型的な考え方に基づいている(100)。ここでポラニーが特に明示的に批判の対象としたのは、オーストリア学派のL・ミーゼスらである。かれらの考え方は、すでに大戦間期以前から、特に一九世紀の市場社会の到来の時期に、経済システム、政治システムに関して形成された制度を支えた社会意識に対応しており、それはある意味で、すでに国際社会に依拠するものであったという。その社会意識とは、一国のなかで市場が自己調整的にはたらき、政治的には自由主義が行き渡ること、そのような国家同士がバランス・オブ・パワーのシステム、つまり勢力の均衡をお互いに尊重し、共通の国際通貨システムである金本位制に基づいて経済的取引を行うことで、国際社会に秩序がもたらされ、戦争を予防できるという考え方である(101)。これをとりあえず、リベラル・インターナショナリズムと名付けることができる(102)。

ポラニーは、そもそも「自由」の理念を支えたひとびとの信条、すなわち社会意識についても検討している。それは一八二〇年ごろまでに定着していた「世俗救済の信念(信条)としての経済的自由主義」の三つ巴の信条であり、これが先の諸制度の問題点を覆い隠し続ける役割を果たしたという(103)。三つ巴の信念とは、第一に労働はその市場でみずからの価格を見出すこと、第二に貨幣の創造は自動的システムにゆだねられること、第三に財は国家間を障害なく移動できることである。そして、これらを理論的に支えることに重要な役割を果たしたのが、ポリティカル・エコノミー、いわゆる経済学である。本書の関心からいえば、科学としての自由主義的経済学の成立がこれにあたる。この点において、『大転換』の分析は経済学の理論内在的な立場から離れ、ある種のメタ経済学あるいは経済学批判、経済と経済学を分析対象とする思想の位置を獲得する。前章でみたシュンペーターは、思想を担う社会階層や集団に目を向けることによって、歴史の中での思想の位置を明示化したが、ポラニーは学問の成立の経緯を、その時代の社会意識の結実ととらえ、その位置づけを行ったのである。

　ポラニーによれば、リベラル・インターナショナリズムの社会意識は倒錯的である。その倒錯性の根底には、産業革命期以来の進歩の意識があるという。人間は産業革命に象徴される進歩の名のもとで、生きることにとってもっとも重要だったはずの「場」からみずからを切り離し、同時に「場」であったものを、土地という商品として切り売りすることを始めた。また人間自身を労働力として商品化した。さらに取引のために貨幣市場を発達させ、これらを補完した。こうして、社会が碾き臼で轢かれるように押しつぶされるプロセスの土台が完成したのである。ポラニーはこうして、本来は商品でなくそうすべきでもなかったものを商品、つまり「擬制商品」にしたことを、市場社会の矛盾の核心ととらえた。擬制商品の概念は、『大転換』の分析における中心的概念の一つである。ちなみにこの概念に関して、労働、土地、貨幣が並列的に言及されている部分もあるが、分析の論理をていねいに辿ると、それぞれの擬制商品市場に固有の問題が、それぞれ個別に論じられていることがわかる。以下でこれらを検討しよう。

二重運動

リベラル・インターナショナリズムの諸制度において、市場そのものは原則的に、常に自己調整的に価格を生み出すと信じられたが、本当は商品でない「擬制商品」の市場システムを機能させるために、国家は法規や条約、規則その他多くの制度によって、取り囲みを行うことが必要であった。それは一国内のみならず、国家間に関する制度についてもいえることであった。つまり経済的自由主義の社会には、社会的保護というもうひとつの組織原理が必要であった。社会的保護の組織原理には、特にひとと自然、さらには資本主義的な生産組織に関する保護立法、制限的組織その他の介入原理があると『大転換』は指摘する。つきつめればそれは、人間自身の保護原理である。ポラニーは、この二つの原理、つまり自由の理念に基づく擬制商品市場の自己拡張的展開の原理と、これに伴って必然的に増大する保護原理を、相矛盾する作用と反作用の動きととらえ、二重運動 double movement として概念化した。しかし作用と反作用が共存する結果は、力の均衡への収束ではない。擬制商品の市場における二重運動は、むしろシステムを不安定化させ、その不安定さが次第に他の市場にまで及んで、やがて市場社会全体を揺るがすことになる。

たとえば二重運動による労働市場における対立については、保護される対象としての人間社会、特に貿易に従事する階層と労働者の社会階層を分化させること、両者の利害対立から緊張関係が生じることが決定的であるという。そこでは、「対立する集団がそれぞれ政府と企業、国家と産業を自己の砦としつつあったという事実が社会それ自体を窮地に追い込み」、「社会の決定的に重要な二つの機能、すなわち政治的機能と経済的機能が党派的利害のための闘争における武器として行使され、濫用」されることになる(104)。政治的機能、経済的機能が党派的利害によって動かされ、党派闘争の武器とされる状態は、『資本主義・社会主義・民主主義』が民主主義の変質としてとらえた部分に対応するものである。

しかし対立する集団が「政府と企業を砦とする、あるいは国家と産業を砦とする」とは何だろうか。これは、一方に市場の力に規制や歯止めをかけようとする力とこれを支える社会階層、他方で増大する市場の力とこれを支える社会階層が存在し、対立することであり、つまり政府か企業か、つまり国家か市場かの対立の両極が、それぞれをよりどころとする人々を得て、かれらの社会意識に二者択一を浸透させ、定着させることを意味している。ポラニーは二重運動の概念を介して、そもそも自己調整的市場が存在しうるという考え方、あるいは自由主義の究極的理念を自由放任とする考え方がフィクションであること、ひいては国家か市場かという対立がフィクションであることを指摘し、これを批判したのである(105)。なおここで、自由放任の理念が、ある一定の「自然」概念によって下支えされていることが重要となる。それはおもに、擬制商品化した土地市場に関わるものである。

土地市場の問題は、『大転換』あるいはポラニーの思想において、実はきわめて重要な論点を含んでいる。『大転換』においてそれは、市場という「場」が促す進歩や改良という産業の価値観と、ひとが暮らすこと、住まうことの居住の「場」の価値観の対立、進歩・改良か居住か（Improvement vs. Habitation）(106)の対立として描かれている。ポラニーによれば、産業革命とは、ふつうの人々の暮らしの壊滅的ディスロケーション（混乱）をともなって達成された生産ツールの奇跡的な進歩であり、そのことを当然としたのが市場経済の制度、そして市場経済が社会全体をおおう市場社会であった。ディスロケーションとは直接的には、耕作地を羊毛産業のための牧草地に変えるという囲い込みによって、一定数の家を取り壊したことにより、一定数の失業を生み、地域で可能だった食糧供給を減少させたこと、つまり結果的に起こった混乱である。しかし同時に、ディス＝ロケーションすなわち土地の具体的な場の特質を否定すること、つまりそれまでそこに居住していた人々から「場」を奪うこと、つまり「居住の場の否定」を含んでいる。自然あるいは土地とのかかわりにおいて、人間には他の動物とは異なり、暮らしの場が必要であるとポラニーは考えた。抽象的な空間ではなく、個別・具体的なそれぞれの土地において、土地が与える恵みである収穫物を得て、そこにある共同体に守られて生きるという人間の暮らしのあり方は、ポラニーにとって、歴史的な一段階を超えて、理想的な姿であった。

しかし、古典派経済学の登場は、ディスロケーションによる人間と自然の関わりの変化が、社会意識として支配的になり始めたことをあらわしていた。それが依拠する自由主義は、「自然」概念に根本的な重要性を与えたが、そのときの自然のとらえ方が問題であった。第一に、市場の機能不全を介入主義に帰する考え方、つまりシステムとしては介入なしに成立しないにもかかわらず、一見介入なしに「自然に」成立する、ひいては介入があるために問題が生じたとして責任の所在を「自然」からの乖離に帰する考え方、第二には「自然」の概念を媒介として、経済の領域を「自然科学」の世界にひきつけようとする考え方に、倒錯があらわれていると『大転換』は指摘する。ちなみにそのような「自然」がもつ究極的な黄金バランスは、人間を超えた、何らかの力を暗黙に想定しているが、これについては後述する。

さらに『大転換』は、ここでいわれている自然科学の「自然」が、一方でもちろん自律の考え方と呼応するが、それだけでなく、人間を生物の一種に還元することを指摘する。特に産業革命時代、マルサス、コンドルセ、ダーウィン、タウンゼントらによって用いられた動物の比喩は、飢えが人間を産業へ向かわせることを強調する際の概念的中心として置かれていた。「飢えはどんなに猛々しい動物も手なずけ、上品さと文明、服従を教え込む。…それは産業と労働への最も『自然な』動機である」(107)。この論理は、自由主義における「合理的管理」、すなわち政治家にとって過剰な保護をなしですませ、最低限のコストで秩序を達成するための大義名分となり、また「自然法則」的法則の妥当性を主張すること、経済学が政治、政治学から独立することの論拠として機能した。しかし同時にその視点は、人間を動物的存在におとしめるものであった。ちなみに、このような視点は、特に経済学が貧困問題を扱うときに、その後長きにわたって持ち続けられることになる。

改良か居住かの対立は、したがって、市場を囲い込んだという歴史的な一段階にとどまらず、もっと一般的に、特定の場でのひとの暮らしと進歩の望みが根本的に相容れないことを示唆していた。ポラニーは「暮らしか進歩か」を軸に、より広い裾野を論じ、「進歩」の側が「自然」を携えて、改良の望みだけでなく「個人的な強制力や暴力、革命、戦争、征服、さらにそればかりでなく立法的行為や行政的圧力」(108)など、さまざまな力でひとびとを土地から切り離し、また逆に土地は不動でもその「生産物」は移動可能であるとして、土地から収穫物を切り離したこと、さらにそれが世界の人口増大により、一国家の内部だけでなく、国際的な影響をもったこと、近代の植民地化によってこれらが初めて問題化したことなどを論じた。それらはまさに、グローバル化した世界の描写に相通じるものである。

特にここで「進歩」的要素として、立法的行為や行政などの合法的なものと、暴力や戦争が併記されていることが注目される。それは、たとえば先に労働市場に関して概観したような人間保護のための立法や諸制度などであっても、法制度が「暴力」の一形態でありうることを示唆している。土地から切り離された人間や生産物を保護することは、その切り離しのためのセーフティネットとなり、結果的に切り離しを促進するだろう。それは土地に結びついた人間や実りを土地から奪い、一単位いくらで切り売りされる空間的広がりに過ぎない商品としての敷地の市場を促進し、増大させるだろう。それは『大転換』によれば、自然にとっても人間にとっても、矛盾をはらんだ事態である。この矛盾はさしあたり、社会における地主階級の抵抗、保護主義として現れたが、以下で示すように世界戦争をきっかけにして、より多くの人々がこの矛盾に気づくことになる。

第一次世界大戦後、国際社会が示したものは、かつて人々を魅了したのと同じ自由への呼びかけ、「平和」の希求を共有しようという呼びかけであり、それを率いたのはかつてと同じく、進歩への誘いであった。この点に関しては、擬制商品のもう一つである貨幣が、特に重要である。ひとたび区切りを改め、立ち入って論じよう。

貨幣市場の特異性

まず、『大転換』における一九世紀の二重運動のプロセスに関して、貨幣市場への言及はないことに注意する必要がある。市場社会を根本的に形作るという労働、土地、貨幣という三つの擬制商品は、実は同等の意味をもっていない。貨幣市場は他の二つ、つまり本来的には人間と自然である労働や土地の市場と、異なる動き方をするのである。そもそも一九世紀のリベラル・インターナショナリズムから初めての世界戦争にいたるまで、貨幣市場には基本的に、保護的制度が存在しなかった。にもかかわらず、貨幣市場は先進国間に平和をもたらしたかのように見え、平和への寄与という特異な貢献を果たしうるかのように考えられたのである。

世界戦争以前の諸制度のうち、バランス・オブ・パワー・システムはそれだけでは必ずしも平和に寄与せず、一九世紀の前半ごろまで、むしろ大国間の対立を喚起した。これに対して、それから五〇年ほどの時間の流れのなかで、次第に整備された国際金本位制の金融システムは、各国の通貨と信用を制度化し、その時期には大きな戦争がなかった。前章で見たシュンペーターの『資本主義・社会主義・民主主義』によれば、商業社会に「信用創造」すなわち銀行信用による資金供給事業が付加された特殊形態が、資本主義社会というサブ・カテゴリーとして位置づけられた時代である。資本主義時代には、重商主義時代以来続いてきた商業社会の価値観、つまり経済戦争を称揚するような価値観と、結果的に平和を志向する価値観という、相矛盾する価値観が共存した(109)。ポラニーによれば、貨幣市場の整備とともに、「予算、軍備、外国貿易、原料供給、国民国家の独立と主権は、すべて通貨と信用の関数になった」(110)。貨幣は、結局は土地や労働力と同じく、みなしの商品すなわち「擬制商品」にすぎないが、貨幣市場のシステムが制度化されたことで、少なくともしばらくの間、「大きな戦争」である全般的戦争が回避されたかにみえた。貨幣による支配が、戦争による支配を代替したかのようであった(111)。それは、「崩壊するまで誰にもわからなかった、国際貨幣システムの政治的機能」(112)であった。

しかしポラニーによれば、平和が持続するかに見えたのは、実は金融資本家のはたらきによるものであった。各国は全般的戦争の勃発を恐れて金融資本家の両義的な立場を利用し、金融資本家が政治と経済のバランスをとることになったのである。なおポラニーのこのような主張は、金融資本家を帝国主義の遂行者、つまり平和を乱し戦争を導く存在として批判的にとらえたマルクス主義者たちの見方に反論するものであった(113)。さて、金融資本家とは、さまざまな産業や銀行に投資し、国際的ファイナンス、国際的バンキングの機能を果たした一定の人々である。もちろんかれらは戦争に投資して利を得る場合もあった。かれらは一国家を超えた利害関心を持っており、一国内での国家と企業の結びつきに、ほころびを与える存在でもあった。しかしかれらは、国際的投資家と国民国家の利害を調整することで、平和に寄与したのである。戦争が起こらないことの利益の方が、かれらにとって大きかったのかもしれない。ともあれ金融資本家のはたらきによって、小規模の細かい争点や対立はあっても、大国が多く巻き込まれる大きな戦争が避けられた(114)。すでにウェストファリア体制において、オランダがヘゲモニー的存在となって以来、戦争が行われている間でも経済活動の安全が保証されるよう、さまざまな制度が取り決められていた。そこに投じられた金融資本家の調整努力によって、経済と戦争は切り離されたかに見え、平和の時代が続くように見えたのである。

もちろん、このように金融資本家の利害に依存した結果的「平和」の基盤が、きわめて脆弱なことは明らかである。また実際にも、この時期から次第に深刻な危機に陥ったのが、貨幣市場であった。結局は擬制商品である貨幣の市場成立の時期以降、大きな戦争つまり全般的戦争が回避されても、貨幣市場の矛盾はつねにあらわれていたということである。しかもそこでは、市場を保護する諸制度の整備が進んでいなかったため、労働市場など他の擬制商品市場よりも、直接的に戦闘的な手段が用いられることになったという。たとえば海外に生じた債務を履行できない、あるいは通貨の下落により支払い能力が危うくなるといった状態が生じた場合、貨幣市場は自浄能力を持たず、各国は「政治的手段によって均衡を保とうとし、海外投資家の資産に手をつけた」(115)。世界市場内の分業を担う諸国は、自由主義的理論上は、どこも対等な貿易単位であったが、実際には債権国と債務国、輸出国と自足国、また輸入に頼らなければならない単品輸出の国とに分断されていた。そして市場を自己調整的に機能させられないところ、つまり「破産に瀕した国にはすぐさま砲艦が派遣され、砲撃を受けるか債務を支払うかの二者択一が突きつけられた」(116)のである。

このように、市場と戦争が隣り合わせであることは、貨幣という擬制商品市場においてもっとも顕著であり、この部分において経済戦争は、潜在的に継続していたともいえる。その最終的な結末が、史上最大の規模の「世界戦争」、第一次世界大戦であった。貨幣市場の危機があらわれたのと並行して、労働や土地の市場における二重運動からもたらされる対立も極点に達し、擬制商品の諸市場における危機から戦争状態に至る局面において、市場社会は擬制商品がまさにフィクションであることを露呈させたのである。貨幣は価値をもたなくなり、人間の本来の暮らしは究極まで圧迫され、自然は徹底的に破壊されることになった。この危機に直面して、人間たちは「向こう見ずな世界市場への依存に代わり、競って食料生産能力を蓄えるようになった」(117)。自然から切り離された人間の生存基盤の脆弱性は、以下で論じるとおり、人間にとって二度と忘れ難いものとなったのである。

第五章　ファシズムをめぐって

第四章の後半でみたとおり、大戦間期の諸制度は、一方で世界戦争以前のリベラル・インターナショナリズムを再建しようとする試みであった。しかしその試みは同時に、第四章の前半で見たとおり、「平和」あるいは戦争を予防するための措置を、国際社会が法制度的に承認するという新しい側面も含んでいた。特に、いざというときに経済的手段を武器とできる点が特徴的である。ところで、すでに言及した自然概念との関わりからこのことを見直してみると、どうなるだろうか。それは実は本章にとって重要な問いである。かつて人間たちは自然の領域を、何らかの超越的な力がつかさどる世界として理念化し、これを参照することで、人間世界の究極的な叡知が保たれると考えた。他方で市場社会が、人間をとりまく環境でもあった自然を、売買の対象として狭い領域に閉じ込め、人間自身をも労働力という部分的存在におとしめた。この矛盾に対して次第に激化した二重運動、その究極としての世界戦争、第一次世界大戦は、いわば「自然」の逆襲であった。矮小化された自然は、ただ後景に退いたのではなく、人間を初めての世界戦争への道連れにしたのである。

ここで、政治哲学者H・アレントの指摘が示唆的である。彼女は第一次世界大戦後の国際社会のあり方について、従来「自然」に負わせていたものを人間自身が引き受けることになった変化と位置づけている。世界戦争の後、人間たちは「自然」を究極の理念に置かないような政治・経済システムの国際ネットワークを構築し、人間そのもの、つまり人類の領域を前面に出すことになった。人類は、天賦の「自然」とされていた人権、すなわち人間の生存権の保証人の地位を、「自然」から引き継いだのである。

「かつては自然…が負わされていた役割を『人類 humanity』が事実上引き継いだという…新しい状況は、諸権利を持つ権利、あるいは人類に属すという各人の権利が、人類自体によって保証されねばならなくなったことを意味している。…この考えは、国際機関に新たな人権宣言を行わせようとする善意の人道主義的努力とは反対に、現在の国際法の領域、すなわち国家間の協定や条約という領域を踏み越えていることが理解されねばならない。…人間をひとり残さず完全にひとつの組織に組み込み統制するようになった人類が、ある日きわめて民主的な方法で、…人類全体にとっては一部の人間を抹殺する方が よいと決定するということが考えられないわけではない」(118)。

人権すなわち人間の権利とは、国際社会を形成する諸メンバーの総体としての人類に属し、そこで諸権利をもつ権利であるとされ、それを保証するのはいまや人類自身だけである。この時期から人類は、みずからの名の下に、一部の人間を政治的、経済的に生かしたり、殺したりすることが可能になった。それは政治や経済の領域を超えて、人間そのものの存在に関わり、場合によってはその存在を否定する力をも含意していた。

本章では、第三章、第四章でそれぞれ検討したシュンペーターの『資本主義・社会主義・民主主義』、ポラニーの『大転換』の議論を引き継ぎながら、新重商主義あるいは大転換の時代とされる一九四〇年代、つまり三つの書物が刊行された大戦間期後半から第二次世界大戦の開戦・戦時期、ファシズム台頭という激動の時期を考察する。まさにこの激動のなかで、ゲーム理論を誕生させた一書『ゲームの理論と経済行動』が刊行され、自由主義的経済思想が経済戦争の理論としてのあり方をひらくことになる。本章が扱うのは、その誕生に至る歴史的な文脈である。もちろん、ある書物がなぜ、書かれたかについて、因果関係を完全に解明することはできない。しかし、少なくとも著者の関心のあり方や、著者を取り囲む社会的・政治的・経済的背景や文化的・知的環境を探ることで、執筆を促した諸力の構造をあぶり出すことはできるだろう。ゲーム理論がリベラル・インターナショナリズムの幻想を取り払い、経済を武器とした措置がやはり戦争の一種であると明らかにしたことは、もはやそれが自明という時代状況と無関係ではありえなかった。この時代状況は、『資本主義・社会主義・

民主主義』が新重商主義と呼び、『大転換』が大転換と呼んだものであり、ファシズムの台頭期である。

ファシズム期のシステムは全体主義システムといわれており、経済の側面で言えば統制経済、戦時経済であるが、それだけに尽きるものではない。ここで、先に述べた人間と自然概念とのかかわりが、もう一度反転することが決定的である。これを考えるために、あらためて『大転換』を検討する。『大転換』によれば、そもそも「自然」を究極的理念として置いたこと自体が、自由主義の倒錯であり、その矛盾が世界戦争で露呈して、本来の人間社会がいわばむき出しになった。今度はファシズムが、このような倒錯を意図的に模倣し、究極的理念としての「自然」を擬装する。それはおそらく現代世界にまで奇妙な残像を響かせる、アウラを欠いた複製時代に典型的な複製の戦略であり、またひとびとを扇動する呼びかけである。人間たちは、第一次世界大戦のショックから市場社会の幻想を離れ、自己保存に固執するようになっていた。そこで市場社会の危機に再び陥った際、暮らしを取り戻し、自然の恵みを取り戻すためには、むしろ自由を手放し、擬装された「自然」に服従することを求めたのである。

1.　オーストロ・ファシズム

ファシズムの分析に入る前に、『大転換』のみならず、『資本主義・社会主義・民主主義』、『ゲームの理論と経済行動』の著者たちが、次々とあとにしたウィーン、オーストリアにおけるファシズムのあらわれについて概観しておこう(119)。著者たちについていえば、シュンペーターは一九二〇年代初頭にキリスト教社会党のザイペルと対立して、ほどなくオーストリアの政治生活を追われ、一九二〇年代なかばにはすでにドイツへ移住して、その時期にはさらにアメリカに移住している。ポラニーは一九三〇年代なかば、イギリスへの亡命を余儀なくされた。一方、モルゲンシュテルンは国際連盟の経済プログラムに名を連ね、いわばリベラル・インターナショナリズムの推進役を担った後、このファシズム期にも経済政策のアドヴァイザー役を求められている(120)。アメリカに移るのはもう少し後のことである。

さて、オーストリアのファシズムは一九三三年、いわばリベラル・インターナショナリズムの国際社会への反発であるかのように、議会が停止されて成立した反民主主義的体制である。それはしばしば「キリスト教協同体国家」、あるいは「身分制国家」(corporative state ; Ständestaat) と呼ばれるが、一九三八年まで存続し、その後ナチズムに取って代わられる。この協同体・身分制国家は、自由主義に反対して秩序化された階層的・非民主的性質の保守的な主張であり、一八九〇年代以降にキリスト教社会主義が貴族・地主階層の考えに応じた潜伏期を経て、一九二〇年代以降に明示されたものといわれている。特にウィーンでは、一八九七年から一九一〇年まで市長をつとめたキリスト教社会党K・ルエーガーの政治運動が、ファシズム台頭の前身として機能した。ルエーガーの大衆プロパガンダ戦略については、ヒトラーが「あらゆる時代を通じて最も力のある市長とみている」と評し、手本としたことが知られている(121)。実際、ルエーガーが市長をつとめたこの頃から、キリスト教社会主義は宗教的祭儀を巧妙に複製し、人々の心理をうまく操り、人々の中に次第に独特のフェティシズム的傾向を強めていった(122)。それが第一次世界大戦後、より強められた形でふたたび表れてきたのである。

第一次世界大戦直後、政権は社会民主党とキリスト教社会党の連立政権によって担われたが、この政権もルエーガーには敬意を払ったという(123)。さらに一九二二年以降、政権をとったキリスト教社会主義者ザイペルの率いる政府は、民主主義的手続きを無視する傾向を強めた。一九二七年には、労働者の抗議に対して警察が発砲し、政府秩序の直接の暴力性が人々の知るところとなった(124)。やがて一九三三年にはドルフュスによって公然と議会制民主主義が停止され、ファシズム勢力がオーストリアの政治を支配することになる。すでにみたとおり、第一次世界大戦後の市場社会への幻滅とともに、リベラル・インターナショナリズムに基づいた処方への反感は増大していたが、ファシズム体制の確立に至って、政治的にも明示されることになったのである。

先行諸研究が明らかにするとおり、オーストリアがこのような状態に陥ったことには、第一次世界大戦後に国際社会の援助を受け、国際社会の監視の下で、一国独自の主権的な政治経済システムを持ちえなくなったことが、大きく関わっている(125)。敗戦国・新興国として国際社会からの復興援助を得るため、国家の主権的運営には決定的に不利な条件のもとで政治、経済システムを運営し、大不況期も乗り切らなければならなかった。国際社会による監視と介入は、巨額の賠償金というペナルティを課されたドイツとは異なる形ながら、オーストリアの政治経済システム、ひいては社会全体に深い損害を与えることになったのである。生存可能性そのものが盛んに議論された大戦間期当時のオーストリアでは、国際社会の主導のもとでも、自由主義的な政治・経済システムはほとんど機能していなかった(126)。そして一九三一年、オーストリアの銀行クレジット・アンシュタルトの破綻をきっかけとして、大不況時代、ファシズム時代へと流れたのである。

オーストリアのファシズム体制は、ドイツとイタリアのはざまに生まれている。すでにみたとおり、第一次世界大戦をきっかけとしたハプスブルグ帝国崩壊の前後にも、ドイツとの協調もしくは競合関係は、さかんに議論されたテーマであった。またドイツ・ナチズムとの関係についても諸説がある(127)。他方、オーストリアの南部はイタリアと国境を接し、いくつかの土地の帰属をめぐって対立もあった。文化的・言語的にみると、イタリアとの関係は争点も含めて重要であった。協同体・身分制国家の後、オーストリアはやがてドイツ・ナチズムに併合されることになるが、そこに至るまでの時期、特に一九三〇年代の前半、オーストリアにはイタリアのファシズムとかなり接近した論者もいた。後にみる経済学者O・シュパンなどはその一人である。こうして、オーストリアのファシズムは、ドイツとイタリアの双方から影響を受けつつ、リベラル・インターナショナリズムとの関係においては、ある意味で両者にも増して、もっとも典型的なひろがり方を示したのである。

2. 経済戦争の時代

ここで視点を再びオーストリアから少し引き離し、『資本主義・社会主義・民主主義』と『大転換』に拠りながら、戦争のない世界を標榜した大戦間期の国際社会システムが、まずは経済戦争という形において、軍事的な戦争への入り口を体験した時代について考察しよう。殊に、この特殊な時代において焦点となるのは、合理性 rationality のとらえ方である。かつて「自然」が備えているとされた叡智は、黄金比率 ratio としての均衡に体現されると考えられたが、いまや人間がこれを定めなければならない。そのことのひずみが人間を、そして時代を逼迫させることになった。やがて『ゲームの理論と経済行動』において、人間や社会の合理性は全面的に考察の対象となるが、『資本主義・社会主義・民主主義』と『大転換』もまた、これをとりあげて考察したのである。

新重商主義

シュンペーターのビジョンによれば、資本主義のシステムが発展をおし進めた際、そこにはすでに創造的破壊と民主主義の変質という矛盾が内包されていた。矛盾は次第に増幅し、『租税国家の危機』が書かれてから『資本主義・社会主義・民主主義』の刊行に至る大戦間期には、「資本主義は生き延びるか?」という問いが現実的な、きわめて切迫したものとなっていた。これに対するシュンペーターの回答は、資本主義の成功の果てに社会主義が到来する前に、人類は「帝国主義戦争の恐怖（もしくは栄光）のなかで、焼き尽くされてしまうかもしれない」(128)というものであった。かれは、マルクス主義的な帝国主義概念の批判を行いながらも、帝国主義によって見据えられた戦争の問題に焦点をあて、収拾のつかなくなった世界戦争とその後の世界を考察の中心に据えた。『資本主義・社会主義・民主主義』のタイトルには一見、資本主義と社会主義の二者択一が示されているように見えるが、これが刊行された時期の問題はもはや、二者択一ではなかった。資本主義、自由主義の側はファシズムを社会主義の一種と断じ、社会主義の側はそれを資本主義の権化だとした。双方の側がファシズムの台頭をもてあましていた。それは戦争の問題を相手の極に押し付けたのと同じく、問題に対する逃避の姿勢であった。

かつて一六四八年に始まったウェストファリア体制は、両義的な影響をもっていた。一方でオランダのヘゲモニーの確立に寄与したが、他方でそのヘゲモニーの衰退をスタートさせ、やがてオランダに代わるイギリスのヘゲモニーの確立を推進することになった。ウェストファリア体制はまた、一方で戦争機械としての国家の形成に寄与したが、他方でやがて国家を戦争機械から次第に切り離すことになった。戦争を財政的に支える経済活動は、戦争を抜きにしても営まれうる、それがむしろ望ましいと考えられたからである。ところが第一次世界大戦によるウェストファリア体制崩壊の後、大戦間期を経て、明らかになったことは、戦争休止が一時的なものに過ぎず、またその間に生じた戦争の仕方の変化に過ぎず、戦争そのものはなくならないという現実であった。そこにあらわれたのは、イギリスからアメリカへという次段階のヘゲモニーの交代と、新たな戦争の火種であった。

『資本主義・社会主義・民主主義』はアメリカで執筆され、アメリカの読者に向けて書かれた。刊行年である一九四二年、アメリカはすでに参戦に踏み切り、当時興隆し始めたメディア、新聞やジャーナルが参戦を正当化する特集を組み、アメリカはドイツのゲオポリティークを全面的に研究し始めていた。異端を告発するかどうか、戦争を始めるかどうか（それは実は同じ問いである）は、シュンペーターが『資本主義・社会主義・民主主義』を執筆していた当時、きわめて現実的な問いであったと考えられる。さらに、『資本主義・社会主義・民主主義』の終わり近くの歴史的分析においては、経済化した政治のプロセスの果てに、「アングロ・アメリカンによる世界事情のマネジメント」が支配的となる世界の到来が描かれ、これを特徴付ける用語として、「倫理的帝国主義」(ethical imperialism)の概念が提示される(129)。それは、イギリスとアメリカの明確な区分けや内実の十分な考察を欠くとはいえ、第二次世界大戦後に到来するヘゲモニー時代を予見するものであった。

倫理的帝国主義の支配下では、合理主義的価値観による経済システムが全面的に作動し、各国は戦時経済体制をとる。各国では戦時租税システムがビジネスを圧迫し、公的部門の肥大化と開戦を止める安全弁が機能停止の状態にある。独自の領域としての政治は機能せず、ブルジョワジーによる経済主導的な価値観が政治を動かしている。結果的に、支配政党を奪い合う競争プロセスと成り果てた「民主主義」の中で、誰が異端であり敵であるかは恣意的に決められ、声高に叫ばれ、国際的な経済問題が国内的な利害関心から処理されていく。他国を傷つけることを自国の利益と同一視する経済戦争的な発想が、パワーゲームの武器となり、「開戦やむなし」の決定をなし崩しに可能にしていく。シュンペーターはこの状態を、重商主義の再来とみた。たしかに、すでにみたとおり、重商主義期の戦争機械の枠組は、後の戦時期や軍産複合体の時代に似て、経済生活を管理する官僚制的な構造を持っていた(130)。資本主義をはさんで、それ以前と以後の時代に通じるメカニズムが存在したのである。新重商主義の時代、戦争や軍事はふたたび社会階層や社会の諸部門間に配分されるようになり、軍事エリートが台頭して、戦争機械の構造ができた。かつて明確に区別されるようになった平時と戦時の論理の境界は、新しい戦争機械のもとで、ふたたび曖昧になり始めたのである。

なお、シュンペーターの死後に刊行された『経済分析の歴史』は、かれが生前、大戦間期の激動に直面しながら重商主義の概念を検討し、新重商主義の概念を彫琢しようとしていたことを明らかにしている(131)。重商主義に関する章の中では、新重商主義の特徴として、輸出独占主義、交易(貿易)管理、貿易バランスという三つが集約的に論じられている。国家権力などの公的権威が交換取引の権利を独占し、自らの意に沿うように用いる一般的な形態が、六つほどの場合に分けて論じられている。そこでは、政府が経済生活を管理する極端な場合として、戦争が明示的に言及される。つまり、権力、権威による経済分野の占有の究極としての戦争機械のあり方である。

「戦争は政府が経済生活を管理することを余儀なくし、官僚制にそれを統治させる。（中略）輸入、輸出、外国為替は明らかに、管理されるべき最も重要な要素である。それは（ある国が）永続的に開戦間近の状態にある場合にも適用される。しかもここで考慮に入れなければならないのは、戦争やその持続的脅威によって喚起される精神、つまり他国を損傷することをほとんど自国の利益と同じように歓迎し、国際的な経済関係に関する政策を経済戦争と混同し、永続的なパワー・ポリティクスのゲームの武器のひとつとしてしまうような心的状態である」(132)。

ここでいう、「他国を損傷することをほとんど自国の利益と同じように歓迎する」精神あるいは心的状態は、短期的な視野で国際問題を「国内的に」のみ考えるという政治の衰退、民主主義の変質の議論に対応している。そのようにして「国際的な経済関係に関する政策を経済戦争と混同」する政府は、独自の政治的判断基準をもちあわせていない。こうして結果的に、国際関係に関わる経済政策は、「経済戦争」の武器の一つとして用いられるようになる。つまり、経済戦争の時期が再来するのである。

大転換

しかし『大転換』によれば、ファシズムは単なる合理主義の全面的支配でもない。むしろ二重運動の極点において、人間と自然が一度目の世界戦争から蒙ったショックから立ち直れず、ふたたび到来しつつあった危機に対して、自己防衛をし始めた姿であるという。ショックとは、いかに市場社会が全面的に展開されており、人間や自然がいかに労働や土地などの擬制商品として取り扱われていても、いざというとき、たとえば戦争などの非常事態において、市場社会は人間の暮らしの助けにならないことが、決定的にわかったことである。

一九二〇年代末からの世界大恐慌の際、たとえ貨幣市場が再び健全なバランスを取り戻しても、それが暮らしに貢献しないことは、人々にとって直観的に自明であった。国際社会の「幻想」に、社会意識はついていかなかった。そこで起きたのが「大転換」である。つまり、ファシズムが五ヵ年計画、ニューディールなどの現象とともに、また戦争の影とともに現れてきた状態である(133)。それは、市場社会に決してなじむことができない人間が「自然」を取り戻そうとし、逆にみずから「合理性」を擬装し体系化することで反撃に出た全体戦争である。反撃はおのずと、国際社会を志向する自由主義、端的にいえばリベラル・インターナショナリズムを標的とした。ここで根本的に問われたのは、人間の基本的な暮らしと進歩との関係である。しかしポラニーはファシズムのまがい物的性質、つまりそれが実は人間性にとっても、人間の暮らしにとっても、助けとならないことを見抜いていた。むしろ、人間と自然の反撃が、世界にとって致命的になることを懸念していたのである。『大転換』のこの部分もまた、一九三〇年代に著されたいくつかの論考を下敷きに書かれているが(134)、「大転換」はさらに広い射程をもつ。それは世界戦争の時期だけでなく、さらに戦後世界をも何十年にもわたって規定することになる、ある種の傾向であった。

3. 擬制商品の解体

「人間」の逆襲

「大転換」とは、ポラニーがすでに見抜いていた市場社会の絶望的な未来が、現実にあらわれたものであった(135)。人類は従来と異なる形をとって自己防衛を試みたが、さらにこれが世界のシステムの崩壊を加速させる力としてはたらいた。それは自由主義の核心にあった合理主義的価値観を、「人間」の側が奪い返してこれを複製・擬装し、自由主義に対抗しようとした試みであった。

経済的側面からみると、それは徹底した計画経済体制あるいは統制経済体制、戦時経済体制としてあらわれる。危機に対処し、人間みずからの生存の基盤を確保するために、理念としての自由主義も国際主義も、また民主主義的な政治の領域も取り払った経済生活だけを残し、「さまざまな産業分野によって組織された資本主義」(136)、つまり剝き出しの合理主義的産業マネジメントだけを残す解決法を選択した。ちなみにそれは敗戦国における難局に対し、たとえばオーストリアが経済（産業）と政治のいずれの領域においても、トップダウンで自由裁量のない方向へと改革を行う解決法を取り、民主主義的制度を犠牲にした現実にも対応している。

この関連で、オトマール・シュパンの思想に言及しておく必要があるだろう。ポラニーがファシズム研究の素材として、批判的な考察を重ねたおもな対象は、シュパンの体系であった(137)。シュパンは第一次世界大戦後にウィーン大学経済学教授の一人として活躍し、一九二〇年代の前半には、身分制国家のビジョンに近い政治経済システムを構想して、モルゲンシュテルンをはじめハイエクら、大戦間期のオーストリア学派の経済学者たちにも影響を与えた(138)。ただしシュパンはオーストリアの現実の政治へのコミットメントという意味では必ずしも強い影響力をもたず、ポラニーが注視したのも、あくまで思想上の危うさであった。さて、シュパンの身分制国家のシステムは、底辺から全体まで工場のように構造化された、多くの小規模な協同体から成る。個々の人員は特定の小さな権限を与えられ、一定の秩序にしたがって、上下の権力関係を保つ。一つ上の階層は、もう少し規模が大きく、少し数の少ない産業や銀行、信用制度、工場などから成る。こうして何段階かの協同体階層のトップに「国家」の存在があるが、以下で検討するとおり、この国家は、モデルの上でも現実的にも残された実質的な機能の余地をほとんどもたない。にもかかわらず、各階層が完全に機能することによって、国家体制のコントロールは、あたかも完全なものであるかのように見える。国家はこの点において、まさに無意味化され、実質的には解体されている。すなわちそれは、擬似国家である。あるいはそれは、政治的機能を失った経済機能のみの国家の、行き着く果てともいえる。

ポラニーの一九三三年の論考は、シュパンの思想体系の特徴を踏まえ、ファシズム国家を「経済的身分制によって統治された資本家自身による計画経済」と位置づけている(139)。そこで人間たちは、経済的リーダーが主導する一国レベルでの計画経済、また個々の部門においてはストライキ等を排して雇用者と被雇用者の協同をめざし、合理主義的な産業マネジメントだけを救い出し、社会の他の部分においても全体主義的システムを形成する。このような合理主義的システムの国家においては、国家の概念に体現されるような、古典的な意味での政治的理念が破壊されている。国家は存在するとしても形骸化しており、実質的な権力をもつのは、完全に自己組織化され、上部・外部からの強制力なしに存在しうる「社会」だけである(140)。ところでこの国家体制にとって、国民国家を単位として国際社会を成立させる自由主義の制度、リベラル・インターナショナリズムは、自由放任的で危機に至る体制であり、表立って撲滅すべき標的である。こうしてファシズムのシステムは、リベラル・インターナショナリズムの対極に立つことを表明する。

「自然」の擬装

しかしポラニーは同時に、「大転換」としてのファシズムが、リベラル・インターナショナリズムの価値観を擬装すること、したがって両者が結果的に類似することを強調する。もちろん、ファシズム体制においては、自由の理念は批判対象であり、産業マネジメントのパーツとなった人間は自由を失って物質化、非人間化し、人間と機械の主従が逆転、人間性は疎外されている。しかし、ポラニーによれば疎外状態は、部分的には自由主義的経済体制、資本主義体制にも共通している。

ポラニーは『大転換』に先立ついくつかのファシズムに関する論考において、特にシュパンの身分制国家のビジョンを批判的に扱いながら、ファシズム思想における社会の凝集力を繰り返し考察した。ポラニーが「合理性の人工的な中心」と呼んだファシズム社会の凝集力は、自由主義が合理主義的価値観によって自らを展開するメカニズムを、形式的に複製したものであった。すなわち、ファシズム思想の真髄は、モノ化した人間に、ちょうど自由主義が「個人主義」という本来の意味での意志を注入するのと同じように、いわば人工的な「意志」を注入することにある。特に人間自身の自己防衛であるファシズムは、その意志が「自然」を取り戻す叫びであるかのように、意識を形作ろうとする。従来の自由主義における人権が、究極的理念としての「自然」によって保証されていたように、ファシズムは「自然」を自由主義から奪い返そうとするかにふるまう。とはいえそれは、あくまでも擬装に過ぎない。

ファシズムは、自由主義がひそかに基盤とする動物的自然概念を指摘するのではなく、むしろ自由主義が機械論的志向をもっているとして批判し、これに対抗して「自然」や人間性をとりもどせという叫びを示した。自由主義が人間を飢えの恐怖でおびやかしながら、市場社会を波及させていったのに対して、ファシズムは、飢えを解消する手段が自由主義ではなくファシズムにあると主張し、自由よりも食糧の確保が重要であると叫ぶのである。ところが、そのようにしてファシズムが称揚する「自然」は、きわめて人為的なものである。従来の自由主義が少なくとも理念上、「自然」権に裏付けられた人間すべてを対象としたのに対し、ファシズムはそうではない。反個人主義を掲げることで、一見、社会や普遍ひいては人類という総体を志向するかに思われるが(141)、実際には自然や生物的特質とも相容れない人種の概念を導入し、社会のなかの一定集団だけを囲い込み、別の一定部分を排除するのである。ファシズムが促す「人種」的「意志」は、「われわれ」集団と異なる「かれら」、すなわち異端の集団を、それだけの理由で抹消することをめざすものである。しかしこのような人種概念の規定、ひいては「かれら」の名指しが恣意的であるという点については、もう少し考察する必要があるだろう(142)。

ファシズムが注入する「意志」は、たとえば古典的な意味での民主主義的な国家の理念へと至るような政治的意志を欠き、したがって実質的な機能を欠いた「意志」の複製物である。ポラニーによる『大転換』以前の論考に即していえば、ファシズムの哲学の特質は「キリスト教が、その堕落しきった形態を残して終焉を迎える」状態であり、人格を持った個人間の関係ではないような社会概念を打ち立てようとするものである。そこでファシズムは、ファシズム誕生以前の生気論（ヴァイタリズム）と、個人を社会にのみ込んで社会的有機体へと導く全体主義論の二つの極の間を揺れ動く、ある種の「政治的宗教」として機能する(143)。ただし、その政治的宗教は、「同一性」をもつものだけを囲い込み、これだけを保護する社会を目指すような、きわめて特殊で閉鎖的な宗教である。

この閉鎖性との関わりにおいて重要なのは、C・シュミットの「敵」の原理に基づく共同体論である。ポラニーはこれをファシズム思想の生気論から注意深く選り分けている。シュミットの共同体論は、ポラニーによれば、敵対性に基づく政治の理論であり、政治とは敵の否定と説得をめざす最高の制度としての国家の存在を前提とする。国家とは外部がある場合にしか機能せず、逆にいえば外部の存在を必要とし、対立による止揚の作用を内包する存在である。一方、経済的価値観や倫理的価値観だけに根ざした世界国家というビジョンは、外部の不在という点において、実はすでに語義矛盾である。そして擬似宗教としてファシズムが目指すのは、この後者の「世界国家」である。結局、ファシズム思想は、国家の存立条件をなし崩し的に崩壊させる。

続けてポラニーは、シュミットの共同体論が部分的には、ファシズム思想の生気論による社会的アプローチ、部族主義となじむ部分があるものの、決して完全になじむことはないとする。なじむのは、部族的道徳における直観的な恐れの感覚であり、それは他者を排除する閉じた共同体を形成する契機となる。しかし部族主義の中には共同体の調和的要素が必ず存在する。人間の動物的本能は食物連鎖、すなわちすべての動物が他の動物の腹の中におさまることで、自然界の環境秩序を保つことを知っているが、ファシズム思想は、つきつめればこのような従属の連鎖、共同体の調和だけを称揚する。つまりファシズム思想が人間に注入する敵対性や排除の擬似「意志」は根本的ではなく、あくまで政治的転換の可能性を欠いた共同体的従属だけを求めるものである。したがってシュミットの、根本的な敵体性から体系的に構築された国家理論とは相容れない。にもかかわらず、ファシズム思想はシュミットの共同体論をも複製し、都合のいい部分を用いるのである。それは複製された表面的な敵対性の仮象に過ぎない、とポラニーは指摘する。

なお、ファシズム思想がシュミットを援用して政治的敵対性を擬装し、人類の一部分を排除するロジックは、声高に叫ばれる飢餓への対応、人間の「保護」についても同様である。すでに言及したとおり、一見飢えを満たすという人類普遍の理念を求めるかに見えるが、実は一部の人間にはこれすら保証しない。つまりファシズム思想は、根本的には何ら対立の可能性を認めず、民主的な手続きを経ないまま、ひとつの価値観だけを強制的に与えるものである。このような思想を「意志」として注入される人間が、一貫した思考を奪われ、結果的に非人間化することは、明らかであろう。

なお、ここで確認しておきたいのは、以上の見方に立つ場合、ファシズムのまがいもの的合理性や「自然」もどきに対して、本来の究極理念としての「自然」の叡智や、古典的な理念としての自由に立ち返る可能性は、すでに失われているという点である。それは国際社会のかつての誤算を、ふたたび繰り返すことに過ぎない。平和としての経済戦争の暴力的特質があらわになる中で、自由主義のビジョンそのものが、ファシズムと奇妙に連続した何か別のものへと、すでに不可逆的に変質していたのだ。国家か市場かの二者択一は、有効性を失っている。にもかかわらず、このフィクションに固執することは、実は現実から逃避する時代錯誤的認識にほかならなかった。しかし多くの自由主義者たちが、新自由主義という旗印の下に、このフィクションを支えたのである。

4.　ファシズム期のモルゲンシュテルン

ポラニーがファシズムのロジックを考察していた頃、オーストリアのファシズムは、現実的な問題であった。彼は危険を察知し、イギリスへと亡命した。一方モルゲンシュテルンはまだオーストリアに残り、精力的に活動を続けていた(145)。一九〇二年生まれのモルゲンシュテルンはドイツ系（非ユダヤ系）の出自であるとされており、ウィーン大学に入学した当時はシュパンから強く影響を受けていたが、一九二五年前後から、オーストリア学派を学び、この学派の第四世代に名を連ねることになった。一九二五年にはロックフェラー財団からの奨学金を得て、アメリカをはじめ、ヨーロッパ数国をまわり、一九二八年頃から景気循環に関する論考や、アメリカ、イタリアなどの経済学の動向を知らせる論考を書き始め、第一の著作『経済予測』でウィーン大学の教授資格を得た。一九三〇年代にはいると、二、三年前からつとめていたオーストリア景気研究所において、ハイエクの後を継いで所長となり、またオーストリア学派を中心に国際的な学問的レベルを誇っていた経済学の雑誌 *Zeitschrift für Nationalökonomie* の編集主任をつとめたほか、国際連盟の経済プロジェクト・メンバーとして名を連ね(146)、景気循環理論の国際統計プロジェクト、戦後期における戦時経済から平時経済への移行と安定性に関する研究プロジェクトの専門委員会のメンバーとなって、報告書作成にも尽力した(147)。

この時期のモルゲンシュテルンの活動と経済的自由主義の考え方は、本書で考察してきた国際社会という立場にとって、きわめて典型的である(148)。モルゲンシュテルンは、文字通り、リベラル・インターナショナリズムを実践する立場にあった。そこでかれは、敗戦国すなわち被援助国であるオーストリアが、国際社会に認められ、第一次世界大戦後の世界に独立した国民国家として生き残ることができるためには、ドイツから離れ、イギリスやフランスなど、「国際的な通商、文化、文明」をもった先進諸国と関係を結び、経済的自由主義を進めていくことが不可欠であると信じ続けたのである(149)。しかし同時に、リベラル・インターナショナリズムとファシズムの間にある種の親近性・連続性があることを、ポラニーとはまったく別の側面から、つまり自らの経済政策的指針において、結果的に明らかにした(150)。

もちろんモルゲンシュテルンは、当時オーストリアの多くの自由主義の論者と同じく、金本位制への復帰を願っており、オーストリア政府が為替レートに介入したり、これを管理したりすることに対して懐疑的であった。金融システムの管理が漸次的にでも緩和され、なるべく早くに経済的自由主義に復帰することが必要であるとした(151)。不況の時期もオーストリアが国際社会、国際経済の自由主義的ネットワークへとなるべく早く参加できるよう、経済政策が積極的に施されることを求めた。また、各種の中間団体や圧力団体が政治的な力をもち、みずからの考えが十分に反映されない当時の状況の中でも、専門家の意見聴取の重要性を強調した(152)。たしかに一九三四年の『経済政策の限界』と一九三七年のその英訳版においては、歴史的に見て、人々の側でももはや独立や個人的責任を求めず、国家による保護を求める状態が――もちろん逆のケースも見られるとしながら――しばしばあるという記述を残し、政府の役割の増大の可能性も論じているが(153)、やはり競争の余地を排除する公的規制や公的独占のあり方には、基本的に批判的な立場を表明している(154)。国家による介入は、ひとたび部分的にでも始められると次第に全般に広がり、他方で闇市場の形成を促すなど、「経済政策の病理」に陥るからである。

しかし経済政策の迅速な効能を求めることが、結果的に、民主的手続きを省略するトップダウン型の指令経済につながりうること、政府の役割の増大は突き詰めれば、特に当時のファシズム的な経済体制の現実に照らして考えれば、自由主義的経済か社会主義的計画経済かの問題よりはむしろ、組織の細部まで合理的に機能させる全体主義体制に親和的な立場となる危険を含むことに、モルゲンシュテルンは残念ながら、十分に意識的でなかった。ファシズム思想の側がきわめて戦略的に自由主義の合理性を複製し、擬装したことと比するとき、モルゲンシュテルンは当の自由主義を擁護する経済学者として、あまりに無防備であった。

とはいえ、少なくとも、モルゲンシュテルンがなおも経済的自由主義の枠組を保持しつつ、何とかこれを拡張しようとしていたこと、またアメリカにわたった直後にも、アメリカの自由主義とヨーロッパの自由主義の違いに直面しながら、許容しうる国家介入の度合いという形で、真摯に問題を立てようとしていたことが、当時の諸論考から明らかである。それは単に経済政策における公的規制にとどまらず、「新しい国家哲学」(155)にまで発展しうることを、モルゲンシュテルンは意識していた。ここでアメリカ移住直後の思考の跡を、もう少し追ってみよう。それは、デューク大学所蔵のモルゲンシュテルン・ペーパーズに残された未完の草稿のうち、一九三九年一一月二七日の日付で「経済的自由主義の諸原理」という講演（Sophomore Lectures）のためのメモと題されたものである(156)。

序の部分には、自由主義の根幹としての個人主義を遵守すべきこと、アメリカのリベラル政策が国家による介入主義であること、理論的分析道具と政策の原理を区別すべきことへの信念が記されている(157)。さらに「政策と未解決の諸問題」と題した部分では、介入主義に対する肯定と否定の立場をできる限り中立的に分類しようとしている。介入主義に対してはやや批判的なトーンがあり、ニューディール政策を「より複雑で、科学的には疑わしい」と評価している。「科学的」という言葉は、自由主義をめぐる学史的整理の部分における、「愚直な」自由主義と「理性や動機のある批判的」自由主義の分類に対応しており、後者が「科学的」自由主義であるという。スミス、リカード、マルサス、ベンサムは「証明なしの単なる信念としての」愚直な自由主義の悲観的唱道者に分類され、さらにベンジャミン・フランクリンの影響を受けたバスチアは、フランスにおける楽観的な愚直リベラリストと位置づけられる。バスチアは自由放任がフェア・プレイであると考えたからである。他方、モルゲンシュテルンは、批判的で科学的な自由主義が、価格メカニズムや生産に関する体系的思考や経済理論をふまえたものであるとし、できる限りそこにとどまろうとした。経済的自由主義と政治的自由の関係についてもふれ、価格固定や為替管理などがやがて生産や分配全体のコントロールにつながるとして、ヨーロッパ諸国の政治的運命を案じている。しかしそれでもなお、「未解決の問題」の記述には、退行や不安、安定性や保護を求めるという動機によって、人々が行動原理を変えているかもしれないというメモが残されている。モルゲンシュテルン自身もまた、深い迷いの中にあったのかもしれない。

自由主義的経済学の基盤となる人間の合理主義的価値観が、一方で全面的に展開されれば自由の理念そのものと抵触するということ、他方で必ずしも合理的結果をもたらさないということは、モルゲンシュテルンが一九二八年以降、自らの論考において繰り返し問いかけ、追い求めてきた問題であった。しかしかれは、心ある知識人のコミットメントがむしろ自由主義の推進につながることを信じ、「理性や動機のある批判的」自由主義の可能性に、なお賭けたのである。第三部で詳述するが、モルゲンシュテルンは、アメリカへと活動の拠点を本格的に移した後、できうる限りアメリカ社会に同化し、学問的・実践的貢献を果たすよう試みた。このことは実は、ここでみたウィーン時代のモルゲンシュテルンの活動とも矛盾しない。経済政策において専門家の貢献を、というかれの考え方は、科学的頭脳を携えた軍産複合体、つまり軍産学複合体を形成しつつあったニューディール期、ローズヴェルトを囲むブレイン・トラストのアメリカを、すでに見据えていた(158)。

そもそも一九三〇年代前半からモルゲンシュテルンが委員としてつとめた国際連盟の統計専門家委員会が、アメリカのロックフェラー財団から財政援助と実質的なアドヴァイスを受けており、ロックフェラーはモルゲンシュテルンの初期の留学の財政支援の母体でもあり、さらにオーストリアの景気研究所のスポンサーでもあったこと(159)を考えると、モルゲンシュテルンはときの政治的システムへの同化、特にアメリカ的な自由主義への同化を、ウィーン時代にすでに先取りしていたといえる。そこで、やがてドイツ・ナチズムがオーストリアに入り込んできた際、たとえモルゲンシュテルンの考え方がたとえオーストリアのファシズムと一定の親近性をもっていたとしても、それはナチズムにとって「政治的に望ましくない」ものであった。ナチスによるオーストリア併合は、モルゲンシュテルンをアメリカにとどまらせ、オーストリアから引き離すきっかけとなったのである。さらに、かれが移民した後の一九四〇年代以降、ニューディール期のアメリカがひそかに徹底的な吸収を試み、かつ世界の警察の立場から公然と抹殺をめざしたのは、ドイツの地政学（ゲオポリティーク）であった。この点においてもモルゲンシュテルンは、アメリカにとってきわめて「有用な」知識人となった。しかしその詳細な分析は第三部に譲ることとしよう。

第三部
経済戦争の理論

一九四四年にフォン・ノイマンとともに『ゲームの理論と経済行動』を刊行したオスカー・モルゲンシュテルンの経歴は、『資本主義・社会主義・民主主義』のシュンペーター、『大転換』のポラニーのそれと、いくつかの点で重複している。一九二〇年代にはウィーンで、第一次世界大戦後の敗戦国としてのオーストリアに対して行使された国際社会の圧力を直接に体験し、その後アメリカへと移住、移民した。三つの書物が刊行される頃までには、著者たちはいずれもアメリカを主たる活動の場とし始めていた。

しかし『資本主義・社会主義・民主主義』と『大転換』が、大戦間期の世界の問題を、それ以前の世界システムとの関連において、歴史的パースペクティヴから考察したのに対し、『ゲームの理論と経済行動』は、戦時中もしくはそれ以降、おもに戦後世界の社会意識となった考え方のエッセンスを、先行して純粋理論モデルの中に描き出した。それは、本書の見方によれば、すでに第一次世界大戦後の国際社会において、平和の名のもとに経済戦争を戦争の予防措置として講じようとする立場として、制度のなかにあらわれていたものであった。しかしその後、ひとたび戦争をすれば人類全体が破壊されるかもしれないというおそれとともに、軍事的な戦争を行わないことが平和であるという考えは、現実的な意味を持ち始めることになったのである。第三部では『ゲームの理論と経済行動』を主たる素材とし、それがアメリカで刊行され、経済戦争の時代の社会意識を体現しながら、やがて戦略研究という分野を生み出すに至るまで、戦争予防としての経済戦争という考え方を理論的に支える役割を果たしたプロセスを考察する。

ここで『ゲームの理論と経済行動』との関わりにおいて、ゲーム理論の展開の母体となったランド研究所とともに考察するのがトマス・シェリングの考え方である(1)。かれはゲーム理論のエッセンスをとらえつつ、国際経済学に関する著作を著して、経済制裁を含むさまざまな政策が同時に経済戦争であることを明確に示した。シェリングの考え方はやがて、経済制裁や経済戦争の理論としてではなく、むしろ核抑止の理論として、世界に評価されることになる(2)。もちろんそのこと自体、経済制裁や経済戦争が平和に貢献するという信念と、深く結びついている。

経済制裁については、第二部でその登場にひきつけて検討したが、ここであらためて、ゲーム理論に依拠して経済制裁を検討した一つの論考、たとえばドレッツナー（Drezner 1989）を例にとって、その特徴を概観してみよう。ドレッツナーは経済制裁を論じる先行研究がモデル化、理論化に乏しいことを指摘し、この欠陥をうめるべくゲーム理論を適用した。モデルの前提として、第一に外交政策に関して合理的に行動する指導者がおり、その国の利益の最大化を図ること、第二に各国家は自国の所得と富を増大させるように行動すること、第三に、第一、第二の前提からの帰結として、たとえば基地の権利、ターゲット国におけるより大きな自由化の権利、ターゲット国内のある管区の支配など、「政治的財産」の移転が重要であると指摘した(3)。第一、第二の前提は、国家を単位とした国家間＝国際社会の存在が前提となること、またその単位がそれぞれ、自国の所得と富の増大を目的とすることを明示しており、第三の前提、そして「政治的財産」という概念そのものも、政治が独自の領域ではなく、経済的合理性を尺度として「財産」として動く様態をあらわにしている。

当事者たる諸国家は、それぞれこの「政治的財産」が再分配されることで、将来みずからに損害が及ばないように考慮し、翻って現在の行動を決定する(4)。特にここで、物資の不足という直接的、短期的コストの負荷よりも重要なのは、そのコストを避けるためにみずから示す譲歩案における政治的財産の潜在的損失であり、さらにその譲歩案を想定することによる相手方や第三者の思考の変化が、将来的な交渉においてみずからにもたらしうる潜在的損害など、「ヴァーチャルな」コストの負荷である。

ここに見られる思考法は、モデルから示される理論的帰結がいかなるものであれ(5)、また実証分析によるいかなる補足がなされようとも(6)、すでに本書の第二部で論じたとおり、経済と戦争を同じ手法で推し進めていく、ある種の合理性に基づいている。そしてドレッナーの論考をはじめとして、経済制裁に関する諸研究がしばしばゲーム理論的な枠組を用いるのは、偶然ではない。第二次世界大戦後、ゲーム理論はアメリカの軍産複合体制のなかに組み込まれ、理論の中立性・客観性の名の下に、政治経済社会体制を支える役割を果したのである。またその延長線上で、このようなゲーム理論を支えた母体であったランド研究所が現在まで生きながらえ、現代世界の経済戦争や戦争に通じているのと同時に、学問的世界においても、その考え方を引き継いだ研究をなお量産させている。本書が注目したいのは、それらに典型的に表れているシェリング以来、いや『ゲームの理論と経済行動』以来の問題の立て方である。

第三部では、『ゲームの理論と経済行動』が、ウィーンにおける合理性分析という文脈から生まれてきた文脈を分析し、次にこれがアメリカの軍産複合体という新しい戦争機械の構造のなかに包摂されて、やがてシェリング以降に戦略研究という核抑止の理論として展開されるに至った経緯を確認する。またそれが同時に、「国際経済学」の分野として、経済制裁をはじめとする経済戦争のさまざまなあり方を、学問的に裏付けたことを考察する。ちなみにシェリングは、まさに核抑止の理論による「平和」への貢献を讃えられて、二〇〇五年にノーベル経済学賞を受賞した。しかし本書はむしろ、その皮肉さを思う。なぜなら核抑止の理論は、潜在的に核の意義を増大させるからである。たしかに今日に至るまで、いわゆる核の世界戦争は起きていないが、核は世界のあちこちで保有され、広義の「戦略」としてなお、さまざまに用いられている。経済戦争の時代は、平和への願いが期待通りの成果を生まなかったばかりでなく、核の存在によって、むしろ人類の根本的な生命の安全性の土台を欠いたまま、現在まで著しく進行中である。

第六章　ゲーム理論の誕生

本章ではまず、『ゲームの理論と経済行動』において用いられている概念装置が、経済戦争のメカニズムを内在的に示すことを考察する。すでに前章までに示唆してきたとおり、同書が示すのはある種の合理性であるが、それはあらゆるものを「資源」として利用し、生産に役立てようとする経済＝エコノミーの根本的志向が、すべてを破壊し抹消しようという純粋戦争の志向とは相反するにもかかわらず、合理性を介して、現実的にはむしろ協同できるという考え方である。たとえ経済の論理が優位になる場合でも、実質的に戦争の一種である経済戦争は継続されうる。

前章までの歴史にひきつけて言えば、世界は「平和」を願ったにもかかわらず、その願いは期待したとおりのものとはならなかった。そこに可能だったのは、ただ大きな戦争、世界戦争が回避されたという状態であり、それもやがて経済不況をきっかけにして、根本的に崩れたのである。自由主義的経済のビジョンは、平和としての経済戦争がやはりある種の戦争状態であることを露呈した時代状況の中で、合理性概念を媒介としてファシズムとのきわどい境界で接しつつ、あくまでそのことに無頓着なままであった。しかしゲーム理論の誕生に至って、これを含む自由主義的経済のビジョンは、経済戦争を具現化する理論を携えることになったのである。

経済すなわちエコノミーにはそもそも、いわゆるオッカムの剃刀の法則、つまり「少しで済ませられるところに、多くを投入しても仕方がない」と考える、簡潔原則あるいは節約の原則が存在する。合理性の原則、もしくはある種のミニマリズムとも呼ばれうる経済のこの側面は、利潤の極大化を目的とするホモ・エコノミクスにとって不可欠な原則である。利潤の極大化の出発点は従来、単体のホモ・エコノミクスと物との関係についての原則であった。一方、戦争、あるいはそもそも対立が成立するためには、必ずや二人以上の存在が必要である。『ゲームの理論と経済行動』は、もっとも合理的すなわちエコノミーの原則を完全に追求する二人以上のホモ・エコノミクスが存在する場合でも、なお原則が有効であることを示すものである。

『ゲームの理論と経済行動』の共著者であるフォン・ノイマンが一九二八年に証明した「ミニマックス定理」は、すでにひとつの解答を示していた。それは、たとえば自分の利益がそのまま相手方の損失、相手方の利益は自分の損失になる場合でも、相手方の意思決定の可能性を所与とし、自分にとっても相手方にとっても「ある程度に妥当な」意思決定を行うことができることを示したのである。それは対立の妥協点、対立におけるストップ・ルールの可能性を示していた。まして、双方の利益と損失の関係は完全に対立するとは限らず、むしろ補完的な場合もあるとすれば、ストップ・ルールの可能性はさらに高まるだろう。もちろん戦争によっては、あらゆる妥協が拒絶され、そもそも相手方の存在という所与を、根本から抹消することが求められるかもしれない。しかし、戦争が双方にとって根本的に経済的損失であることを合理的に考えれば、そのような戦争のさなかであっても、ストップルールが意味をもたないとも限らない。

やがて『ゲームの理論と経済行動』を経て展開されたT・シェリングの一九六〇年の著作『紛争の戦略』は、まさにここから論を展開する。たしかに多くの場合、戦争における勝利とは、相手を打ち負かすよりも、むしろなるべく損失を少なく戦争を終わること、つまりできれば戦争を始めずにすませることであると考えられる。合理性に基づくなら、「もし互いに被害を与える戦争を避ける可能性があれば、また被害を最小限に抑えるようなやり方で戦争を遂行するか、あるいは戦争を遂行せずにその脅威だけを敵方に与えることが可能であれば、互いの便宜を図る可能性は、コンフリクトの要素と同じぐらい重要かつ劇的」(7)なのである。ところでシェリングがゲーム理論の枠組を用い、切り開いた戦略研究という研究領域に関して、主たるアイディアは『ゲームの理論と経済行動』にすでに展開されていた。そして、フォン・ノイマンからシェリングに至る系譜にとって決定的だったのは、モルゲンシュテルンのコミットメントであった。

1.『ゲームの理論と経済行動』

そこでまず、『ゲームの理論と経済行動』である(8)。初版は一九四四年にプリンストンで出版された。一九四七年には付録を増補した第二版が出版され、これが決定版となった。著者たちは当初、百ページぐらいの小さな本、あるいはパンフレットを書こうとしていたというが、第二版は六五〇ページを超える大著である。全体は十二章と付録から成るが、はじめの一章だけがおもに経済学の領域を扱っており、合理的行動、効用、解の概念などを論じている。つづく第二章から第十一章までのなかで、戦略ゲームという考え方が示され、重点を経済学からゲーム一般へとシフトさせている。ゲームを公理として定義し、いわゆるゲームの理論を扱うのがこの部分である。経済への応用がふたたび論じられるのは同書の最後の部分、第十一章の後半(9)のみであるが、タイトルが示すとおり、この書のテーマはゲーム理論「と」経済行動についての分析である。そして強調点はむしろ後者の側にある。冒頭に明記されているとおり、ゲーム理論を社会理論として展開することが、この書の目的であった。

簡易な解釈として、モルゲンシュテルンは経済学者であり、フォン・ノイマンはおもに物理学や数学の領域で仕事をしたので、両者がそれぞれ経済理論、ゲーム理論を担ったという考えがあるかもしれない。しかしこれは必ずしも十分な説明ではない。先にみたとおり、フォン・ノイマンはすでに一九二八年に、『ゲームの理論と経済行動』の前身である「（室内）ゲーム Gesellschaftsspiel の理論のために」という論考において、数学としてのゲーム理論を論証しており(10)、それは二百年ほど前から行われた簡単なゲーム分析の結果にも対応していたが(11)、その論述はホモ・エコノミクス homo economicus の前提の話から始まるのである(12)。ちなみに、フォン・ノイマンには経済成長モデルに関する論考もある。一方、モルゲンシュテルンも、すでに一九二〇年代の後半ぐらいから、当時の経済学の主流であった完全競争の理論に不満を持ち(13)、むしろ経済理論のなかでやがてゲームの概念に結実することになる不確実性やリスク、予測そして情報の問題、なかでも他者の行動によるためコントロールの不可能性という問題に関心を寄せて、書物や論考を著し始めていた(14)。両者のこのような関心が二人を引き合わせ、やがてゲーム理論と呼ばれる新しい領域を生み出すことになる、数年にわたるコラボレーションを可能にしたのである。

一九九〇年代の前半まで、ゲーム理論の歴史に関する研究はごく限られていたが、一九九〇年代なかばから今日に至る一五年あまりの間に、多くの研究が行われるようになった。そのきっかけのひとつはおそらく、一九九四年のノーベル経済学賞が三人のゲーム理論家、R・ゼルテン、J・ハルサニ、J・ナッシュに与えられたことであろう。『ゲームの理論と経済行動』の刊行から五〇年の節目である。ゲーム理論自体はもっと早くから、経済学のみならず他のさまざまな学問領域でも注目を集め始めていたが、特にノーベル経済学賞に関しては、ゲーム理論の関係者が受賞するのは難しい、あるいは不可能とすらいわれていた。ノーベル賞は設立の趣旨から平和を強く志向しており、一方ゲーム理論は成立当時から長い間、戦争と強く結びついていたことが知られていたからである。ゲーム理論はランド研究所でさかんに研究され、その軍事的応用が重要な研究領域のひとつであった。しかし、一九九〇年代以降の諸研究では、このような歴史、つまりあるゲーム理論の歴史の研究のタイトルが示したとおり「ゲームが致命的にシリアスになる場合」についても、かなりの部分が明らかにされてきた(15)。またノーベル経済学賞受賞者の一人であるJ・ナッシュを主人公とした著作『ビューティフル・マインド』(Nasar 1998)は映画化もされ、軍事機密にきわめて近いところで研究を進めなければならなかった知識人の苦悩を描き出して、多くの人々の知るところとなった。

『ゲームの理論と経済行動』出版から五〇年後にノーベル経済学賞が与えられ、さらにそれから一〇年以上が経過して、ふたたびシェリングともう一人のゲーム理論家にノーベル経済学賞が与えられた後(16)、『ゲームの理論と経済行動』をめぐって経済と戦争の関わりを考えるためには、当然かつてとは異なるアプローチが必要である。ゲーム理論という領域自体、今日ではそれをテーマとして論じるには大きすぎるほどに拡大した。およそ、『ゲームの理論と経済行動』という一冊の書物だけに限定して論じるだけでも、十分すぎるほどの論点がある。それでもこの書はきわめて興味深い。たとえある専門的研究者が「わたしはこの本をはじめから終わりまで通して読んだが、他の人にはそれを勧めない」(17)と書いているとしても、またその公理主義的、集合論的アプローチのためもあって、先行研究がしばしばテクニカル・タームを駆使し、説明を最低限に抑える方法をとるため、一般的読者にとって取り付きにくいとしても、その価値を減じることはないだろう。

2. 道具箱

「公理は論理的に厳密な意味で、あらゆる解釈から切り離されている」(18)といったのは、一九五〇年代の終わり頃、ゲーム理論の登場もふまえて一般均衡理論の公理化に貢献したG・ドブリューであった。この言明はときに、公理体系がそもそも現実離れした数的、美的パズルを解くことを追求するといっているかのように受け取られる。しかしドブリューは、記述されていないことがらの混入を避けようとしていただけであった。このような誤解は部分的に『ゲームの理論と経済行動』にもあてはまる。それでもゲーム理論が、ヴァーチャル・シミュレーションの数的パズルの軽やかさ、美しさによって、戦争や紛争のゲーム化に少なくとも部分的には荷担したことは、やはり否定し難いように思われる。ともあれ、公理の体系によって現象を記述、分析していくゲーム理論を考えるためにも、そのための主たる概念的道具(19)を確認することは、社会理論としての評価にとっても、必要な手続きであろう。ちなみにこれらは基本的に集合論や情報分析の道具であり、微分を用いた限界主義的分析とは異なる性質のものである。これらをちりばめたスタイルが、『ゲームの理論と経済行動』を、従来の自由主義的経済学とは外見的にも一線を画すことを明示している。

ゼロサム・ゲーム

さて、『ゲームの理論と経済行動』でゲームを論じた部分のうち、その多くの部分(20)を占めるおもな主題は、一方の利益がそのまま他方の損失となるなど、参加者全体の「利害」を足し合わせるとゼロになるゼロサム・ゲームである。フォン・ノイマンがすでに一九二八年に考察したタイプのゲームである。それは一般的な用語としてのゲームの性質にも即している。まずは二人ゲームの場合が論じられ、続いて三人、四人と人数が増えた場合へと進んでいく。ちなみに書物の後半部分で示されるとおり、ゼロサムではない場合についても、人数を利益の総和を吸収する（あるいは損失をすべて補塡する）一人を加えることによって、ゼロサムと同じように扱うことができるので、この書はほとんどゼロサム・ゲームだけを考察しているといってもよいほどである。もちろん、ゼロサム・ゲームは社会科学にとって応用価値が少ないとする見方もあるが(21)、総量が限られている一定の対象をめぐって競争や奪い合いが起こる状態は、空間が飽和した時代、つまり世界の資源の総量とその有限性が既知の前提条件となった時代に、ふさわしいともいえるだろう。『ゲームの理論と経済行動』は、一定量の総和をどのように分けるかという問題が「社会経済」、もしくは「社会的交換経済」における唯一の問題であると主張している(22)。

戦略ゲーム

では、ゲーム理論で提示される「戦略ゲーム」とはなにか、また別の言い方をすれば、ある状態を戦略ゲームとして表すとはどういうことなのだろうか。ゲーム理論におけるもっとも基本的な道具は、この戦略ゲームという概念である。それは社会的交換経済と同じ意味であるとされているが(23)、若干の説明を加える必要があるだろう。ホモ・エコノミクスはみずからの取り分をできる限り多くしようとするが、社会が複数人数で構成されている限り、その過程で他のホモ・エコノミクスらとの交換を行い、一連の交換契約、別のホモ・エコノミクスとの再契約のプロセスを経ることが必要になる。そこには、ホモ・エコノミクスが自分ではコントロールできない要因も含まれているので、解くべき問題は単なる極大化問題ではなく、「さまざまに対立する極大化問題が絡み合い、出し抜きあう状態」(24)になる。ホモ・エコノミクスはそれぞれ、いかに「合理的に」この状態を乗り切るか、戦略を立てるのである。

それは原理的には終わりのない永続的な連続プロセスであるが、そこに一時的に区切りを付けるのがゲームの考え方である。ゲームはルール、人数と手番の回数によって定められており、必ずストップルールを持っている。各ホモ・エコノミクスは、ゲームが終わったときみずからの取り分が最も多くなるよう、戦略を立てる。その戦略はゲームにおける手番、たとえばさいころを振るなど、何らかの選択を行う順番が回ってくることのように、それぞれにとっての一連の選択、あるいは意思決定の集合体として示される。

行動基準

戦略ゲームがストップルールに基づいて終わるとき、「解」は、社会経済における「望ましい」結果としてのそれぞれの取り分、つまり配分のしかたを示すことになる。つまりそれは、この社会集団の行動の基準でもある。『ゲームの理論と経済行動』が繰り返し強調するのは、社会理論においてこのような解、すなわち行動基準が最終的に複数でありうるという点である。そこで、行動基準を選ぶに至るプロセスで用いられるのが、「支配 domination」の概念であるが、これは日常用語や思想分野における支配の概念とは、大きく異なっている。ここでの支配の概念とは、ある社会構成員がひとつの配分を別の配分よりよいと考えるとき、前者の配分が後者のそれを「支配」しているというものである。「解」はいくつかの配分の仕方の集合であるが、「解」とされる配分同士は、いずれもお互いに「支配」されることがない。つまり社会構成員の誰もそれらの間に優劣をつけることができないし、そこに入っている以外のいかなる配分も、それらのどれかに比べて劣っている。

「解」は経済学の一般均衡理論の均衡における配分だが、実際にはそのような「望ましい配分」が存在するかどうか、必ずしも定かではない。社会経済にとって重要なのは、最適な解をみつけ、その配分に落ち着くことであるが、ゲームにとって重要なのはむしろ、その終着点を見越して意思決定を行う、各段階のプロセスである。ところでまた、ここで配分を得る単位としてのゲームのプレーヤーは、必ずしも単独のホモ・エコノミクスとは限らず、結託してひとつの利益を追うようになった複数のホモ・エコノミクスである場合もある。とはいえその場合でも、複数のホモ・エコノミクスは、単体のプレーヤーとして扱われる。そして、「単体」の中での取り分の再分配は、内的譲渡 transfer、補足的支払い side payment と位置づけられるのである。『ゲームの理論と経済行動』は、対立の諸相の中での協力という考え方を機能させるために、あたかも単体であるかのようにふるまう複数のプレーヤーを、あえて単体として扱った。もちろん、現実的可能性や持続性の問題は残るのだが、ひとつの概念的工夫を示したとはいえるだろう(25)。ちなみに、この点はやがて、J・F・ナッシュによって批判され、あらゆる協力の可能性を排除した対立の戦略として、「脅威」の提示という考え方が生み出されることになる。

なお、『ゲームの理論と経済行動』が示した「解」の概念とプレーヤーの前提は、のちにさまざまな批判や議論を生み(26)、多くの異なる「解」概念を生みだすことになった。あるゲーム理論家に、どの「解」概念が最も優れており、どれを採用するかときいたところ、「すべて」と答えたというエピソードがあるが、おそらくそれはその「解」を用いる文脈や領域によるということであろう。

ヴァーチャリティ

戦略ゲームにおける行動基準を決定する際に、特に意思決定のプロセスにおけるゲームのプレーヤーの思考にとって、重要な道具がもうひとつある。それは、最近では人工知能に関する領域などで見かけるヴァーチャルという用語である。戦略ゲームは「ヴァーチャルな現実」を扱うとされており、これを「仮想現実」と訳すと、あたかも現実には存在しない世界を扱うように見えるかもしれないが、そうではない。むしろ、まさに現実に起きていることがらを説明するための手法である。「ヴァーチャル」の用語は、実現されるものの決定にあたり、実現されないけれども可能であった複数のものが影響を及ぼす、という考え方のなかで登場する。

「たとえその中のひとつだけが現実となる、つまりひととおりの組み合わせだけが実際に形成され、それ以外のすべては『ヴァーチャルな』存在に立ち現れるに過ぎないとしても、それらは重要である。ヴァーチャルな存在は、具現化されないが、現実のリアリティを形成したり決定したりする際に、本質的な貢献を果たすのである」(27)。

誰が誰とどのように交換の契約、再契約をおこない、最終的にどれだけ得るかという組み合わせには当然、複数の可能性がありうるが、そのなかで最終的には他と比べて勝ち残ることのできないもの、つまり解によって「支配」されてしまうような戦略や組み合わせも、個々人の意思決定に向かうプロセスにおいて、重要な役割を果たすのである。それは特に、みずからがコントロールできない要因をめぐって意味をもつ。たとえば「出し抜かれる」ということ、つまりそのひとが関与しないところで、第二、第三の社会構成員が結託して密約してしまったら、ということへのシミュレーション的思考とそれへの怖れは、そうならないための予防措置を含めて、契約におけるみずからの取り分を再考するというかたちで、意思決定に影響を及ぼすであろう。これをもとに考えるならば、ヴァーチャリティの合理的構成こそが、さまざまな可能性が最終的に実現される状態を取り巻き、決定への道筋を構造的に準備するとさえ、いえるのである。

ここから、『ゲームの理論と経済行動』における「情報」の決定的な重要性があきらかである。仮に、すべてのひとびとがあり得るすべての可能性を想定することができるとし、さらにそのようなすべてひとの頭の中を透視して一元的に把握できる全知全能の目の立場(28)からこの状態を見渡すとすれば、各自がもっている限られた知識――それでもひとは別のひとの頭の中をみることはできないので――、すなわちほかのひとや過去、将来に関する知識を駆使し、推量を行いながらあらゆるヴァーチャルな存在を構造的に把握し、そこから翻ってみずからの意思決定に向かうことで、コントロールできない要因をなるべく合理的に切り抜けようとするという、無数にうごめき合う情報の様相が見えるだろう。そのような情報は、いくつかのランクに分かれており、また時空間の軸の中で共有されたり個々の選択によって変化したりと、さまざまな集合を形成する。

『ゲームの理論と経済行動』によれば、それぞれの手番で当該のホモ・エコノミクスがもっている一定量の情報（generic; すなわち特定化される前の情報）があり、かれが実際に選んだ行動に関する別の種類の情報（specific; すなわち特定化された情報）がある。これが連続的に行われていくと、選ばれなかった可能性から成る情報の群れ（下位分割）と実際に選ばれた情報から成る情報の群れ（下位集合）が、別のランクで、次第に構造的に情報集合を形成していくことになる。ある状態を戦略ゲームとして記述することは、これらをすべて把握することである。つまり上記のような全知全能の目の立場から、とりあえずの「最終」結果を「解」として選び出すことができるように、複数のホモ・エコノミクス間の情報関係を、構造的に把握するのである。そこでは当然、ヴァーチャルなものを含め、情報の状態を変化させるあらゆる要因、たとえばコミュニケーションやその拘束力、さまざまなシグナリング、ブラフ（こけおどし）などが、戦略ゲームの性質を規定する重要な要因となるのである(29)。

3. ヴァーチャリティへの経済思想の系譜

上記の道具箱のなかで、特に最後に上げたヴァーチャリティに見られる『ゲームの理論と経済行動』の思考法は、フォン・ノイマンが人工知能、コンピューターの開発に携わっていたことを、あらためて想起させる。プレーヤーの選択とともにその都度の構造を構築していく情報集合は、人工的な知能そのものである。しかし他方で、ヴァーチャリティの概念を生み出した土壌として、モルゲンシュテルンを通じてもたらされた価格決定論の重要性も、見逃すことができない。経済思想史の文脈において は、『ゲームの理論と経済行動』によって、不確実性からヴァーチャリティへの決定的な一歩が踏み出された。そのヴァーチャリティは同時に、経済行動が価格闘争というゲームの概念を介して、対立、紛争や戦争の問題につながっているという地平を開いてみせたのである。本書では特に、モルゲンシュテルンに理論的影響を与えたベーム・バヴェルク、エッジワースの考え方に注目する。以下でみるように、ベーム＝バヴェルクは不確実性を等価で相殺するという考え方を概念化した。エッジワースは、ひとたび価格すなわち交換比率が決定され、契約が締結されるに至っても、ヴァーチャリティのなかに潜む別の契約や再契約の可能性によって、安定性がたえず脅かされていることを概念化した。つまり、契約と戦争は隣り合わせだとする認識を明示化した。これらの考え方が、フォン・ノイマンの情報の概念と融合し、『ゲームの理論と経済行動』におけるヴァーチャリティ概念に結実したのである。

確実性等価

モルゲンシュテルンはオーストリア学派、特にベーム＝バヴェルクから理論的影響を受けており、これを批判的に継承しようとした。このことは『ゲームの理論と経済行動』にも明示的に示されている(30)。オーストリア学派の経済学は、創始者のカール・メンガー以来、限界効用や主観価値の理論との関わりにおいて、リスクや不確実性の問題に関心を寄せてきた。メンガーによれば、企業家の活動は偶発的な危険を伴うが、これを利得が得られるチャンスで埋め合わせることができる(31)。ここで対置される危険とチャンスは、単なる等価ではなく、むしろ主観的な見込みや評価を伴った等価であり、また時間の幅を含んでいる。このような考え方は、オーストリア学派の経済学のおもな特徴のひとつを形成してきた。

さらにさかのぼればそれは、一七世紀後半のB・パスカル、P・フェルマー、C・ホイヘンスらの考察以来の、賭けがどれほどの価値をもつかという「ギャンブルの等価」のテーマであった。不確実性やリスクを含んだ偶然ゲームの計算、くじ引きにおけるくじの「公正な」価格を決めることの重要性は、当時からすでに考察されていたのである。「ギャンブルの等価」というテーマは、確率概念の発展史と同時に、ゲーム理論の歴史にとっても重要な意味をもつ(32)。さらに数十年を経た一七三八年に、D・ベルヌイがリスクの計算に関する論考を著した(33)。これが上記のメンガーによる導入、ベーム・バヴェルクによる検討、数学・論理学者のK・メンガーによる展開とこれを受け継いだモルゲンシュテルンを通じて(34)、『ゲームの理論と経済行動』に明示的に示される先行研究となったのである。特にK・メンガーによるリスクと不確実性の概念の考察は、経済主体がコントロールできない他者によるそれらを扱っており、モルゲンシュテルンに大きな影響を与えた。

一方ベーム＝バヴェルクは、メンガーの考え方を引き継ぎながら、資本と生産をめぐる時間概念を経済学に導入した。しかし、より重要なのは、一八八一年の小著において提示した確実性等価 certainty equivalence の概念である。ベーム＝バヴェルクのこの著書は、経済学の観点から、所有権と関係性という形のない「財」の評価のしかたを考察したものであった(35)。経済学と法学とを明示的に結び付けることは、経済学部がまだ法・国家学部の一部門であった一九世紀後半当時のオーストリアにおいて、特別なことではなかったが(36)、本書の関心からは興味深い。戦争のストップルールは、つねに条約や協定など法的な取り決めを伴うからである。

さて、ベーム・バヴェルクは確実性等価の概念、すなわち「もしかしたら手に入らないかもしれないが利益のより高いものと、より確実に手に入るが利益の少ないもの」との間を関連づける概念を検討し、それがある種の埋め合わせであることに言及する。ここで問われているのは、より高い利益の可能性を手放す代わりに、確実に手に入るどの程度の利益が見合うと考えるかを示す、補償／相殺compensationという考え方である。ちなみに、紛争や戦争とのかかわりからいえば、これ以上戦い続けることで、もしかしたらより有利な状態に入ることができるかもしれないが、現在ある一定の利を得ることで納得する、あるいは今後のひどい損失の恐れを避けるために、現在の一定程度の損失を覚悟する、ということになるだろう。もちろんそこには不確実性が介在し、またその見積もりは主観的価値評価によるより他にない。それでも一般的にみれば、戦いに疲れたひとびとにとって、これを終わらせる可能性が有ることは、ひとつの救いに違いない。

モルゲンシュテルンは補償／相殺の概念について、一九三四年の論考で言及している。ただしそれは、法的な資産評価というよりは、経済主体が時間の流れの中で等価なものを適切に位置づけるというもくろみであった(37)。時間と不確実性はモルゲンシュテルンにとって、きわめて重要なテーマとして浮上し、ベーム・バヴェルクの批判的乗り越えが、かれの課題となった。そこでモルゲンシュテルンは別の論考において、ベーム・バヴェルクの時間概念を示す「(迂回)生産期間」概念について検討し、時間が自動的に価値や利潤を生み出すかのような考え方の批判も行っている(38)。本書の視点からさらに重要なのは、ベーム・バヴェルクが生産手段に関して、複数の経済主体への考察を見落としたことを、モルゲンシュテルンが批判した点である(39)。複数の経済主体を同じ程度の比重で視野に入れることは、単独の経済主体が直面するのとは根本的に異なる種類の不確実性を考えることを意味しているとモルゲンシュテルンは考えた。これこそが、『ゲームの理論と経済行動』で展開されたヴァーチャリティに向かって、不確実性の概念から大きな一歩を踏み出した点であった。

契約か戦争か

ベーム・バヴェルクも、取引当事者の双方あるいは潜在的取引相手の存在を前提としたので、複数の経済主体という問題をまったく考察しなかったわけではない。ヴァーチャリティに近い発想もあった。しかしかれはそれを、「馬の取引」という限定的な例における価格もしくは取引比率の幅を定める原因として、簡単に叙述した(40)。取引比率の幅については、むしろF・Y・エッジワースが契約曲線を考案するなかで、より詳しい考察を行った。契約曲線においては、少なくとも二名の経済主体が同じ程度の比重で考察対象となる。

モルゲンシュテルンは一九二五年秋という、かなり早い時期にエッジワースに出会い、密度の高い会合を何度か持ったと回想しており、エッジワースの契約曲線の概念には特に高い評価を与えている(41)。これが『ゲームの理論と経済行動』に影響を及ぼしている可能性は十分あるだろう(42)。エッジワース自身は、英語圏にベーム＝バヴェルクの理論を普及させようとする意図を持っていた反面、その理論の限界にも意識的であったと指摘されている(43)。いずれにせよ、モルゲンシュテルンを通じて『ゲームの理論と経済行動』に結実することになった一定の問題群を、エッジワースの契約曲線をめぐる議論に認めることができる。

すでに「戦略ゲーム」や「解」の規定の部分でみたとおり、対立と協力の諸相のなかにおかれた場合、あるひとつの契約関係にとどまるか、それとも更なる再契約に向かってこれを破棄するか、という意思決定は重要な役割を果たす。第一部でみたとおり、エッジワースは自由主義的経済学のなかでは例外的に、戦争の問題を明示的にモデルにとり入れようとした経済学者である。かれが一八八三年の著作 *Mathematical Psychics* において示したのは、経済の基本には自己利益があり、これが個々の成員によって「他者の同意とともに、あるいはそれなしに」追求されること、そして同意のある場合が契約、同意のない――同意なく再契約を交わす――場合が戦争と呼ばれうることである。その上でエッジワースは、決済（settlement）と最終決済（final settlement）の概念を定義し、契約曲線を導出する道筋を提示した(44)。この思考プロセスは、『ゲームの理論と経済行動』の考え方とよく似ている。エッジワースの契約曲線の定式化は、契約と戦争という一見まったく異なる二つのことがらが、当事者間の何らかの取引比率で最終決済に至るまで、隣り合わせに存在し続ける様相を明示したのである。

しかし、最終決済つまりストップルールに至るために必要な思考プロセスとしてのヴァーチャリティの概念が生み出されるためには、契約概念に補償／相殺の概念が補足される必要があった。それには、合理性概念の踏み込んだ考察、つまり他の経済主体による不確実性を一定の値に置き換える際に、規準として用いられる合理性を考えることが必要であった。そしてまた、その合理性が必ずしも十全にはたらかない場合を想定することが必要であった。

合理性と戦争の開始

先行研究がすでに指摘しているとおり、『ゲームの理論と経済行動』はもともと、『合理的行動の一般理論』と題される予定であった(45)。このエピソードは、著者たちが合理性概念に取り組んだ密度を示している。そもそも、モルゲンシュテルン自身が、すでに一九二〇年代から合理性に関心を持っており、特に限定的な合理性という概念の考察を通じて、合理性そのものにも限界を画そうと試みていた(46)。こうして確実性等価の概念やギャンブルの等価は、エッジワースの契約曲線のアイディアからも力を得て、『ゲームの理論と経済行動』におけるヴァーチャリティ概念として実を結ぶことになった。それは意思決定に至るまでの合理的思考の概念的展開である。

合理性に関しては、先に言及した論理学者、数学者のK・メンガーについて、再びふれておく必要がある。すでに見たとおり、かれがモルゲンシュテルンに大きな影響を与えたのは、リスクと不確実性の概念についてであったが、そこに貫かれた合理性概念への根本的な批判も、モルゲンシュテルンに影響を与えたと思われる(47)。メンガーは後に「オッカムの剃刀の反対側」と題する論文を著し、たとえば知能テストで正解を答えられる生徒が、実は高い知能をもつとは限らず、むしろその生徒は正解と期待されるものを読み取る社会適応能力をもっているという例から、合理性の概念が社会によって規定されていること、つまりは合理性が多様であることを論じた。そして合理性の多様さから、「多くを投入できるところに少しで済ませても仕方がない」こと、つまりオッカムの剃刀に対置される命題を検討したのである。またメンガーは、このような思考法をエコノミーの概念にも適用し、目的・手段的合理性という狭義の合理性だけを基盤に、経済的思考が展開されることを批判した。ちなみにそれは、かれの編集した父メンガーの『経済学原理』第二版を通じて、K・ポラニーの広義の経済概念にも影響を与えている。一方モルゲンシュテルンは、メンガーから大きな影響をうけながらも、むしろ狭義の合理性を突き詰めて思考を展開したのである。

さて、戦争とのかかわりにおいても、合理性の展開の仕方は、必ずしも一様ではない。もちろん、戦争を始めようとするロジックは、必ずしも合理性だけに支配されたものとは限らず、またひとを開戦に至らしめるか、むしろこれを押し止めるか、合理性は両極の方向へ関わりうる。「完全に合理的な」ホモ・エコノミクスは、再契約がもとの契約を破棄することを意味し、それが戦争に至るとわかれば、その戦争のコストを計算し、それが法外なものであることがわかった時点で、もとの契約にとどまるかもしれない。あるいはもとの契約を締結する時点ですでにそれを計算に入れ、交渉を行うかもしれない。例外的には戦争のコストを計算した上で、あえて戦争に踏み切ることもあるかもしれない。さらには、シュンペーターが描き出したように、合理性がやがて組織化の方向性を辿り、戦争そのものすらも組織化すると考えることも可能である(48)。

もちろん、戦争は常に例外的な状態として行われ、合理性の概念をやすやすと超えてしまう。だから戦争に対峙する場合、単純な合理性の前提だけで行動基準を定めることはできない。特に年の単位で戦争が続けられる場合を考えるなら、単なる合理性でも単なる非合理性でも、それを維持することは不可能だろう。だが他方で、戦争がそのようなものであるがゆえに、むしろ合理性を用いた推論を可能な限りのギリギリの地点まで、推し進めてみることが必要であるとも考えられる。ヴァーチャリティの思考を何らかの形で表出させる脅威の戦略が意味を持つのは、こうした地点においてである。とはいえ、合理性の概念が対立や紛争、戦争と関わる明示的な文脈に置かれるまでには、しばらくの時間と数名の研究者のコミットメントを必要とした。本書が着目するのは、J・F・ナッシュとT・シェリングである。特にシェリングの『紛争の戦略』が刊行される一九六〇年までには、『ゲームの理論と経済行動』の刊行から、さらに一五年ほどの時間を必要とした(49)。シェリングはそこで『ゲームの理論と経済行動』を用い、ヴァーチャリティの概念を生かしながら、脅威の戦略として考察し──脅威という概念そのものは、すでにJ・F・ナッシュによって一九五〇年代に提示されていた──、やがてそれは「戦略研究」という領域として定着する(50)。

第七章　ゲーム理論と軍産複合体

ここでひとたび、少し離れた地点からゲーム理論の置かれた状況を概観し、特にその思想史的文脈を確認してみよう。敗戦国の旧オーストリア＝ハンガリー帝国からの移民が協同してアメリカで生み出したゲーム理論は、その革新的な内容によって、当該の学問領域であった経済学分野よりも外部、特にアメリカのジオポリティクスにとって、重要な役割を果たすことになった。では、ゲーム理論を誕生させた当時のアメリカのジオポリティクス、そして戦争機械はどのようなものであり、またどのように機能したのだろうか。本章ではこれを検討し、ゲーム理論の誕生したヨーロッパの「大転換期」、「新重商主義期」がアメリカのニューディール期と並行していたこと、またアメリカがそこから連続して第二次世界大戦以降も、国際社会における主導的な役割を作り上げていったことを考察する。ゲーム理論はこのような連続性にとって、きわめてふさわしいロジックを提供する理論であった。そこで、アメリカの戦争機械は著者たちを包摂し、同時にあるいはそれ以上に、ゲーム理論を包摂したのである。

1. 闘争の弁証法？

ゲーム理論の出現に対して、経済学者の反応は当初、あまり芳しくなかったことが知られている。『ゲームの理論と経済行動』が刊行されてから五〇年も経った後に、アローが「ゲーム理論は新しい言語だ」と評価したときですら、強調点はむしろ、ゲーム理論が新しい理論でないこと、つまり新しい問題や新しい分析対象を扱うのではないとするところにあった(51)。おそらくゲーム理論は、それほどまでに、経済学者たちの手に余るもの、つまりそれが何であるのかよくわからない理論であった。ゲーム理論を用いた理論や解説書の類が大量に出回るようになった今日でも、根本的なところはあまり変わっていないのかもしれない。

一方、一部の他分野の研究者たちは、その分析手法が革新的であり、社会分析の大きな展開の可能性が開かれたことについて、比較的早い時期から注目していた。特に目をひくのは、レヴィ＝ストロースとリオタールである。哲学者、文化人類学者として位置づけられるレヴィ＝ストロースは、すでに一九五五年に、ゲーム理論をかなり肯定的に評価している(52)。それまで社会科学や人文学が「数学化」される場合は、ほぼ定量的分析、数量化に限られていたのに対し、集合論や公理を用いた定性的分析という領域を開いたからである。

「そこ（『ゲームの理論と経済行動』）には何が見つかるだろうか。まずは、おそらくは経済学概論の数学的装置よりも、あるいは計量経済学よりもいっそう複雑で、洗練された数学的装置が見つかるだろう。しかし、…語られる対象はもっと単純である。それは…人間ないしは人間の集団なのである」(53)。

こうしてかれは、ゲーム理論が新古典派的な純粋経済学と「マルクスが創始し、何よりもまず闘争の弁証法たらんとした社会学的かつ歴史学的な経済学」という二大思想潮流に「同時に参与する」ことを讃えたのである。

たしかにゲーム理論には、純化された一般均衡理論を生み出すような側面と、社会の対立を描く側面という、二つの方向性が内包されていた。しかし後者に関して、「闘争の弁証法」やマルクス主義の潮流にゲーム理論が参与するのは、レヴィ＝ストロースが期待したような意味においてではなかった。もちろん、対等な力関係にある複数の主体間においては、ゲーム理論の枠組によって、闘争性や暴力性への対処法を見出すことができるかもしれない。しかし、第二次世界大戦期以降の「国際社会」において、「対等な」力関係が見出される場はほとんどなく、強いて言えば冷戦期のアメリカとソ連が、軍備や科学技術などの面で「対等」たろうとした競争関係についてのみ、「役立った」に過ぎなかった。それ以外の自由主義世界において、闘争性や暴力性が発揮されたのは、もっぱら援助や制裁を施す側からこうむる側に対してであったのである。

一方リオタールは、近代の「大きな物語」の終焉を主張して話題となった一九七九年の『ポストモダンの条件』において、ゲーム理論を含む情報科学、サイバネティクス的思考の特徴を、ポストモダニズム、すなわち近代以降の思考に特徴的なものと位置づけた(54)。たしかにゲーム理論の手法でもある公理体系は、数学者集団ブルバキが主張するように、理論的建造物としては「思考のエコノミー（効率性）を追求するテイラー主義」(55)であり、他の公理体系の存在を潜在的に認めてたえず部分的であろうとする、認識論的に寛容な体系である。ところがゲーム理論の現実への応用と理論的発展の軌跡を辿るとき、そこに見出されるのはむしろ、きわめて「近代」的で不寛容な政治的リアリズムであった。すなわち、力の強い者の論理が世界秩序を規定するという考え方である。

レヴィ＝ストロースとリオタールという二人の研究者は、『ゲームの理論と経済行動』がもつ構造的特性、すなわち集合論的・公理主義的数学に闘争、競争という社会的要素を織り込む手法と、その公理体系そのものがもつ根本的な構造的寛容性に着目し、現代世界への大きな思想的可能性を見出した。ところが、あらゆる書物が刊行された時代や場所的な制約から自由にはなれないように、『ゲームの理論と経済行動』もまた、時代と場所に大きく規定された。それは経済戦争の理論となっていったのである。

ところで、ゲーム理論からあと一歩の距離からこのような文脈を考えていたのが、レヴィ＝ストロースやリオタールと似通った時期に、フランスで活躍したM・フーコーであった。第二部の重商主義における統治というとらえ方に関して言及したとおり、フーコーの分析は経済戦争というテーマそのものにすぐれた示唆を与えるが、かれはすでに一九七〇年代の講義において、ドイツのオルド自由主義のみならず、オーストリアの新自由主義をも考察対象とし、ミーゼスやハイエクに言及したのである(56)。残念ながら、そこにモルゲンシュテルンの名はない(57)。しかし他方、一九七九年のコレージュ・ド・フランスの第四講義には、フーコーがオーストリア学派の経済学者たちに関心を持ったもう一つの契機として、政治的亡命者という観点が示されている。しかもそれは、核との関わりにおいてである。

フーコーは、イタリア美術史家ベレンソンの「私は原爆によって世界が破壊されることを本当に心配しているのだ。しかし、私がそれと同じくらい心配していること……は、人類が国家によって侵略されることだ」(58)という言説を引き合いに出し、国家と核兵器という論点を提示する。すなわち、この言説が一九五〇年から一九五二年ごろにかけて語られたことを確認し、「国家と原子力。国家よりもむしろ原子力。あるいは原子力よりもましではないものとしての国家。あるいは原子力を含意する国家。あるいは国家を含意しそれを必然的に呼び求める原子力」には、よく知られたテーマ系の一式があるとしたのである。このような国家嫌悪の運び役として、政治的亡命者の存在が指摘される。オーストリア学派の「新限界主義」の経済学者たちへの言及が行われるのは、ここにおいてである。

もちろんフーコーには、レヴィ＝ストロースやリオタールにも増して、オーストリアからアメリカへ移民した新自由主義者モルゲンシュテルンが、むしろアメリカに同化し、軍産複合体の頭脳そのものとして貢献したことへの目配りはない。とはいえ、国家と核兵器、国家と原子力という問題系において、ハイエクやモルゲンシュテルンら亡命者、あるいはより広く移民の存在が決定的に重要であることを、はっきりと見抜いていた。『ゲームの理論と経済行動』を刊行した後のモルゲンシュテルンの活動は、まさにそれであった。この書物が時代と場所の制約から自由でありえなかったのと同じように、モルゲンシュテルンもまた、時代と場所の制約から自由ではありえなかったのだ。

2.　アメリカの国家と核

国際社会の警察

第一次世界大戦後から潜在的に自由経済主義的「国際社会」の先導者として存在感を示し始めたアメリカは、二度目の世界戦争前後からニューディールの政策的方向性に舵を切り、やがてこれを国際的なレベルに拡大しようとした。ちょうど、本書が扱う三つの書物が刊行された一九四〇年代前半、アメリカはみずからが自由と民主主義の「純粋」な担い手として、国際社会の警察たる特別の位置を占めなければならないと自認し始めた。これはアメリカが孤立主義から大きく方針転換し、第二次世界大戦への参戦を決意した際に、はっきりと打ち出した路線であった(59)。もちろんシュンペーターが分析したとおり、開戦やむなし、の意思決定は、民主主義的プロセスの現実としては、かなり恣意的に定められたものであったかもしれない。ゴルトシュタインが戦争の資源理論において明らかにしたとおり、アメリカで参戦が支持されたのは、大戦間期の国際主義的な世論のなかで、攻撃的かつ拡張政策的な心理ムードの高まったことによる(60)。しかし少なくとも参戦を決めた当事者たちにとっては、十分な理由があったのである。一九四一年から一九四二年にかけて、アメリカで雑誌や新聞、宣伝映画などメディアがこぞって問いかけた「われわれはなぜ戦うのか?」の問いは、たとえば日本なりドイツなりの個別の国家を「敵」とした領土の闘いとしてではなく——もちろん開戦・終戦など表向きの戦争手続きとしては、従来どおり、これらの国に敵対する形で表明されたのだが(61)——、世界の自由と民主主義を守るという超国家的な大義のためだという答えがあらかじめ用意された上で、繰り返し発せられたのである(62)。

アメリカのメディアは、なぜ自分たちが世界のリーダーシップをとるのかと自問し、その答えとして、みずからの地理上の優位性・経済的に圧倒的な力にも増して、歴史的理由をあげた。すなわち、「アメリカは歴史上のあらゆる国(ネイション)の中で唯一、思想と理想、すなわち人間の自由と憲法の思想と理想によって築かれた国である」(63)という自負である。人間の自由、憲法の思想と理想はアメリカ建国の精神であり、イギリス本国の植民地であった状態からの「独立」によって勝ち得られたものであった。F・J・ターナーによるフロンティア精神の概念が典型的に示唆するとおり、アメリカは国土の境界を押し広げていく開拓者であり、フロンティア＝辺境を名乗るものであった。この点において、後に続く諸国の自由と独立を支援すること、また国際社会のどこかで自由と独立を阻む要因があれば、それを除去することが、その後も継続してアメリカの使命と自認されることになったのである。

国際社会の自由を守るための闘い、というときの「自由」の概念は、直接的にはファシズム的潮流に対抗するものであった。第二部で考察したとおり、世界を席巻したファシズムの諸思想は、反自由主義・反民主主義をスローガンにしており、自由と民主主義は対抗的な信条のセットとして、明確な敵を得たのである(64)。ちなみに「ファシズム・独裁・前近代」対「自由、民主主義、近代化」の構図は、これ以降ずっと継続し、アメリカは一貫してアンチ・ファシズムの立場をとって、さまざまな旧植民地であった諸国の先行者として、夢の実現への「援助」を行うこととなった。アメリカは、ひょっとしたらみずからも被ったかもしれない旧植民地の問題や犠牲を、いわばヴァーチャルに共有し、これに共感するヘゲモニー国となったのである。いわゆるヴァーチャル植民地であるが、これについては後で再び論じよう。ここで注目すべきは、国際社会の警察たるアメリカの対ファシズムの戦いが、自由主義的国際経済と、それに即した道徳的秩序に、分かちがたく結びついていたことである。『資本主義・社会主義・民主主義』が、これを倫理主義的帝国と呼んだ所以である。たとえば写真ジャーナリズムの『ライフ』誌の冒頭記事「アメリカの世紀」も、「わたしたちが民主主義を機能させる手がかりは、活気ある国際経済と国際的な道徳的秩序のなかにしかない」(65)と述べている。

第二次世界大戦後の世界には、ここに決定的な要素として、「核」の要素が入り込むことになった。すでに言及したとおり、実質的に経済戦争と等しい経済制裁の制度は、第一次世界大戦後から「平和」の手段としてすでに認知されていたが、現実的には第二次世界大戦の末期の核兵器の使用が、軍事的戦争を起こさないことを「平和」とする社会意識を、国際社会に再び行き渡らせたのである。第二次世界大戦時に戦争の手段として露呈しかけた経済制裁の戦争的側面は、再び覆い隠されることになった。次章で立ち入って検討するが、ここにおいて抑止という概念が有用であった。

マクロフリン(66)の整理にしたがうなら、世界を存続させるための鍵が核兵器の不使用であると認識された時代、各国は「国防国家」となって、「世界戦争とその子孫のために、すなわちたとえば核戦争や冷戦などのために、経済や科学技術の研究のかなりの部分を新しい破壊手段の創造に向ける」(67)ようになった。それは、平時に膨大な軍事戦略を必要とする時代を意味している。つまり、経済や科学技術の研究のかなりの部分を「新しい破壊手段の創造に向ける」としても、それはあくまでも「国防」のためであり、創造された破壊手段を現実に用いることは、基本的にないという意味を含んでいる。こうして平時は停戦期ということになる。特に第二次世界大戦期のアメリカは、その後の「平時」をも規定する戦争機械としての特質を明らかにし始めた。新たな戦争機械は、明確に軍産複合体として、あるいはそこに学やメディアを組み込んだ、より複雑な複合体として機能し始めていた(68)。ゲーム理論を媒介としてモルゲンシュテルンが貢献したのは、この複合体に対してである。

軍産複合体

軍産学メディア複合体、つまり科学・軍・産業・政治とメディアの複合体の概念は、大戦間期から戦時期、戦後期のアメリカの、戦争機械としての一貫性を象徴的に示している。『ゲームの理論と経済行動』が出た戦時期のアメリカは、たとえばこの時期に武器や物資に関して、戦後のマーシャル・プランの原型になったレンド・リース制度が形成されるなど、第二次世界大戦後の「国際社会」の協力関係の基盤を整備しつつ(69)、アメリカ自身も軍産複合体の原型を形成した。さかのぼれば、このような複合体の方向性を主導した国防総省は、もともとは第一次世界大戦期の戦時動員を平時の社会福祉目的に転用したニューディール期の遺産を基盤としている。ニューディール改革と民間プランニングにとって必要だった制度的基盤を破壊し、これを吸収して異なる目的に利用したものが、戦時期のキャパシティであったとされている(70)。

一方、第二次世界大戦後、自由主義的国際社会の警察たるアメリカは、特に一九五〇年代における朝鮮戦争をはじめとする冷戦時代の緊張の中で、軍事費という戦争機械の原動力を次第に肥大化させた。核兵器の「功績」によって空軍が突出した優位を占め、その違法を見過ごさせ、私企業にとって必要な諸物資を、かれらの要求により軍事へと充てさせることもしばしばだったという(71)。つまり軍事費の増大は「異議なく」了承された。一九六一年にはすでに、当時の大統領アイゼンハウワーが離任スピーチで、軍産複合体の巨大化を警告するまでになっていた(72)。かれ自身、在任期間中は戦争機械の担い手であったにもかかわらず、アメリカ国防における巨大な組織、人員と武器産業とが集積することの危険性を指摘し、また国家が経済活動の主要な部分をほとんどこの部門にふりむけてしまうことへの危険性を指摘するほどに、軍産複合体は巨大化したのである。一九六九年にはＪ・Ｋ・

ガルブレイスが、軍産複合体を核とした軍事力がアメリカ全体の利害を反映していないことを警告し、ランド研究所などで経済学者たちが、この特殊な利害に取り込まれることを批判している(73)。ここにおいて経済的・産業的関心は、その根幹において軍事と足並みをそろえていた。平時と戦時は連続的な線上にあり、総動員の論理がこれらを貫いていた。戦争機械としての国家が、平時を同じ論理で運営——マネジメント——していたのである。

しかしここでの問題は、単に一国家としての戦争機械が巨大化し、一部の利益に従っていたことだけではない。むしろその主たる役割が、国内的安全保障から国際的軍事的役割へとシフトしていることにも注目する必要がある(74)。つまりアメリカは、このような軍産複合体の機能、増大を、国際社会による要請ととらえていたのだ。戦争機械は国境を越え、国際的なひろがりをもつことになる。国際社会の秩序を乱すものに対して警告を発し、いざとなれば経済制裁、ひいては軍事的制裁を発動するという段階的な発想は、つまるところ最終手段として、戦争の可能性を隠し持っている。しかし国際社会は究極的にも戦争の単位となりえない。代替的に役割を担うのが、国際社会の警察たるアメリカということである。

この点に関して、先に少し触れたヴァーチャル植民地の概念(75)を援用しながら、国際社会における戦争の構造の変化について確認してみよう。世界が飽和した後、西洋（欧米）諸国の諸価値とシステムによる政治・軍事的秩序が世界に一元的に適用され、外部がなくなった状態は、ジオポリティカルに言い換えれば、世界中が植民地と本国の区別のない「国内植民地」となった状態である(76)。従来の植民地においては、宗主国が主権や法秩序を担い、宗主国への反抗・独立運動に対しては「国内」保安のための警察と「外敵」のための軍隊が役割を曖昧に交錯させながら、取り締まりや弾圧を行い、いわゆる「汚い戦争」を正当化してきた。ところが世界中の分割、再分割が終わり、ほとんどの場所の独立性が、少なくとも制度上は確保されたことで、逆にあらゆる場所が「汚い戦争」のターゲットとなりうる状態が生み出されたのである。もちろん制度上は、国際連合に象徴されるような国際社会が、それぞれの国民国家を単位として諸関係を作っていたことは、大戦間期と変わらない。しかし、平和としての経済戦争たる制裁措置が現実的な意味をもち始めたこの時期、国際社会やアメリカの秩序を乱すとされたターゲットの範囲は、大幅に拡大された。国内植民地が一国内にさまざまな大きさで形成されうるのと同じように、世界中の「国内植民地」において、経済制裁や軍事攻撃のターゲットとされる対象は、必ずしも一国単位でなく、むしろ国家の枠組とは無関係に定められうるものとなったのである。実際、朝鮮戦争やベトナム戦争など、第二次世界大戦後にアメリカが介入したさまざまな紛争は、従来の国家間戦争とは性質の異なるものであった。

アメリカはそこで一元化した世界における唯一の「主権者」、つまり擬似「宗主国」の担い手であるかのようにふるまった。国際社会の警察を自認したときから一貫して、みずからの建国の歴史の特殊性による自国の特殊性を信じてきたからである。ヴァーチャル植民地の概念において、ヴァーチャリティすなわち仮想性が活きるのは、世界中の至る所で起こりうる「汚い戦争」の圧制と脅威が、当然アメリカ自身にも及びうるという原則がありながら、決して現実にはならない、つまりアメリカは決して現実的に「汚い戦争」のターゲットにならないという意味においてである。このこと自体、アメリカの特別な位置をあらわにしている。戦争機械としてのアメリカは、国際社会の中で、経済戦争を含む戦争の脅威が世界の至るところに存在することを警告する発進源かつ論理の担い手という使命をみずから担ったのである。

戦争機械の担い手

さて、ここで新しい戦争機械としてのアメリカの軍産複合体の特質について、検討しよう。シュンペーターが明らかにした、かつての戦争機械は、ブルジョワジーの提供する財力と、国王や貴族の政治力による好戦的動機という両輪によって作動したが、新たな戦争機械を動かす構造は、もう少し複雑である。もちろん、国家が調達する軍事予算を経済的基盤とし、政治の主導的部分が開戦の決定権を握るという基本構造は、以前の戦争機械と変わらない。しかし異なるのは、先に述べた国際社会への広がりと同時に、戦争機械の内部において、平時すなわち停戦期を戦時期のように組織し、戦争機械の構造を維持するために、頭脳部分、すなわちエリート的社会階層を、意識的に確保するようになったことである(77)。もちろんそれは、戦時期の総動員体制が継続した姿ともいえる。しかし戦争機械たるアメリカにおいては、軍事的なエリート階層や科学技術におけるエリート階層は、特別な使命を与えられた。すなわち、名実ともに「軍産」つまり軍事部門と経済部門を同時に支えることで、戦争機械の担い手となることを期待されたのである。

軍事部門の関係者は、特にその政治的、経済的、マネジメント的責任と裁量の大きさのため、高い教育水準を備えることを要求され、軍事部門の職業は、社会の中で高い地位を占めることになった。国家や社会の重要な決定において、かれらの論理が優先され、それがもし民間部門、たとえば私企業の利害と対立した場合、犠牲にされたのは後者であった。すでに見たとおり、軍事部門の増大は、民間部門を財政的にも圧迫した(78)。軍事エリートは、民間人におけるヒエラルキーの不在、市場による分配の非効率性などを批判したという(79)。しかしそれは、平時が完全に戦時期の体制になったことだけを意味するのではない。むしろ、軍事と産業を同時に貫く論理が求められ、最優先されたということである。軍事エリートの組織そのものが、政府や民間ビジネスなど、非軍事部門の組織と類似した形で形成されるようになったことも指摘されている(80)。権力のあり方も支配から扇動へと変化し、専門の兵士たちも内部マネジメントを学んで、PR（公的関係）の態度を示さなければならなくなったという。「軍」と「産」という戦争機械の両輪は、さまざまな矛盾を含みながらも、密接に結びついていた。

軍事エリートと並び示された、科学技術におけるエリート階層の部門でも、似たような方針が示された。彼らもまた、経済的原則に基づきながら、軍事に奉仕することを要求されたのである。科学技術に関わる研究開発の重要な部分が軍事部門にあてられ、民間部門を圧迫した(81)。かれらは戦争そのものを戦うのではなく、戦争を進める科学技術という別の側面から、「戦争」を担う者たちであった。その象徴的な存在が、第二次世界大戦直後の一九四六年に設立されたランド研究所であった。

ランド研究所とゲーム理論

ランド研究所は、研究&開発のイニシャルをとって、RANDと名づけられた。つまり、研究と開発の知識が軍事と産業に貢献することを体現する、「軍事計画と民間開発という二つの世界を結び付ける橋のような」(82)研究所であることを求めた名付けである。ランド研究所に関する著書を著したアベラは、イギリスやフランスと異なり、アメリカでは一般的に、科学的な開発研究を民間企業へ業務委託することが好まれ、そして民間企業が武器調達や人材確保についても、コスト・パフォーマンスだけを指令原則としてきたと指摘し、この流れの中にランド研究所を位置づけている。このランド研究所が、設立から対ソ連戦略の中核的機関となり、ベトナム戦争からレーガン時代を生き延びて、二〇〇一年九月一一日の事件を経てイラク占領の時代、そして現在に至るまで、「歴史を通して一貫して、ペンタゴンと経済界の欲望が混ざり合った世界の中心に位置してきた」(83)のである。それは、超一流の技術的頭脳を備えることによって、戦時中に原子爆弾を製造したマンハッタン計画からの技術研究水準を保ち、長い間、活動を継続してきた。つまりそれは持続的に、軍産学複合体、あるいは特に情報に関する機関をも携えた軍産学メディア複合体の中心にあったのである。

ゲーム理論は、設立時からベトナム戦争の頃に至るまで、あるいはその後も、ランド研究所でもっとも重視された理論のひとつであった。ゲーム理論の側からいえば、ランド研究所は、その発展にとって不可欠な知的土壌であった。もちろん設立当初から、ゲーム理論だけでなく原子爆弾やコンピューターの発明にも功績のあったフォン・ノイマンの存在が、重要な意味をもっていた。かれは「戦争一般理論」を開発するよう、ランド研究所への協力を要請されたのである(84)。しかし一九五〇年代のはじめにかれが死去した後、ゲーム理論を作り出したものとしてもっぱら責任を持ち続けたのは、モルゲンシュテルンであった。ランド研究所には、もちろんもともとのアメリカ人もいたが、世界の各地から優秀な頭脳を見込まれ、移り住んできた研究者も数多くいた。フォン・ノイマンもモルゲンシュテルンも、ヨーロッパからの移民である。みずからの頭脳ひとつで生きていく「漂流する知識人」として、アメリカにわたり、ここに住み着いた。そしてその頭脳において、アメリカに深く「同化」したのである。ちなみに、モルゲンシュテルンがアメリカ国籍を取得したのは『ゲームの理論と経済行動』を刊行した一九四四年である。

ランド研究所だけでなく、たとえばロックフェラーやフォードなどの財団による財政支援とともに、アメリカの諸大学も優れた頭脳をアメリカに呼び寄せ、研究の支援をしてきたことが知られている(85)。それは世界に散らばる潜在的な頭脳、特に必ずしも豊かでない国の頭脳にとって、またとない開花のチャンスを提供してきた。他方、軍産学メディア複合体のグローバルな射程という視点からみると、まずその中核部分を担う頭脳をグローバルなレベルで世界各地から集めること、そしてまた、より幅広いエリート層を一定期間ここに学ばせて養育し、やがて各人の故郷に帰らせて、一定の考え方をグローバルに伝播する役割を担わせるという、もう一つのベクトルも見え隠れする。実際、第二次世界大戦後の開発戦略においては、さまざまな国から来たエリート層がアメリカに学び、やがて各国の開発に直接的な影響をもってきた(86)。こうしてアメリカの新しい戦争機械の構造がエリート階層を整備したことは、グローバルな戦略に関わる意味をもっていた。その意味でも、ランド研究所とゲーム理論はきわめて象徴的な存在であった。

3. アメリカのモルゲンシュテルン

アメリカの「国家と核」のなかで

では、前節のような軍産複合体の構造を形成し、「国家と核」の問題を急務とした第二次世界大戦後のアメリカにおいて、モルゲンシュテルンは第二次世界大戦後、何を考え、どのように活動したのだろうか。伝記的資料によれば、かれは一九四四年に国籍を取得した後、さまざまな実践的、政治的活動に精力的にコミットするようになった(87)。一九四八年から一九五九年にかけては、プリンストン大学の計量経済学プログラムの所長をつとめ、一九五四年からは『海軍研究ロジスティックス』誌（*The Naval Research Logistics Quarterly*）の共同編集責任者もつとめた。この頃また、ランド研究所、原子エネルギー委員会、サンディア・コーポレーション、ホワイトハウスなどのコンサルタントとして活動を展開した。また一九五五年には、防衛省の基金により、国立科学アカデミーで政府の意思決定問題の研究を行うと同時に、海軍に対して「海軍戦争研究グループ」の設立を提案した。これは後にＭＩＴの協力を得て実際に設立されることになったものである。同じく一九五五年には海軍供給システムの変革を提案、一九五六年には戦闘軍（Combat Army）のために新型基礎戦略概念を開発、提示した。さらにその傍らでNATOの相談役をつとめ、ヨーロッパ向けの最高連邦司令官の戦略問題をも考案した。また一九五八年には上下両院合同の原子力委員会の軍事応用分科委員会のアドバイザリー・パネルのメンバーとなり、水中戦に関する試問の答申案作成に参加したとのことである(88)。

この時期の活動に関わるモルゲンシュテルンの考えを端的に示しているのが、一九五九年の著作、『(米国)国防の諸問題』(89)である。ここにおいてかれは、アメリカを「わが国」と呼び、ソ連の脅威を強調して、核問題やシェルターのこと、海洋兵力、技術と戦略の研究、情報と広報の問題などを論じている。参考文献にはランド研究所の諸メンバーによるゲーム理論に関する著作、シェリングの『紛争の戦略』(この時点ではまだ未刊行)のもととなった論文などが並べられている。内容は、明らかにアメリカ内部からの視点に基づいて、各論点から「国防」を考察したものとなっており、いわばアメリカの軍産複合体的な時代の文脈にすっぽりとおさまっている。その軍事主義的バイアスとイデオロギーの時代的制約のため、詳細な分析には耐え難い。ただ、モルゲンシュテルンがいかに強くアメリカに同化しようとしたかについて、わかりやすい証拠を提供している。

上記の諸活動はもちろん、フォン・ノイマンとともにゲーム理論の書物を刊行したことから派生したものであるといえる。しかしすでに第二部の最後の部分でみたとおり、一九三〇年代のウィーンを拠点とした、さまざまな実践的活動を振り返るとき、アメリカの戦争機械へのコミットメントが必ずしも、モルゲンシュテルンにとって新しい種類の活動ではなかったことも明らかである。むしろかれは、ウィーン時代から一貫して、国際社会におけるリベラル・インターナショナリズムの、理論的かつ政策的な担い手であった。活動の仕方が変わって見えるとすれば、それは大戦間期のヨーロッパにおけるオーストリアという小国と、二〇世紀、特に後半を主導したアメリカという場の違いによるといえるだろう。

自由を「課す」?

もちろん、モルゲンシュテルンの活動がいかにアメリカに役立つものであったとしても、それは必ずしも、モルゲンシュテルンがすべての面において、アメリカに同化したことを意味しない。特にアメリカの自由主義に関して、モルゲンシュテルンの立場は、アメリカという国家の思惑と同じではありえなかった。ここで、第二次世界大戦から間もない頃のモルゲンシュテルンの小さな論考をめぐって、このずれがあらわになった事例を紹介しておこう。それは、モルゲンシュテルンが一九四七年、アメリカの読者に向けてドイツ経済の再建計画を提示した、ニューヨークタイムズ紙の論考をめぐるエピソードである(90)。かつてオーストリアの重要な経済学者として、ファシズム期の為替レートの固定化の問題を分析し、論考をタイムズ紙に掲載したモルゲンシュテルン(91)の小稿は、ここでは読者からの投稿欄に掲載され、著者はロックフェラー財団の奨学生出身者、国際連盟の統計専門家委員会のメンバー、そしてプリンストン大学の教授として、小さく紹介されている。

この文献を分析するために、若干の歴史的背景を確認しておく必要があるだろう。第二次世界大戦後、敗戦国ドイツは、ヨーロッパ数国、アメリカ、ソ連の共同管理下に置かれることになった。一九四七年はマーシャル・プランが施された年である。論考のテーマは、アメリカによる占領期ドイツの自由主義的経済再建のための政策である。それはモルゲンシュテルンにとって、大戦間期に考えたヨーロッパの自由主義とアメリカの自由主義の違い、そしてファシズム期を経験した場所での、その後生き残った人々の自由に対する意識について考えることであり、重要な意味を持っていたと思われる。戦時期に強烈かつ体系的に行われたドイツ・ナチズムのプロパガンダの影響は、大戦直後のドイツの人々にも、なお強い後遺症を残していただろう。そこで、もっとも重要視されたのは、ドイツの人々に対して、あらゆる意見を強制や扇動ではなく、説得と一般化、制度化によって理解させることであった(92)。つまりアメリカが自由主義について伝えるこの政策においても、自由主義と自由そのものの考え方を伝えるだけでなく、それをどう扱うかが重要であった。伝達にあたって、ドイツ語を解し、ドイツ、オーストリアやヨーロッパの状況一般に精通した移民知識人たちは、アメリカにとって、実際、貴重な存在であったと思われる。

しかし他方でアメリカには、ソ連の脅威に対抗するため、戦争により廃墟となったヨーロッパ諸国を早急に経済的、文化的苦境から救い出し、強力なパートナーとして再生させる必要があった。アメリカはなかば「強制された協力」(93)の制度として、マーシャル・プランやヨーロッパ経済協力機構を遂行した側面もあるのである。特にドイツに関するそれは、ナチズム期の諸制度や価値観を破壊し、まったく新しいものをもたらすという、実質的には植民地化に似たものであった(94)。もちろん、アメリカは植民地化という呼び名をもっとも嫌った。アメリカはあくまでもヴァーチャル植民地として、反植民地、独立をもたらす存在でなければならないからであった。

しかしモルゲンシュテルンにとっては、それがきわめて植民地化に近いことは、おそらく無意識とはいえ、自明であったのだろう。論考において、かれははからずもこのことをあらわにした。興味深いのは、これに対して、アメリカ人の経済学者であり、フランス大使館の財政部門担当補佐をつとめ、また戦時中にはOSS（戦略サービスオフィス）やOWI（戦時情報オフィス）につとめたチャールズ・H・テイキーから、きびしい批判を得たことである(95)。

占領期ドイツに関するモルゲンシュテルンの主張は、はっきりしている。冒頭で、ドイツの経済その他の悲惨な状態が隣国やヨーロッパに悪影響を与え、それがやがてアメリカに及ぶであろうこと、それゆえ改善がアメリカにとっても関心事でありうることを説明する。そしてドイツに自由貿易を「課し」、広範にわたるアメリカ軍事占領による管理と計画を、究極的には取り払うことが必要であるとする。そうすれば、ドイツは戦争に戻ることなく平和経済に至り、石炭をはじめとする生産物の生産高によって、ヨーロッパの隣国にも貢献できるからである。モルゲンシュテルンはその主張を、以下の三つにまとめている。「第一に、（ドイツ）政府は、直接的にも間接的にも製造プラントを所有してはならない。国家による所有は、公的ユーティリティ、たとえばガス供給、鉄道などに制限されるべきである。第二に、ドイツは航空機や原子力エネルギーなど、いくつかの部門の産業を禁じられるべきである。その部門は純粋に軍事的な理由によって選ばれるが、きわめてわずかな数にとどまるべきである。また第三に、自由貿易原理を課す際、ドイツ政府は紅茶、コーヒーなど典型的な商品への純粋に歳入目的のためだけに、輸入税をかけることを許可されるべきである。ドイツ国内で製造業のために輸入されるいかなる商品に関しても、関税その他の輸入制限がなされるべきではない」(96)。

さらにモルゲンシュテルンは、このような方針がある一定のルールに従ってなされるべきであり、その遵守がチェックされ、コントロールされるべきであるとした。特に第一、二の項目のチェックは連合軍によってなされてもよいが、第三の点はもっとも重要であり、別である。それは計画経済や、戦後復興の文脈で外部からの力に拠る管理経済に対峙する、自由主義の根本的主張を示している。したがって、たとえ敗戦国家による所有や軍事関連産業の制限が、連合軍政府の管理下にあるとしても、自由主義の原則が機能しているかどうかのチェックは、世界全体によってなされるべきであると、モルゲンシュテルンは強調するのである。自由貿易は「経済を世界経済に結びつけ、完全に依存させるから」(97)であり、「戦争を行うのに必要な、高度の自己充足」(98)の対極にあるからである。こうしてモルゲンシュテルンにおけるリベラル・インターナショナリズムへの依拠は、大戦間期から戦時期、戦後になってもなお、一貫していた(99)。

一方、このようなモルゲンシュテルンの小稿に対するテイキーの批判は、小規模なものであるが、明確にアメリカの戦略に沿った反応であった。かれは自由貿易システムが「疑いなく、ドイツに再軍備が進められないように管理し、経済復興を促す唯一の人間的手段である」(100)として評価し、モルゲンシュテルンの意見が、ドイツ復興援助政策を担当部署によって、取り上げられるべきだとする。しかしそう述べた後で、ドイツと隣国との関係に関する彼のスタンスを批判し、モルゲンシュテルン自身のみじめな状態が、ヨーロッパの過ちを体現しているとする。それはかれが「隣国」オーストリアのナチズム侵攻により、アメリカに逃れたことをさすのだろう。さらに「モルゲンシュテルン氏がもっとも非難されるべき点は、言葉の誤った選択にある」とする。すなわち「自由貿易を課す」という表現は、海外による専制的圧力や処罰のように聞こえるとしたのである。

テイキーは、モルゲンシュテルンの示した方針に基づいてドイツが復興したとき、つまり一九二〇年から一九三九年の間に起こったことと同じようなサイクルで、ドイツが強大になり、誰もその力を止められなくなったときにどうするのかと問い、ナチズムの再来への恐れをあらわにした。テイキーは「かつての重商主義的伝統に従い、征服されたものに自由貿易を課すならば…、自然な心理的反応として、世界経済は保護主義と隷属への道へと向かうだろう。平和と自由の将来は自由貿易にかかっている。勝利者によって課される自由貿易ではなく、勝利者が真っ先にそれを採用する者であるような自由貿易に」（強調は引用者による）と小稿を締めくくっている。まさにヴァーチャル植民地たるアメリカのあり方である。

テイキーの批判は、単に帰化外国人の言語能力の不十分さを指摘したものではない。自由貿易、あるいはそもそも自由を課すということ。占領国や後発国への「自由」の戦略は、アメリカにとってきわめて重要なトリックであり、そこには徹底的に合意の形をとる、実質的な強制力が強く働いている(101)。アメリカと国際社会、あるいはリベラル・インターナショナリズムにおける、合意と強制のメカニズムがここに明らかである。モルゲンシュテルンがおそらく無意識に用いた言葉が、その矛盾をあらわにしてしまった。そのことに、アメリカの情報やプロパガンダに関わった人物が、敏感かつ迅速に反応したのである。もちろんテイキーの批判もまた、重商主義的伝統や帝国主義のあり方からアメリカの立場を切り離し、「征服されたもの」の立場に立つ主導者たろうとするトリックを、ほとんど文字通り、あらわにしていることが興味深い。

移民の功罪

ところで、アメリカに移住し、帰化したモルゲンシュテルンは、軍産複合体に組み込まれるような政治的実践活動にのみ、身を投じたわけではなかった。むしろかれは、ウィーン時代にはあまり明示的に行わなかった、あるいは行うことができなかった統計的手法や定量的分析手法の研究にも従事するようになっていた。アメリカでは、たとえば制度学派のW・ミッチェルらが、すでに一九二〇年代からこのような方向での研究を進めていた。それは、モルゲンシュテルンをはじめとして、もう少し早くにアメリカへ移住したシュンペーターや、ハイエク、ハーバラーなど第三世代、第四世代のオーストリア学派の経済学者たちも、アメリカ留学時に学び、影響を受けたものであった。ただし、制度学派の定量的分析の手法は、オーストリア学派の論敵であったドイツ歴史学派の分析手法と通じるところがあり、かれらは総じて当時、これを積極的に展開するには至らなかった(102)。ところがモルゲンシュテルンは、やがて同世代のオーストリア学派と袂を分かち、また大戦間期頃から国際連盟のプロジェクトにも参与していたこともあずかって、早い時期から定量分析に関わる論考も書いていた。

特に力を入れていたのは、金本位制の歴史的・統計的な国際比較や金融市場の実証分析である(103)。ただし、ここでもモルゲンシュテルンは、単なる国際比較のためにデータをとったのではなく、むしろ景気循環や変動に国際的な伝達と連動性があるとする「統合仮説」を検証しようと試みていた(104)。そして、分析の結果、科学的法則としての連動性というよりはむしろ、政治的な力による実現が支配的であることを結論付けたのである。この点において、モルゲンシュテルンが定量分析を行ったことは、前節でみたような実践的な問題関心と抵触しないばかりか、むしろ通底する問題関心があったともいえるのである。

金融市場の実証分析はやがて、クライブ・グランジャー(105)とのコラボレーションにおいて、ランダムウォーク仮説と呼ばれる理論仮説を生み出すという、豊かな成果をもたらすことになった。ランダムウォーク仮説とは、きわめて単純化していえば、投資においてどんなに過去のデータから予測を立てても結局役に立たず、砂上の楼閣になるという仮説である。この仮説に関する代表的な紹介者であるB・G・マルキールは、モルゲンシュテルンがこの仮説にとって主導的な役割を果たしたと述べている。

「初期においては、オスカー・モルゲンシュテルンがそのリーダー格であった。フォン・ノイマンと一緒に書いた『ゲームの理論と経済行動』の中で、かれが示した見方は、経済理論の分野のみならず、国家安全保障上の決定や、企業の戦略的計画の考え方の面でも大きな影響を与えた。

そして一九七〇年には、かれはふたたび別の著書『株価は予測できるのか』を著した。この中でかれと共著者のクリーブ・グランジャー（邦訳書原文ママ）は、株式の本質価値の追求などというのは、さながら狐火を追いかけるようなものだと書いている。交換経済の下では、いかなる資産の値段も、実際の、あるいは将来行われる取引で決められる。モルゲンシュテルンは、投資家なら自分の机の前に、次のラテン語の格言を貼っておくべきだと考えていた。

Res tantum valet quantum vendi potest（すべてのものの価値は、他人がそれに支払う値段によって決まる）」(106)。

ランダムウォーク仮説がオーストリア学派の主観価値理論からの流れを汲むことはわかりやすい(107)。そしてもちろん、株価をはじめとする将来価格が原則的に予測不可能であることは、モルゲンシュテルンの第一の著作『経済予測』（一九二八年）以来の主張とも相通じている。しかし、『ゲームの理論と経済行動』を経て、モルゲンシュテルンはさらに、「知りうることがあるとすれば、ある一定の確率分布における将来価格の確率だけである」として、これをゲーム理論における混合戦略の解と結びつけるようになったのである(108)。ちなみに混合戦略と株価予測を結びつけることは、モルゲンシュテルンにとって「まったく新しい手法」であり、かれはこれをもってケインズの期待概念や株式市場分析を批判した(109)。かれにとってゲーム理論は、アメリカの存在と同じく、決定的なバックボーンであり続けた。

第二次世界大戦後のモルゲンシュテルンは、一方できわめて強くアメリカへの同化を試みつつ、他方でウィーン時代からの一貫した学問的関心・政策的コミットメントを展開し、それなりの成果をあげることができた。彼のもっていたリベラル・インターナショナリズムのビジョンは、アメリカという新しい土壌を得て、多少の矛盾をはらみながらも、大筋においては、より満足のゆく成果として開花したのである。アメリカへの移住は、なかば余儀なくされた亡命に近いものであったが、結果的にふりかえれば、知的故郷であるウィーン、オーストリア学派の拘束から解放される、ひとつのきっかけになったともいえるかもしれない。もちろんそれは、国際社会の圧力を強く被った故郷ウィーンの立場からみれば、皮肉な展開にちがいなかった。

第八章　戦略研究の誕生

さて、本書のテーマである経済戦争の理論に立ち戻ろう。本章では、経済戦争を平和の手段として肯定するスタンスを確立したシェリングの考え方の特質と限界を、『国際経済学』、『紛争の戦略』という二つの著作に即して概観する。もっとも、大戦間期ウィーンと、そこから生まれた三つの書物をおもな焦点としてきた本書にとって、本章はひとつの終着点であり、ここからの詳細な分析は今後の課題でもある。繰り返すなら、ゲーム理論は経済戦争の時代的文脈の中で生まれ、そのままアメリカの軍産複合体の中で、軍事と産業、つまり戦争と経済を同時に貫く論理を明らかにする理論として、大いに重要視され、盛んに研究された。ゲーム理論を決定的に経済戦争の理論としたのはランド研究所であり、そのなかの一つの研究成果として、トマス・シェリングの理論も生まれている。本書では特に、経済戦争がアメリカにおける「国際経済学」において明示的に論じられたこと、それが戦略研究への道程において、重要な布石となったことを強調したい。

モルゲンシュテルンがアメリカ人となり、アメリカのアカデミズムや国家安全保障に貢献していた一九五〇年代から一九六〇年代にかけて、アメリカはまさにポイント・フォー計画の開発主義を、国際的な開発援助政策として展開していた。国際経済学という学問領域が、アメリカにおいて、世界のすべての他の地域と異なる意味をもつと考えられたのは、このような文脈においてである。通常の場合、国際経済学は、自国の経済も無関係ではありえない世界の動きを知るために重要であるが、アメリカにおいてはむしろ国際関係をどう築くかを考えるために重要とされ、大学でもそのように教えられていた。つまり国際経済学は、軍産学メディア複合体の国際展開を支える学問であり、アメリカのジオポリティクスに貢献する空間経済学であった(110)。

ちなみにJ・F・ナッシュも、B・ホゼリッツによる学部向け国際経済学の講義を聴いて、経済学に興味をもったことが知られている(111)。まさに経済戦争たるあり方を叙述する国際経済学が、やがてナッシュの脅威の戦略論を生み出したとすると興味深い。まず、『ゲームの理論と経済行動』からシェリングへと至る決定的な経由点として、ナッシュの考え方を検討し、その後にシェリングの考え方を考察しよう。

1. 脅威の戦略

一九五〇年代の初め頃、J・F・ナッシュは『ゲームの理論と経済行動』の発想をひきつぎ、「ナッシュ均衡」の概念を提示した(112)。これをうけて数年後に展開された、アローとドブリューによる一般均衡理論の精緻化は、経済理論史的上でもきわめて重要な貢献であったとされており、これと対比して『ゲームの理論と経済行動』の「解」の不毛さを強調する論者もある(113)。一方、『ゲームの理論と経済行動』の著者たちは、ナッシュによるこの展開を必ずしも好ましくみなかった(114)。ナッシュの均衡概念は、個人の合理性が社会の合理性と調和することを示しているが、そこには「共通知識 common knowledge」(115)の状態、すなわち社会において単に同じ知識が共有されているだけではなく、それを社会の構成員すべてが知っているということを各自が知っている、という緊密な前提があるからである。このような前提は、現実的な対立や戦争、紛争の状態を考えた場合には、必ずしも有用とは限らない。

考え方の相違点はどこにあるのか。第六章で概観したとおり、『ゲームの理論と経済行動』では、ゲームに関わる人数が三人以上になった場合、社会理論的にみて、より重要なのは結託や協力の可能性であると考えた(116)。一方ナッシュは、結託した「単体」のプレーヤーの中で内的な再分配が行われるという見方に批判的であり、それがきわめて制約的であること、別のゲームを想定すべきであることを主張した。結託、つまり社会における協力の可能性を、モデルから排除しようと考えたのである(117)。したがって経済主体は、互いに対立する最小限の単位にまで分割されることになる。ちなみに、それでもモルゲンシュテルンは、ナッシュの功績にも意識的であり、かれに交渉に関する論考を書くことを促した(118)。またかれの研究を可能にする社会的地位を得られるよう、尽力もしたという(119)。

やがてナッシュは別の論考において、ゲームのプレーヤー間の対立、交渉とその均衡点をモデル化し、協力ゲームと非協力ゲームの区分を明らかにした(120)。本書の問題関心である平和としての経済戦争の概念にとって、より重要なのは、こちらの業績である。なぜならここで、ヴァーチャリティの概念の展開である「脅威」の概念が提示されたからである。ナッシュの交渉モデルにおいて、交渉は二者間の交渉で「脅威」と「要求」の二段階から成り、脅威の段階では、相手方が裏切った場合にこちらがどのような態度に出るかを示す戦略を選ぶ。ゲームの当事者が、この「脅威」を互いに完全に情報として得ている状態で、双方がみずからの要求を独立かつ同時に提示するのが第二段階、すなわち要求の段階である。要求の段階にはいくつかの前提条件が付けられているが(121)、これらの条件が成立するならば、脅威の戦略が定まった段階で、その均衡が確定される。そして、双方の間のコミュニケーションの有無に関わらず、単純な取り分の極大化の結果として、解が一意に定まるのである(122)。換言すれば、対立の結果を決めるのは、実質的に、相手方に示した脅威だけということである。

それはつまり、ナッシュの交渉ゲームにおいて、言葉の本来の意味での「交渉」の余地がないことを意味している。典型的な非協力ゲームである。これが、社会理論として現実に適用されるためには、大きな制約となることが明らかであろう。それでももちろん、戦争と経済の関係を考える本書の立場からは、あらかじめ示される脅威の戦略が一般的にきわめて重要であると示したことが、ナッシュの貢献であった。

ちなみに、その後のゲーム理論は協力ゲームと非協力ゲームのそれぞれの分野で精緻化、発展を辿った(123)。特に戦略ゲームにおける「協力」の可能性はしばしば、交渉によってそれ以前の個別の意思決定から何かが変わること、すなわち交渉の段階で取り交わされた約束を破棄しないという、拘束力の問題としてとらえられるようになった。それは現実的には、法的制裁や交渉の当事者ではない外部からの制裁への恐れ(124)、ひとたび取り交わされた結託から他へ移行する手間であったりするだろう(125)。契約と再契約をめぐるコストは、コースの取引費用の問題にも通じている(126)。しかし他方で、協力とは二者以上のプレーヤーが協同して何らかの戦略を取ることであり、コミュニケーションの拘束力の仮定をはずすことができるとする立場もある(127)。やがてシェリングはこのような論点にも目配りしながら、戦略研究を通じて、戦争と経済の関係を明示する論考を著した。しかし、かれがまず手がけたのは国際経済学であった。

2. 国際経済学

アメリカに学んだシェリングは、もちろんアメリカにおける国際経済学の考え方に基づいて、みずからの著作を著した。国際経済学は、アメリカ経済に生かすべきものではなく、アメリカにとっての世界戦略のためにあった。シェリングは国際経済学について、「たとえば、自由貿易か保護主義か、ナショナリズムか国際協力かというような、国際経済学全体を占める単一のテーマはなく、不安定な世界における外交政策の要請として多岐にわたる必要な諸テーマがある」(128)と述べている。「自由貿易か保護主義か」という論点が国際経済学のテーマでないとする冒頭から、その独自性はかなり明白である。かれはその前提に立って、「第二次世界大戦後のヨーロッパへのマーシャル・プラン、インドシナ休戦後のベトナムへの経済援助、イラン、グァテマラ、ヨルダンその他における突然の危機に応じた財政支援、インドへの農業製品の支援と開発援助など、わたしたちの海外援助プログラムは、外交政策のおもな道具であり、時には特定の諸国との外交のそれ以外の部分を反映してきた」(129)とした。わたしたち、とはもちろんアメリカのことである。

シェリング(130)は大学を出てまもなくマーシャル・プランの仕事にかかわり、一九五〇年からホワイトハウスの外交政策のアドバイザーとしてもつとめつつ、ヨーロッパ支払い連合との交渉に積極的にコミットした。おもな役割は、ヨーロッパとの援助の交渉、ヨーロッパによる新NATO防衛戦略への貢献の構想であったという。その経歴には、アメリカのモルゲンシュテルンとも重ねられるところがある。一九五八年、シェリングはゲーム理論に関わる著作の執筆のためにロンドンに赴き、軍縮や限定戦争に興味をもつ研究者たちや元軍部の将校らと面識を得た。そこで、自分が求めていた「ゲーム理論のもっとも直接的かつ重要な応用は、軍事的外交政策、特に核兵器政策にある」ことを認識するようになったとのことである。

その後、経済部門と国際関係研究所とがジョイントしたポジションにおける客員研究員として、ランド研究所に赴くことになった。そしてランド研究所に滞在中に、それまでの実践的経験や書きためた論考をまとめたものが、一九五八年の『国際経済学』、一九六〇年の『紛争の戦略』として結実したのである(131)。シェリングは、モルゲンシュテルンからさらに一歩進めたかたちで、アメリカの軍産複合体的グローバル戦略を体現する思考の跡を残した。シェリングに至って、ゲーム理論は国際経済における援助や外交政策、あるいは経済戦争の舞台と直接的にかかわること、その同じロジックが核兵器政策に適用されうることを、明確に示すに至ったのである。もちろんそこには亡命知識人であったモルゲンシュテルンのもっていた、影の部分は存在しない。もっともシェリング個人は核兵器の使用や戦争に反対の立場を取り、一九七〇年にアメリカのカンボジア侵攻に際しては、教鞭をとっていたハーバードの同僚たちとともに、アメリカ政府に侵攻反対の意を表明して、それ以降、政府とのつながりがなくなったという。しかし、軍事的侵攻に反対するまさにそのロジックが、経済を武器にした制裁措置という経済戦争を進めることは、繰り返すまでもなく、明らかである。

経済戦争の諸要素

シェリングの『国際経済学』は全体が五部に分かれているが、第五部の「政策」の部分が全体のおよそ半分を占めている。そしてこの部分が、ちょうどアメリカの外交政策のためのさまざまな指針を示している。かれ自身のいう「多岐にわたる必要な諸テーマ」がこれにあたるのだが、たとえば支出バランス政策、保護主義、国際貿易機関、経済統合、国際投資などを論じる章がならび、続く海外援助については、概略、資源移転、基準と技術など細目別に三つの章が割かれている。

全体的に理論というよりは描写と紹介を内容としており、国際貿易機関の章では、GATTの成立過程やIMFとの関係、経済統合ではシューマン・プランやマーシャル・プラン、ドイツの関税同盟の歴史などが、随所でアメリカにとっての意味とその他の諸国にとっての意味を区別しながら、説明されている。また、国際投資を論じた章では、第二次世界大戦中からの期間が三つに分けられており、一九四七年までを戦争の影響下にあった時期、それから一九五〇年代の初頭までを戦後の復興期と位置づけた上で、一九五〇年代初頭以降は第三期にあるとする。この時期の国際投資は、諸国の復興の手がかりとして論じられるが、全体を通じて徹底したアメリカの目線から論じられている。

海外援助の諸章では、援助の方針をどのように定めるか、被援助国への管理やチェックをどの程度どのように行うか、実践の評価をどうするかなど、開発援助や開発経済に関して、その後論じられることになる諸論点が、すでにほとんど示されている。しかしシェリングの関心事は、援助そのものというよりは、援助がアメリカにもたらす効果の方にあった。そこでかれは、援助プログラムの中で最も重要な区別は、軍事援助か経済援助かの区別であるとしたのである。特に重要なのは、本書でモルゲンシュテルンにひきつけて考察した、ヨーロッパとの「強制された」協力関係についてである。しかしシェリングは、結論的にはこの区別が見かけ上のものに過ぎないとする。そしてこれを論じるため、イギリスへの武器の輸出を禁じた一九三七年の中立条例が改変された一九三九年の議論と、その後のレンド・リース制度から、一九五〇年代に至る推移を振り返るのである。「軍事援助と経済援助の間に、違いがあるのかないのかについては、持続的に議論があった。…（一九五一年の）相互防衛プログラムのもとで、両者の区別はさらに複雑化した。アメリカがヨーロッパの復興に関心を持つ限り、『経済』援助が一部はそれ自身のためであるとしても、他方で防衛プログラムの経済的基盤を目指すものとなるのである」(132)。

シェリングはさらに、武器と武器を製造する原材料の区別、武器と軍隊のための食糧や生活必需品、医薬品との区別、さらには武器と武器を製造する人のための食糧、軍隊のための食糧の区別など、あらゆる区別が人工的な区別に過ぎず、結果的にはすべて軍事援助になるという、総動員的な議論を展開する(133)。この後の部分でも、シェリングは、純粋に「経済目的」で援助を行うことが可能であるかどうか、あるいはそうすべきかどうか、アメリカにとっての利益をどのように確保するかを繰り返し論じている。そしてここでも結局は、純粋に「経済目的」の援助はありえず、すべては軍事目的に役立つという展開へと至るのである。ニューディールから戦時期のシステムを、戦後もほとんどそのまま継続したランド研究所の知的関心のあり方が、ここに色濃く表れている。戦争機械たる軍産複合体において、平時と戦時が互いに延長線上にあることは、重商主義時代の戦争機械から基本的に変わっていない。

もちろん注目をひくのは、これらに続く「経済戦争と戦略的貿易コントロール」、「貿易コントロールと国防」というタイトルを冠する諸章である。海外援助から貿易コントロールや経済戦争へと至るこの構成そのものが、援助と制裁がひとつながりのものであることを示している。つまり援助を受ける側は、与える者に従う限りはこれを受け取ることができるが、従わなければコントロール、ひいては経済戦争という制裁を受けるのである。経済戦争と戦略的な貿易コントロールの章は、「他国に被害を与える敵対的な経済政策に対して、自国の経済を守るための経済的措置を論じる」ものであり、それは「戦争や戦争の脅威、国際的疑惑、強奪や破壊活動とそれに対する防衛であり、より広い軍事的、外交的戦略の枠組の中にある」(134)と、明示的に位置づけられている。ここで扱われるのは、経済制裁とともに、輸出禁止、ボイコット、商品排斥やそれに類する行為、妨害的購買行為、ダンピング、封じ込め、偽造、契約詐欺、サボタージュへの報酬、経済的な情報操作、商業的・財政的強奪などである。これが「国際経済学」の内容であるというのは、かなり特殊といえるだろう。その後やがて国際関係論や国際政治学において、おもに法制度の論点として扱われることになる経済制裁の諸要素が、一九五〇年代の終わり頃のこの著作では、経済学の一部をなすものとされていることが、注目される。

またこの著作においては経済制裁が含意する脅威について、数年後の戦略研究において示される視点が、すでに述べられている。「ダメージ（被害）の脅威は被害そのものよりもしばしば重要である、ということを気に留めておくべきである。大国と、大国が強制力を行使しようとしている小国の間では、被害には特に関心がもたれないかもしれない。しかし損害という脅威は、必ずしも実際に行われなければならないものではなく、聞き届けられるためだけに意図されているかもしれないのである」(135)。つまり、被害そのものよりも被害を受けるかもしれないという脅威のほうが、重要な場合が多いという視点である。ナッシュが明らかにした脅威の概念は、ここでは均衡に至る前提としてではなく、むしろ結果をヴァーチャルかつ合理的に思考実験し、戦略に反映させるあり方として、示されている。これをふまえてシェリングは、経済制裁とはまさにこれらの手段を、そのものの遂行としてよりもまず、脅威として用いるものであると主張する。こうしてシェリングの『国際経済学』は、アメリカにおける外交政策や海外援助が、いかに経済戦争的側面を携えていたかを、明確に示したのである。

3. ゲーム理論から「戦略研究」へ

シェリングの一九六〇年の著作である『紛争の戦略』は、『国際経済学』における経済戦争的な特質を、さらに純化した形で示している。冒頭で示されるのは、紛争と合理性に関する理論の分類であり、これによって、本書が強調してきた経済と戦争をともに貫く概念である合理性の概念の位置が明らかにされる。『紛争の戦略』は、『ゲームの理論と経済行動』のもっていた合理性分析の特質を、明示的に引き継ぐことから始めるのである。

シェリングによれば、紛争にはさまざまな種類があり、それに応じてさまざまな理論があるとするが、まず病理的な意識の状態としての紛争を排除し、人間の行動に結びついた所与のものに照準する。また次に非合理的、無意識的行動に関わる紛争を排除する。すると残るのは「意識的、知性的で洗練された紛争の行動」(136)であり、それは参加者が勝利を狙う、ある種の競争になる。このような紛争を分析するのが、「紛争の戦略」理論である。ちなみに、ここでいう戦略とは『ゲームの理論と経済行動』における戦略ゲームの意味であって、軍事的用語ではないという但し書きが付けられている。これはシェリング以降、やがて戦略研究 strategic studies という研究領域として定着することになるものである(137)。

シェリングはこのような「戦略」が、力を実際に効率的に行使することよりも、潜在的な力を最大限に活用することに関わると主張する。潜在力の活用とはまさに、『ゲームの理論と経済行動』に見られたヴァーチャリティの体系的なシミュレーションを行うことであり、先の『国際経済学』でも提示した論点である。さらに、ナッシュによるゲームの「要求」の段階と同じく、これを交渉の道具として用いることの重要性を強調する。しかし、その叙述はナッシュのそれよりもずっと具体的である。「その交渉は、相手に譲歩を促す直接的なものかもしれないし、戦略的に領土を占領したり領土から撤退したりするという暗黙の作戦によるかもしれない。市場の通常のかけひきのように、出発点からなるべく条件を変えずに互いの利益を求めるかもしれないし、ストライキやボイコット、価格戦争や強奪のように、みずからの損失も含めてお互いが損失をこうむるという被害の脅迫を含むかもしれない」(138)。いずれにせよ、実際に行使する以前に、ありうる限りの可能性を検討し、これを提示して交渉すること、あるいは交渉のプロセスで、多大な損失を避けるために作戦を部分的にのみ実行する「限定戦」(139)が、戦略の核心部分となる。『ゲームの理論と経済行動』とナッシュのモデルの争点であった「協力」、すなわち脅威と交渉の可能性は、ここで理論的中心部分として展開されることになるのである。

シェリングの『紛争の戦略』は、おもにかれが一九五七年の夏と一九五八年全体をランド研究所で過ごした時期の産物であり(140)、対ソ連戦略を例にした記述が多々見られるばかりでなく、一九五〇年代当時の研究所の動向を反映するかのように、ゲーム理論を用いて戦略分析を行った諸研究への言及がある(141)。対ソ連に偏った記述は、シェリング自身にとってもやがて不本意となったようである(142)。ともあれ、経済学的応用を視野に入れ、しばしば経済学とそれ以外の分野での例を並列的に示すところは、モルゲンシュテルンとフォン・ノイマンの『ゲームの理論と経済行動』と似ているが(143)、合理性を媒介にして戦争と経済の関係を端的に示す視角は、よりはっきりと表れている。

『紛争の戦略』は、ゲーム理論の再構築を目ざしているという（それは同書第二部のタイトルである）。その第一義的な意味は、約束や脅しがランダムになり、奇襲攻撃を受けるリスクや、これによる相互不信など、戦争に固有の諸事象を、経済学的な用語で説明していくことを特徴とする点にある。しかし再構築とはまた、ゲーム理論が潜在的にもつ主張を、明るみに出すことでもあった。それは『紛争の戦略』が『ゲームの理論と経済行動』から展開した、独自の貢献である、抑止の概念にある。それはまさに、経済戦争が戦争の一種であるよりもむしろ戦争の予防であることを肯定するロジックの延長線上にある。そして、これらを貫くのが、冒頭から論じている合理性の概念である。戦争と合理性の関係は、端的には、参加者が勝利を狙う状況を分析する戦略理論において、互いの利害が必ずしも完全に対立するとは限らないと述べた箇所にあらわれている。

「敵同士の利害が完全に対立する純粋な紛争は特殊な場合である。それは完全な殲滅戦においては生じるかもしれないが、それ以外では戦争においてもめったに起こらない。このため、紛争における『勝利』は厳密に競争的な意味を持たないのである。勝利は敵方に関して得られるものではなく、むしろみずからの価値体系に関わる利得である。そこでこれは交渉、つまり互いに都合のいいよう便宜を図り、互いの被害（ダメージ）を増すような行動を避けることで達成されうる。（中略）もし互いに被害を与える戦争を避ける可能性があれば、また被害を最小限に抑えるようなやり方で戦争を遂行するか、あるいは戦争を遂行せずにその脅威だけを敵方に与えることが可能であれば、互いの便宜を図る可能性は、紛争の要素と同じぐらい重要かつ劇的である」(144)。

この箇所は、ゲーム理論にひきつけてみれば、戦争をゲームとしてとらえる場合、必ずしもゼロサム・ゲームではないと述べているにすぎない箇所のようにみえる(145)。実際、シェリングの理論的功績は、ノン・ゼロサム・ゲームの分析にあり、またそれ以上ではなかったとされることもある。しかし、たった今述べた「戦争をゲームとしてとらえる」という言葉は、たとえ分析用具としての戦略ゲームという限られた意味においてであっても、もう一度注視せざるを得ない。というのは、言葉の本来の意味において、戦争は決してゲームではありえないからである。そして、ゲームではありえない戦争が当事者にとって好ましくない状況の下でこそ、利得という経済的な関心が戦争に取って代わろうとするのである。

上記の引用が示すとおり、戦争そのものにおいても、「完全な殲滅戦」つまり敵方の完全な否定や抹消が標榜されるのは、きわめて限られた場合でしかない。それ以外の場合、戦争における勝利とは、「合理的に」考えれば、相手を打ち負かすことではなく、むしろより少ない損失で戦争を終わること、究極的にはできれば戦争を始めないことであるとさえ考えられる。合理性にもとづいた戦略においては、戦争は当事者の双方にとって、その「不経済」性ゆえに避けたいものである。このような考え方を基に、シェリングは明示的でないコミュニケーション、脅威、全面的戦争を防ぐための限定戦を分析し、抑止力という考え方について考察した。それは繰り返し強調してきたとおり、核の時代の超大国の現実の抑止力や軍備縮小に、少なからず貢献したという評価を受けてきたものである(146)。

しかし、それでもやはり、経済のロジックは戦争を完全に覆いつくすことができないことを、ここでも再度確認せざるをえない。実際シェリング自身も、このジレンマに意識的であった。かれは限定戦を論じる前提として、それがより大規模な戦争（総力戦）の抑止力となりうる一方で、それを引き起こすリスクを増大する可能性を高める行為でもありうるとしている。また後には、みずからの考案したシェリング・ポイント、つまり最適点に基づいて核兵器の最適戦略を検討すると、いかなる量的、質的限定もなく、「核兵器なし」が最適と示されたことを、自伝的説明で明らかにしている(147)。それは核兵器を所有した上で「脅威」として用いる抑止の理論とは、相容れない結果であろう。

より一般的に、抑止の論理が戦争を十分に掌握できないことは、たとえば歴史的に、軍備縮小の一時的傾向が、結局は逆に軍備拡張へのゆり戻しを多く伴ったことから、また論理的には、もし相手方がまったく戦争の開始を望まないことが確実となれば、その脅威や抑止力は意味を持たなくなるということからも明らかである。抑止力や脅威がそれとして機能するためには、現実的な戦争の危険がそれらに付いて回り、たとえば限定戦などの形であれ、相手方に知らされることが必要なのである。

『紛争の戦略』においてシェリングは、限定戦の脅威が総力戦の脅威よりも好まれるとすれば、それが総力戦の脅威よりも一段階手前の仕掛け線として設定でき、たとえ相手方の出方や過失によって限定戦に持ち込まれたとしても、自分たちの側がこうむる被害がより少ないこと、また仕掛け線を複数にすることができることを強調し、抑止の理論にとどまった(148)。これはやはり、経済制裁の脅威が、もし脅威として効果を持たず戦略遂行という事態になっても、あくまで経済制裁であり、まだ軍事的な戦争行為でないことを肯定的に評価する立場である。そしてその埋め合わせのように——もちろん本人は埋め合わせであるとは意識していなかっただろうが——、かれ個人が具体的な場面で反戦の意志を示し、アメリカという国家との距離をとったことが、戦争への批判的態度であるという信念を示した。それはシェリング個人の問題ではなく、シェリングやモルゲンシュテルンをはじめ、アメリカの戦争機械に包摂されざるを得なかった多くの知識人が共通してとった態度であった。

4. 経済戦争の理論の限界

『ゲームの理論と経済行動』は、シェリングを嚆矢とする戦略研究に結実し、軍事戦争の「盾」としての経済戦争の理論であることを明示するに至った。かつて戦争の問題を政治的要素とともに外部に置き、「平和」の側に寄り添うとみずから信じた自由主義的経済学の体系は、合理主義の概念を媒介に、みずからの派生物として、戦争と経済に共通するロジックを描き出し、これを「平和」として示すに至ったのである。戦略研究はあくまで、「平和」に貢献する要素として評価を勝ち得た。その中核にあったのが「抑止」の概念である。それは先にみたとおり、『ゲームの理論と経済行動』からの展開の一つの到達地点であり、同時にその限界でもある。

「抑止」が論理的に両義的であり、たとえば核など攻撃を可能にする武器を所有することを前提にしていること、またそれが実際に用いられたことがあるか、あるいは今後に用いられる可能性がまったく存在しなければ、機能しないであろうことに、先に言及した。核の問題を論じたタネンヴァルトの研究は、これを別の側面から論じている。彼女は核抑止の理論を批判的に考察し、核兵器が第二次世界大戦後の諸局面において、いくつもの危機を経験しながらも、不使用を持ちこたえたのは、「抑止」が機能したからではなく、むしろ人々の規範意識が核に関するタブーを形成したしたからであると主張したのである(149)。ここで興味深いのは、制裁の概念が規範と共に論じられていることである。制裁は本書で見たとおり、一方で法制度として明示されるものであり、その提示や実行が抑止効果と結びつくが、他方で個人や社会のレベルでの規範意識にも隣接している。制裁概念のこのような側面を、規範とともに、受け手の側からとらえると、いずれも行為を禁ずる側面、遂行させる側面があるだけでなく、同時に何かを許容する（permissive）効果を持つという。それは「世界に関する他の『事実』を曖昧にし、注意をそらす」(150)効果であり、つまり対象以外のものを暗に認めてしまう効果である。核兵器に即して言えば、核以外の兵器についての規範意識を薄め、それを認めてしまう効果である。抑止の概念の限界について、特に戦争における位置づけを考える場合には、このような側面を視野に入れることが、かなり重要だろう。

実際、シェリング自身『紛争の戦略』の補遺「核兵器と限定戦争」の中で、決して使われることのない核兵器とそれ以外の兵器の区別を強調している。そして「原爆投下以来、核兵器が使われていないという前提」が変わらない限り、この補遺は時代遅れにならないという信念を示している。そこには核兵器を用いてはならないといういましめよりは、それ以外の兵器なら許容されるという、むしろ弛緩した議論のトーンが感知されるのだ。

さらにまた少し視点を変え、抑止の理論が「核政策」として、別の難点をもつことについても、指摘しておきたい。それはシェリングが、明らかに核をめぐる議論を行いながら、当時の核のもうひとつの現実的な問題に、まったく直面してこなかったことである。かれは核の存在が当時果たしていた政治的役割、「国際社会」におけるジオポリティカルな対立の状況の中で、核の平和利用として開発主義とともに推奨されてきた原子力発電が、その外部に葬り去ってきた巨大な闇の部分を、意識的もしくは無意識的に、見過ごした。ちなみに前章では、モルゲンシュテルンのアメリカでのキャリアに言及したが、かれもまた、核の平和利用に積極的であった。経済戦争を平和の名のもとで推し進める力は、当時から現代に至るまで他方で原子力発電を推進し、核開発を進める力と重なり合っている。そこで共有される経済的関心がもたらしうる核の影響は、おそらくしばしば意識的に、語られないままであった。このことは、戦争機械の経済的次元を考えるなら、ほとんど自明である。

核不拡散条約をめぐる国際政治的問題については、一九六〇年代当時から一連の、あるいは原子力発電についても早い時期から、反核的立場からの先行諸研究が生み出されてきたが(151)、近年になってようやく文書などが公開されてきたこともあり、研究が進み始めた段階かもしれない(152)。そして、おそらく圧倒的に欠落しているのが、核の経済的次元に関する研究である。核の問題は、経済学の領域で強いていえば、環境経済学の一部分に属するとされるが、たいていの場合、核と原子力に関する議論が最後に位置づけられ、議論の臨界点のように扱われるにとどまっている。核廃棄物はあらゆる産業廃棄物の中でももっとも処理が難しく、それゆえ「市場の負の外部性」の中でももっとも扱いにくい対象とされるからである。しかし核廃棄物は、単にこのバッズをグッズ（財）に転化できれば問題が解決できるという考え方では、十分でないばかりか、致命的な問題を生じさえする(153)。

「二〇世紀後半の軍事技術は核兵器であった」(154)と概括的に述べることは、たしかに間違いではない。しかし、冷戦構造が崩壊し、二〇世紀後半が終わって、ときに「新しい戦争」の時代であるとされる現代にも、核が問題でなくなったとはいえない状況が続いている(155)。一九八〇年代にすでに「生存にしかけられた戦争」(156)と呼ばれた状況から、何ら変化していないばかりか、おそらく悪化している。経済戦争の理論は、まさに自由主義的経済学のすすめる経済発展のために、こうした事態を後押ししてきたのである。経済戦争の時代に象徴的な核の存在は、冷戦期にも増して現代、あらためて経済的な次元からも問い直される必要がある。そして、経済戦争の理論が果たした役割も、このような文脈から考察される必要がある。

結語

大戦間期を背景に生まれてきた経済戦争の理論について、世界システム分析から明らかになる戦争機械の構造との共通点と、核の時代の固有性という相違点の双方から、『資本主義・社会主義・民主主義』、『大転換』、『ゲームの理論と経済行動』という三つの書物を導き手として考察してきた。

大戦間期を考えることは、グローバリゼーションの一側面を考えることとも重なっている。世界戦争は、よくも悪しくも、世界のグローバル化を推進したからである。そもそもグローバリゼーションのプロセスは、世界システム分析からも明らかなとおり、何世紀にもわたるヘゲモニーの変遷として示されてきた。ヘゲモニーの存在は、求心力と遠心力によって、世界の統合を促した。そしてヘゲモニーの争奪は、そのまま戦争の歴史につながっている。一七世紀以来、絶対王政の時期に国家理性の名の下で職業軍人が戦った戦争から、一九世紀の国民国家同士の戦争、二〇世紀前半の多国間政治体制のもとでの戦争を経て、冷戦時代の東西陣営間、軍産複合体によるイデオロギー闘争におけるまで、あるいは植民地に対して行われてきた「汚い戦争」においてもまた、権力は政治的な強制と同意のメカニズムを駆使しつつ、つねに戦争を切り札にしてきた。一七、一八世紀の軍事経済の構造は、すでに二〇世紀後半の軍産複合体を先取りした戦争機械の構造をもっていた。その後、およそ平和が続いた一九世紀にも、たとえば貨幣市場において、経済戦争のあり方は潜在的に継続した。二〇世紀の大戦間期は、これらを明らかにした時期であった。本書で検討した三つの書物は、ヘゲモニー中心の戦争概念をそれぞれの立場から相対化したのである。

ゲーム理論の誕生と展開には、まぎれもなくアメリカの軍産複合体の果たした役割が大きいが、軍産複合体の構造自体は、戦後のアメリカという時空間に固有ではない(1)。戦争機械の概念にひきつけて考察したとおりである。総動員の概念が象徴的に示すように、あらゆる産業、あらゆる労働は潜在的に戦争に「貢献」できる。軍産複合体は、そのことを平時の意識的な戦略として用いる国家や政治のあり方を示している。それは「戦争」と呼ばれない経済戦争の時代を体現し、軍産複合体が主導的な役割を果たす時代が、やはり戦争と隣り合わせであることを、わたしたちに再認識させる。この枠組みにおいて発展、成長する経済システムは、潜在的にはつねに軍事防衛とともに、そして軍事的発展とともにある(2)。軍産複合体の概念がなお有効性をもつとすれば、現代世界が恒常的な臨戦態勢をとる限りにおいてである。

従来、軍産複合体の概念や核をめぐる言説は、もっぱら冷戦時代の構造のなかで、つまり自由主義世界においてはアメリカの対ソ連政策という文脈でのみ、語られてきた。しかし本書でみてきたとおり、国家か市場かの二者択一は、社会主義という理想が資本主義や自由主義に対置され、大戦間期以降にもっとも共有されたフィクションの遺物である。ひとたび冷戦時代との断絶を留保し、軍産複合体の意味を捉えなおすことが必要であろう。それが必要なのは特に、核によって人類が絶滅するという「脅威」が、「共産主義の脅威」というイデオロギー対立をとりはらっても、依然として存在するからである。軍産複合体は、一見その姿を変えながら、つまり国家が担ってきた大量の軍事を「産(業)」の部分つまり民間企業に委託・外注し、その存立も顧客も海外に求めながら、なお存続し発展している。またそれは今なお、エリートの頭脳の少なからぬ部分を吸収している。これが経済戦争の時代の底流にある根本的な問題であり、軍産複合体というあり方を見直す理由である。

核と大量虐殺の問題――。「大転換」期に生み出された、人間性の存在を否定する二つのモメントは、現代世界にまで裾野をひろげている。「大転換」期に露呈した、戦勝国と敗戦国のアンバランスをもそのままに、である。ランド研究所や原子力空母の防御ドアには、第二次世界大戦中のものであるという「この中で見たり、この中で話したりしたことは、この中にとどまるべき」というポスターが、今も貼ってあるという(3)。それは、戦争中の情報非公開のロジックが、平時にまで生き延びていることを象徴している。創立期のランド研究所にとって欠かせない人物であり、『博士の異常な愛情』のモデルになったとも言われているルメイ将軍の言説が、ランド研究所のありかたを今も端的に示している。かれは、「すべての戦争は道徳に反している。それで頭を悩ませるなら、優秀な兵士にはなれない」(4)と述べ、核兵器の開発、使用をも肯定したかにみえるが、良心の呵責がなかったのではない。かれは「もしこの戦争に負けていたら、我々は全員、戦争犯罪人として刑事告発されていたことだろう」(5)とも述べているのである。

ゲーム理論は、ランド研究所の中で大きな位置を占め続けただけでなく、ランド研究所の外でも、その後、国際関係論や政治学、生物学などさまざまな分野に広がる大きな研究領域として成長した。

もちろん、ゲーム理論や戦略研究そのものに戦争責任があるわけではない。しかし現在に至るまで、戦争をデータやパラメーターとして扱う研究手法は、それが潜在的にもつ荒唐無稽な意味を振り返ることなしに、次々と進められている。このような研究は、ルメイやランド研究所の危うさを引き継いでいるようにみえる。そう述べればすぐに、「本来は中立なはずの学問や科学」に反戦の論理を持ち込み、学問の自由を妨げる古さとして、あるいは戦争に関するイデオロギー的対立に典型的な言説として、反論されるかもしれない。しかし本書が強調したいのはむしろ、倫理やイデオロギーではなく、戦争を手玉にとることができるという過信に似た無邪気さや無意識さへの恐れである。

一方、二度目の世界戦争の後、ナチズムの手になる未曾有規模の大量虐殺については、ニュルンベルグ裁判や、H・アレントが考察を行った、R・アイヒマンに対する裁判などの一連の戦後「処理」が行われ、また国際法におけるジェノサイド条約(6)が定められるに至って、「人道に対する罪」として、明確に位置づけられることになった。すでに自殺していたヒトラーやナチスの党幹部らも含め、大量虐殺を遂行した指導者・責任者は、独裁者、人種主義者などと名指され、また中間管理職的な立場において職務を遂行したアイヒマンなど、大量虐殺に結果的に加担し、一定以上の役割を果たした者たちも、戦争協力者として犯罪者と位置づけられた。この罪を問われる人間、つまり「人道」に反する人間は、文字通り、人道＝人類＝人間性 humanity に反しており、その限りで人類全体にとって抹殺する方がよい存在であると、法律によって定められたのである。

法制度の執行はそもそも、究極的には「死刑」という刑罰の下での殺人の正当化が示すとおり、暴力と呼ばれることのない暴力性を備えている。法制度は、執行されることによって、みずからを貫徹する。ましてそれが、人類全体の名の下で行われるとすれば、名指されたものたちを人間存在からはじき出し、人間以下のものに転落させ、抹消するという、常ならぬ事態を招くことは明らかである。アレントが二〇世紀の初頭の時代に危惧した事態、「ある日きわめて民主的な方法で、…人類全体にとっては一部の人間を抹殺する方がよいと決定するということが考えられないわけではない」という危惧は、現実のものとなったのである。

ファシズムはその後現在に至るまで、直接的な戦時法廷の有無に関わらず、その戦争犯罪に通じるものとして、決定的に忌み嫌われるものとなった。全体主義的なシステム、大衆扇動のプロパガンダ、地政学もまた然りである。人道に対する罪は、いわば第二次世界大戦後の人類全体のトラウマになった。国際法にとどまらず、たとえば旧ユーゴスラビアの紛争に関する事例が示すとおり、広告代理店がつくりだしたという「民族浄化」というタームがメディアを介して流布し、大量虐殺を想起させるだけでも、そうと名指される対象をはじき出し、攻撃のターゲットとすることが国際世論となるほどの効果をもつようになった(7)。「非人間的なもの」、すなわちファシズムの担い手を撲滅するためであれば、「人間」側の集団はあらゆる手段をとりうる(8)。それは平和の名の下に正当化され、行使される「(正しい)戦争」でもありうるのである。

核と大量虐殺という「大転換」期に生みだされた二つのモメントは、まったく異なる道筋を辿りながら、結果的にはいずれも、現代世界における経済戦争のもっとも危険な部分を、今もなお指し示している。ことに、アメリカがヴァーチャル植民地たる存在を理由として、経済戦争を率いてきた国際社会の構造のほころびが明らかになるにつれ、平和としての経済戦争時代の暴力的な特質が、より明確になり始めている。第一部で繰り返し強調したとおり、アメリカのみならず世界各国で「大きな政府」から「小さな政府」へ、あるいはその逆の政策が採られるとしても、経済戦争の構造全体は何ら影響を受けないだろう。また第二部で示したとおり、「被る側」にとっての脅威は、実際の経済制裁、軍事的制裁という段階的な戦争の脅威となって、第一次世界大戦後も現代も同じように、現実的な戦争の影をちらつかせながら、自発的従属を迫っている。その時代錯誤はほとんど嗤うに値するが、そのターゲットがある日、目の前のわたしやあなたとならない保証はどこにもない。戦争による死に直面するひとりの立ち位置に立つなら、事態はまったく嗤うことのできないものとなる。大戦間期にウィーンを源としてアメリカで生み出された三つの書物のインパクトは、こうして当時の文脈を超え、現代世界にまで響いている。

注

第一部

（1） 本書の対象は戦争そのものではないが、戦争を定義することはむずかしい。たとえば「公にされ、しばしば軍事化された紛争状態、明確な対立状態」という定義、あるいは戦争を遂行するための軍事作戦とされる warfare（戦争行為、交戦状態）の概念によっても、戦争を十分にあらわすことができない。人類の歴史の始まりから今日に至るまで、数多くの戦争が行われてきたというが、古代に「戦争」と呼ばれていたものと今日のそれを比較すれば、おそらく類似点よりも相違点の方が目につくだろう。

（2） この時期の体制は、しばしば象徴的にウェストファリア体制と呼ばれる。ウェストファリア条約の位置については、たとえば Hirst 2003, pp. 15-16, pp. 54-57.（邦訳二〇頁、六九-七二頁）参照。ただしそれを安易に位置づけることへの異論もある（明石 二〇〇九）。

（3） Rosen 1996, pp. xliv-xlv.

（4） ベンサムは一七八九年の『立法と道徳の諸原理序説』において、効用に関する議論に続けて sanction の概念を考察しているが、そこで制裁という狭義ものだけではなく、より広い意味での行為の動機付けとしてのサンクション全般を扱っている。それは、何らかの行為を行う際の基本的原動力である喜び pleasure や安全性 security, その対概念である苦痛などが湧き出る源泉である。ちなみに、『立法と道徳の諸原理序説』の一九九六年版に新しい序文を載せた Rosen によれば、ベンサムは自由 liberty という概念に不満をもち、その語で表現される二つの意味のうち、「政府によって作られる自由の概念、つまり政治的自由、市民の自由」について、むしろモンテスキューから得たsecurityという用語を採用したという(Rosen 1996, p. xxxv)。また、もうひとつの自由とは、アナーキーな自由である。

（5）「喜びや苦痛の源泉を四つに区別できるだろう。それは物理的（身体的）、政治的、モラル（道徳）的、宗教的の四つであり、各源泉に属す喜びや苦痛が何らかの法律や行動ルールに対して、拘束力を与えることができる限り、それらはすべてサンクションと名付けられうる」(Bentham 1789/1996, p. 34) としたベンサムは、サンクションが何らかの行為を誘引する場合と、むしろ行為を制約したり禁じたりする場合に分けた (Bentham 1834/1983, p. 175)。日本語でいうところの狭義のサンクション、すなわち制裁は、制約的、禁止的サンクションの部分を強くとらえるものである。

第一章

（6）一冊の書物は共著であり、関わる著者は四名だが、ここでは経済学者の三名に焦点をあてる。とはいえ、共著者のJ・フォン・ノイマンもハンガリー、すなわち当時のハプスブルグ帝国内の生まれである。

（7）この独特のシステムについては、たとえばSchorske 1981などにも詳しい。

（8）Schaeffer 1989, p. 2.

（9）Goldstein 1988.

（10）Boswell, Sweat & Brueggmann 1989, p. 11など。『資本主義・社会主義・民主主義』（一九四二）は、シュンペーターがまさにここで参照されている『景気循環論』（一九三九）を執筆する間に構想されたといわれている。

（11）Schaeffer p. 3.

（12）ただしGoldsteinのいう世論（ちなみにこれは「国際主義的世論」と呼ばれている）は必ずしも明らかではない。後章でみるとおり、この数年間にアメリカの世論は大幅に変化したことを、考慮に入れる必要がある（第三部注59）。

（13）Goldstein 1988, p. 168. また Boswell, Sweat & Brueggmann 1989, p. 13 もこれを取り上げている。

（14）ちなみにアリギは一九八〇年代の半ばごろに、半周辺のカテゴリーをテーマとしたシンポジウムの論考集を編集しており、関心のありかたの違いは明らかである（Arrighi (ed.) 1985）。

（15）Arrighi 1994/2009. 邦訳四二五頁。

(16) このような見方にたてば、復興援助として明確な方向付けをされた開発や、経済支援としての構造調整も、広義の意味で経済的な「暴力」となりうるといえる。

(17) 放射線はすでに二〇世紀の初頭前後に発見されており、科学者たちの心血の少なからざる部分がここに注がれて、一九三〇年代の後半には核分裂その他の実験が、すでに行われていた。

(18) 世界システム分析によって戦争を論じた、ある論考集の序論においては、全体戦争においては、民間人の戦死が圧倒的に増加した点でそれまでの時代とは異なるとした(戦死した兵士と民間人との割合は第一次世界大戦で二〇対一、第二次世界大戦で一対一、朝鮮戦争で一対五であるとされている、Schaeffer 1989, p. 4)が、それまでの戦争との区別を、民間人犠牲者という数量的相違に還元するだけでは不十分である。

第二章

(19) 二〇〇七年末、『戦争の経済学』という書物の邦訳が刊行された(Poast 2006)。これはミクロ、マクロの経済学を用いて戦争を分析するテキストであり、著者も訳者もそれ以上の位置づけは期待していないという。確かに戦争のテーマを扱う書物には、過剰に戦争を正当化したり、反戦の立場を示したりする場合があり、それに対する反感や反省から「中立」の立場を表明することも理解できなくはない。しかし本書の立場はこれと同じではない。

(20) ジョーン・ロビンソン「経済学の第二の危機」より(Robinson, J. 1972/1973, pp. 100-101)。

(21) Hardt & Negri 2004 も、軍産複合体という概念がはらむ危険性に着目している。
「戦争と経済的生産の関係について論じるさいに注意すべきなのは、『軍産複合体』というレッテルによってむやみな単純化をしてはならないということだ。(中略)一九六〇年代以降、この概念は戦争産業による人間の運命全体に対する支配を表す、いわば神話的な表徴となった。言いかえれば、この概念は抵抗や解放運動に対応して産業、戦争、そしてさまざまな機関の間で形成される複合的関係の結果ではなく、それ自体が歴史の主体とみなされるようになったのだ」(邦訳上巻八七-八八頁)。

(22) たとえば冷戦期のアメリカにおける軍事費への批判において示された解決策は、防衛産業を市民的・平和利用にシフトさせること、調達プロセスをもっと競争的でオープンなものにすること、防衛産業を国営化することなどであったというが、これらが事態の根本的な解決でないことは明らかだろう。

(23) コマンディング・ハイツ(管制高地)という概念は、ある高みに立って概観し、命令を下すイメージを含んでおり、戦争と強い親和性のある概念である。ヤーギンとスタニスローは管制高地を表題とした著作において、レーニンが一九二二年の演説で新経済政策を擁護し、中小企業と農業を民間にゆだねるとしても、「経済でもっとも重要な部分は国が支配し続ける。管制高地は国が握っている。これこそが決定的な点なのだ」としたことが、管制高地という概念と経済の関わりの由来であるとしている(Yergin & Stanislaw 1998, 邦訳上巻一八-一九頁)。

(24) もちろん、冷戦期を支えた社会主義の超大国とその陣営が崩壊したことで、このような問題設定はかなりの程度、重要性を失ったはずである。にもかかわらず一九八〇年代、つまり冷戦構造崩壊の端緒となった時期に、「小さな政府」を志向した新自由主義がそれ以前の「大きな政府」のケインズ主義的ビジョンを批判し、また二〇〇八年の金融危機以降、「大きな政府」への回帰がうたわれるなど、このような論理が今なお根強く経済学者たちの視野や視角を規定している。

(25) ポラニーと親しかった経営学者、P・ドラッカーの回想による。

(26) Nakayama, forthcoming.

(27) 楠井 2005, 一五頁。なおその前史は、アメリカ合衆国で一八八六年に示された判決、すなわち自然人に保障される自由権と財産権を法人企業にも認めた判決であるという。

(28) 楠井 2005, 八二頁。

(29) 「アメリカでは、『リベラル派』(リベラリズム)とは、政府が経済に介入して積極的な役割を果たすべきであり、経済での政府の関与と責任を拡大するべきだとする立場を意味する。ところが、アメリカ以外の各国では、『自由主義』(リベラリズム)はほぼ正反対の立場を意味しているのだ。『自由主義』は国の役割を減らし、個人の自由、経済面の自由を最大限に認め、市場を最大限に活用し、意思決定の分散をはかるよう主張している」(Yergin & Stanislaw 1998, 邦訳上巻一八-一九頁)。

(30) Coulomb 2004 の特にp. 7では経済諸思想の戦争と平和へのアプローチについて、図を用いた整理がなされている。ちなみにクーロンは科学としての自由主義的経済学に「実証主義的positivist」という形容詞を付しているが（p. 3-5）、議論が煩瑣になるのを避けるため、本書ではこれを省いて議論を進めている。

（31）ちなみにエッジワースは一九一五年には、「（政治）経済学と戦争の関係」と題した講演を行い、論考として残している。またこれ以降、同様のテーマの論考が数本ある。

（32）Edgeworth 1883/1994, pp. 16-19.

第二部

第三章

（1）シュンペーターの生涯については、Kurz 2005/2008, 邦訳六-二二頁を参照。

（2）従来の研究では覚書は三通とされていたが、近年の研究により、さらに何通かの覚書が発見されている（Uvlich Hedtke によるアーカイブより）。

（3）Schumpeter 1918/1991, p. 131; März 1983, Ch. 7, 邦訳一九三-一九七頁参照

（4）『資本主義・社会主義・民主主義』で概念的に展開されるものの詳しい歴史的分析は、『景気循環論』（一九三九）に示されているが、しばしば評者によって指摘されるとおり、この書物は不幸な運命を辿った。著者が全力を賭して取り組んだ理論的業績であったにもかかわらず、ケインズの著作の大きな影響力もあり、ほとんど芳しい評判をとることができなかったからである。

（5）同書は刊行後一〇年のうちに、すでに広く読者を獲得した（Swedberg 1991, p. 151）が、資本主義は生き延びるか、社会主義は機能するか、社会主義と民主主義の関わりは、という、当時の三つの大きな問いを内包していた。第二、第三の問いは、一九九〇年前後の冷戦構造崩壊、「東」ブロックの社会主義的計画経済システムの崩壊により、大戦間期の問題関心とは、まったく異なる文脈に置かれることになった。社会主義の大国が存在し、他の諸国家における社会主義実現の可能性と危険が真剣に論じられるという状態はなくなったからである。しかし第二の、第三の問いをさしあたり括弧で括って『資本主義・社会主義・民主主義』を読み直してみることが重要である。

(6) ちなみに文中には、その一部を一九三八年の夏に執筆していたことを示唆する箇所がある。「もちろん、現在の戦争〈第二次世界大戦〉は問題の社会的・政治的・経済的与件を変えるだろう。今までと違って多くのことがらが可能になる反面、他の多くのことがらが不可能になるだろう。…しかしわたしには、戦争の結果に関わりなく問題を見えるようにすることが重要であると思われる。したがってわたしは本章を、形式的にも内容的にも一九三八年の夏に書いたままにしておくことにする」(Schumpeter 1942/1976, p. 231)。邦訳を参照したが、変更した箇所もある。

(7) すでに Swedberg 1991 は、経済社会学に関する一節において、第一次世界大戦直後のシュンペーターの著作を用い、(租税) 国家論、帝国主義の理論、社会階層の理論をそれぞれ論じたが、これら三つの著作の関連についてはあまり検討しなかった。中山 2005 はこれを受け、世界戦争の分析装置としてのシュンペーターの帝国主義論を論じたが、主たる焦点はかれが第一次世界大戦中に書いたメモランダムの分析にあったため、Swedberg が用いた三つの著作の関連や、展開された諸概念を貫く経済の内的メカニズムについて、十分に分析することができなかった。

(8) ビジョンに関しては塩野谷 1995 を参照。シュンペーターは、時代的文脈の中で先端的なビジョンを取り出し、指摘するスタイルを得意とした。このことについては中山 2006b で比較的詳細に論じた。

(9) Coulomb 2004 は『資本主義・社会主義・民主主義』をおもな素材としてシュンペーターにおける戦争の経済理論を検討した。しかし、ひとたびはそれが「経済システムの文化的特徴」(p. 153) の中に位置づけられているとしながらも、最終的に経済的理由から戦争が起こったのは、「特定の歴史的文脈で求められたからである」(p. 154) としている点で、本書とは解釈を異にする。

(10) この概念は、二〇〇七年に相次いで刊行されたシュンペーターに関する研究書がいずれもタイトルに掲げていることからもわかるとおり、近年めだって注目されてきている概念である (McCraw 2007; Carayannis, E. G. & Ziemnowicz, C. (ed.) 2007)。また二〇〇五年に刊行されたクルツのシュンペーター論 (『シュンペーターの未来』に邦訳収録) でも、創造的破壊の概念が重視されている。さらに、本書が依拠する批判的ジオポリティクスの代表的な論客の一人であるデヴィット・ハーヴェイは、この概念を用いて近代、脱近代の都市開発と文化の問題を論じたHarvey 1990, p. 17-18. さらにHarvey 2005も参照)。

(11) クラウゼヴィッツの純粋戦争の概念への示唆については、西谷 2002/2006；多木 1999に負う。

(12) Reinert & Reinert 2006はニーチェと経済学の関係を論じるために創造的破壊の概念の系譜を検討し、経済学との関わりにおいては、それがシュンペーターよりもむしろゾンバルトに帰すると論じている(pp. 72-73)。しかしゾンバルトとシュンペーターの創造的破壊の概念の内容はかなり異なっている。

(13) Koistinen 1980は、戦争行為の政治経済学(political economy of warfare)というアプローチにおいて、「ある国家が経済資源を国防や敵対関係のために動員する方法」を考察し、それが「経済の成熟度、政府の規模や強さと範囲、軍役の性質・構造と市民社会や権威との関係、軍事技術の状態」という四つの条件によって、強く規定されることを指摘した(p. 6)。またGoldstein 1988はシュンペーターとコンドラチェフを、戦争の資源理論の先駆者と位置づけている。

(14) レーニンやルクセンブルグもこの時期に帝国主義に関する論考を出していたが、シュンペーターは明示的に言及していない。ただしレンナーの社会的帝国主義には言及し、高い評価を与えている(Schumpeter 1919, 邦訳一六三頁) また Schumpeter 1939, p. 696にもこれに関する指摘がある。レーニンについては中山 2005, 二〇八頁の注14も参照のこと。

(15) Schumpeter 1919. 邦訳一一五頁。

(16) Schumpeter 1919. 邦訳一四六頁。強調も原文どおり。

(17) ただし、重商主義という用語が使われ始めた当時、これはおもに批判的な立場をとる者によって用いられたこともあり、シュンペーターとしてはこの用語をあまり好んで用いていない(Schumpeter 1954/1994, p. 155)。『景気循環論』(Schumpeter 1939/1949, p. 696. で註1を付された一文)には、「著者(シュンペーター)が新重商主義(強調は原文通り)以上によい名前を提示できないという事実自体、これを満足に解釈できていないことを示すものである」(Schumpeter 1939/1989)とあり、その註1にマルクス主義的帝国主義論への批判があるが、残念なことに一九八九年のリプリント版では註1が抜け落ちている。

(18) Schumpeter 1942/1976, p. 47.

(19) Schumpeter 1918/1991, p. 105；1918/1976, pp. 337-338.

(20) シュンペーターは、租税国家の概念をL・ゴルトシャイトの財政社会学から受け継いだとしている(Schumpeter 1918/1976, p. 331)。また Hickel (1976. Einleitung p. 7.) の序文でも、この点に関するゴルトシャイトの概念整理の功績を指摘している。

(21) Schumpeter 1918/1991, p. 331. 邦訳一〇頁。これはゴルドシャイトからの引用である。

(22) シュンペーターは、商業社会が絶対主義国家の時代に典型的にみられるとしているが(Schumpeter 1942/1976, pp. 136-138.)、そこには絶対主義と資本主義の時代が包摂されている(Ibid., p. 167)。ただし『資本主義・社会主義・民主主義』では商業社会の定義よりも前に資本主義の分析が行われており、そこでは資本主義という用語が何度も用いられている。この書は学問的な手続きにおいて、必ずしも厳密でない。ともあれ商業社会は、二つのタイプの「制度パターン」のうちのひとつであり、社会主義社会に対置される。ところで、このような制度的定義にもとづくならば、また社会主義という用語のイデオロギー的ニュアンスを避けるために、社会主義社会というよりも「社会化された」社会というような訳語が、よりふさわしいのかもしれない。しかしここでは定訳にしたがい、社会主義社会という訳語を用いる。

(23) Schumpeter 1918/1991, p. 341. 邦訳二九-三〇頁。

(24) Kiser 1989 は西欧の絶対主義国家を素材とし、ゲーム理論の応用であるプリンシパル・エイジェント分析の手法を用いて、特に支配的階層(プリンシパルに相当)といわゆる権力者=支配者(エイジェントに相当)の関係に着目し、戦争の開始に対する各社会階層の動機とその結果を分析した。

(25) Kiser 1989, p. 73.

(26) クーロンは、戦争を視野に入れた経済思想として重商主義を第一にとりあげ、「軍事力のみならず経済力を含めた一般的な意味での戦争の概念化は、重商主義者の理論全般において、すでに自明であった。経済はまさに国家権力の道具であった」(Coulomb 2004, p. 14) としている。

(27) Coulomb 2004, p. 13. そこでは重商主義者だけではなく、ドイツ歴史学派が類似した考えを提示したことが考察されている。ただしそれは必ずしも「好戦的な」経済学を展開したことを意味するとは限らず、かれらの中には戦争に反対する論者もいたと指摘されている(Coulomb 2004, p. 75)。

(28) Foucault 1978/2004. 邦訳八三-八四頁。フーコ

ーは、国家の理念や統治などを論じた一九七七年から一九七九年の諸講義の中で、重商主義もまた内政やバランス・オブ・パワーの働きと並立することを明らかにした。「一七世紀以降、良い国家秩序を維持しつつ国力を増強しうる諸手段の総体は『内政（ポリス）』と呼ばれ始め」、「…この内政（この内政の設立）が、一般に重商主義という見出しのもとでおこなわれた理論や統治実践とまったく不可分」であって、「…この重商主義は、…ヨーロッパの均衡（ヨーロッパ内の競争関係）という文脈に完全に書き込まれて」いた（Foucault 2007. 邦訳三八九頁、Foucault 2004. 邦訳四一九頁より）。

（29）　市場社会という用語はポラニーによるが、平井編著 2007 はこれに全面的に取り組んだ論考集である。

（30）　Backhaus 2002, p. 60. ちなみに重商主義の意義を強調する Coulomb のアプローチにおいては、官房学と Nationalökonomie（国民経済学）の違いは、個人のイニシアチブの有無のみである（Coulomb 2004, p. 34-35）。

（31）　Tribe 1995, pp. 22-23. 邦訳二八頁。ただしトライブは官房学を一八世紀に限定して論じている。

（32）　ヘクシャーの著書『重商主義』は、まずスウェーデン語で一九三一年に刊行され、英語版が一九三四年に刊行された。英語圏での高い評価の一例として、ケインズは、ヘクシャーの貿易モデルを継承したオリーンと、ドイツの賠償金をめぐる議論で鋭く対立したが、ヘクシャーの『重商主義』には高い評価を与えている。

（33）　「富の創造における経済政策と貿易関係を研究したエリ・ヘクシャーが、ドイツの文献を自己の枠組へと整序するのに大きな困難を感じたのは決して偶然ではない。かれは一貫してイギリス、フランス、オランダという海上貿易国に焦点を当てていたため、（中略）数多くあったドイツの文献を扱う余裕をほとんどもたなかったのである」（Tribe 1995, pp. 18-19. 邦訳二四頁）。

（34）　「国際間の軍事的もつれに重商主義が占める役割について、その評価を適切な次元まで縮小する時期である。（中略）商業理論にはかなりの誇張がある。当時、産業はまだ生まれて間もなく、工芸的ものづくりの形態をようやく脱し始めた頃に過ぎなかったので、資本輸出など論外であった。しかし、（中略）産業が国家政策に仕える度合いは、その逆の（国家政策が産業に仕える）度合いよりも、ずっと高かったのである」（Schumpeter 1919/1951, p. 78）。

（35）Kiser 1989 はこれを、国王（エイジェント）と支配的階層（プリンシパル）の資源配分に関する対立として描き出し（p. 69）、エイジェントに対する法的制約（constitutional limit）、モニタリング、制裁能力などを分析した。法的制約とは、国家装置の中で国家の立法権力や財政権力 fiscal power, 支配者の権力をコントロールすることであり、モニタリングとはエイジェントの行動に関する情報を集めたり、知らせたりすることである。支配的階層は陳情・忠言（remonstrances）、税の監査（会計検査）などを用いた。また制裁は、税の用い方の誤り、農民の反乱を抑えられないことなどに対して行われたという。

（36）「重商主義は実質的に、多くの挑戦にこたえたものであった。政治的にみると、中央集権国家は商業革命によって要請された新しい創造物であったが、商業革命によって西欧世界の重心の中核は地中海から大西洋岸へとシフトし、農業諸国の遅れた人々はみずからを商業や取引に向けて組織するよう強いられることになった。外交政策においては、主権の確立が時代の要請であった。したがって（中略）、領土内のすべての資源を外交権力に振り向けることになった。内政的には、バラバラだった諸領邦の統一が、副産物として得られた。経済的な統一の道具は資本であった…」（Polanyi 1944/1957, p. 65）。

（37）Polanyi 1944/1957, p. 70.

（38）Polanyi 1944/1957, p. 67.

（39）ポラニーの分析が、市場社会の到来を十九世紀に限定し、それ以前の贈与や互恵による取引をおよそ断片的としたとして、経済史から批判がなされた（たとえば Braudel 1973. 邦訳二七八-二八三頁）。しかしたとえばD・ノースは、細部に関していくつか批判しつつも、ポラニーの視点をおおむね肯定的にみている。ところで、ここでとりあげた重商主義への肯定的評価は、ポラニーが必ずしも市場の形成を一九世紀に限定していないことを示す証左である。

（40）Hirst 2001, 邦訳一九-二〇頁。

（41）Arrighi 1994, 邦訳八九-九〇頁。

（42）*Ibid.*, 邦訳九〇頁。

（43）*Ibid.*, 邦訳九五頁。

（44）「資本主義的進化は何よりもまず、封建世界の領地、村落、職人ギルドなどの制度的アレンジメントを破壊する。資本主義的な企業家精神に起因する競争によって職人世界を破壊し、衰えつつある組織を政治的行為によって一掃する。領主と農奴の世界を政治的行為によって――時に革命的に――破壊し（中略）、こうした産業革命、農業革命とともに、立法的な権威と世論に対する一般的な態度を革命的に変化させる。従来の経済的組織を消失させ、かつて土地貴族や地主という社会階層にとって重要な役割を果たしていた免税と政治的特権を消失させる」（Schumpeter 1942/1976, p. 135）。

（45）Schumpeter 1942/1976, p. 83.

（46）*Ibid.*

（47）Schumpeter 1942/1976, p. 132；Schumpeter 1912/1926, 邦訳上巻一八二‐一八三頁。

（48）Schumpeter 1942/1976, p. 121.

（49）ちょうど『資本主義・社会主義・民主主義』を執筆していた一九三八年から一九四〇年にかけての時期に、シュンペーターは合理性の概念に強い関心を持ち、経済学者たちとこれに関する研究会などをもっていたという。Swedberg 1991, p. 126 など。

（50）合理的マネジメントの興隆については、一般理論として読むことと同時に、『資本主義・社会主義・民主主義』が書かれた時代のアメリカにひきつけて読むことが、興味深い諸点を明らかにする。増補版では倫理的帝国として、アメリカのヘゲモニーについても言及している。これらについては以下で、章を改めて論じる。

（51）「戦争そのものは、そのためになくなりはしなかった。ただ次第に機械化（機甲化）され、その仕事は単なる専門家の仕事となり、その成功がかつてのように、社会における個人やその集団の永続的な地位の向上につながることもなくなるほどであった。（中略）今やそれと同じ社会プロセスが、資本主義的企業家の役割と社会的地位を損なうようになったのである」（Schumpeter 1942/1976, pp. 132-133）。

（52）「産業ブルジョワジー、商業ブルジョワジーは根本的に平和主義であり、私生活におけるモラルを国際関係にも適用するよう主張する傾向がある。（中略）ある国家の構造や態度が資本主義的であればあるほど、平和主義の度合いは強く、戦争のコストを計算しがちである」（Schumpeter 1942/1976, p. 128-129）。

（53）Schumpeter 1942/1976, p. 141.

（54）「ひとたび国家が現実態として、社会的制度としてたち現われ…中核体となると…、今度は国家のほうから財政を形成し拡大するのである――深く私経済の肉体の中へと」（Schumpeter 1918/1991, p. 344. 邦訳三四‐三五頁）。

(55) Schumpeter 1942/1976, p. 260, p. 297.

(56) Schumpeter 1942/1976, p. 151. 知識人の枠組みとして、「ものを書く人々」という定義では狭すぎるが、資本主義における出版技術の台頭によって可能となった、文字によって考え方を広める人間たちであることは確かである。

(57) Schumpeter 1942/1976, p. 242.

(58) Schumpeter 1942/1976, p. 282.

(59) 「政党と組織的政治家というものは、選挙民である大衆が付和雷同する以外にまともな行為を行い得ないという事実に応じたものに過ぎない。かれらが政治的競争を統制するのは、ちょうど同業者団体を統制する実践と同じやり方で行うに過ぎない。政党のマネジメント、政党の広告宣伝、スローガン、行進曲の気分といった心理的テクニックは、飾りではない。それらがまさに政治(ポリティクス)の本質である。政治的指導者も同じことである」(Schumpeter 1942/1976, p. 283)。

(60) Schumpeter 1942/1976, p. 287. ちなみにシュンペーターは比例代表性について「あらゆる種類の特異な傾向の偏見があらわになるばかりでなく、民主主義から効率的な政府が生まれるのをむしろ妨げるようになり、特に抑圧のある場合は危険な状態へと至るのである」(p. 272)として批判し、Hermensへの註をつけているが、Hermensが行っているのはむしろ、多数決の制度との比較であり、論点が食い違っている。

(61) Schumpeter 1942/1976, p. 255.

第四章

(62) 連合国海上輸送会議 Allied Maritime Transport Council を踏まえた国際兵站委員会 Commission Internationale de Ravitaillement がこの任にあたった(藤瀬・李 1994)。

(63) Alvarez 2005, pp. 18-22. この先行研究は、国際的な諸制度や法体系を政治学的な関心から整理したものである。

(64) それまでの経緯に関して比較的詳細に論じたものとして、たとえば Inis 1964. そこでは、一八九八年、一九〇七年のハーグ条約が初めて、個別の戦争や紛争を論じないものとして提示され、新しい段階に至ったとされ(p. 26)、また特に一八五〇年代以降、郵便、通信などの国際的制度が急激に発達したことが指摘されている(pp. 30-32)。

(65) 中山 2005 は簡略ながら、三つの覚書の分析を試みた。

(66) Schumpeter 1985, p. 293.

(67) たとえば März 1981/84, p. 368.

(68) 「諸軍事大国がパリ（ヴェルサイユ）講和会議で取り決めたのは、賠償金、国際連盟、経済的和解（economic settlement）、国際的な労働調整などであったが、第一にそして最も重要なことは領土、特にヨーロッパの領土確定であった。…ウィルソンとアメリカ代表団には直接的な利害はなかったが、かれらは政治地理学的な安定が世界貿易と投資の前提条件であるとみなしていたため、それが最大の関心事であった」（Smith 2003, p. 140-141）。

(69) Smith 2003, p. 140. また Sklar 1988 や楠井らの研究もこの点を強調している。

(70) 以下の記述は、Polanyi-Levitt 1983, 1990 ; Cangiani 2008 などを手がかりにした。トロントのカール・ポランニー研究所の http://artsandscience1.concordia.ca/polanyi/about/ のサイトも、ポランニーの略歴を載せている。

(71) ミーゼスはシュンペーターと並んで、一九二〇年代に平和と市場の関係についてポランニーと議論をしたとされている一人である（Cangiani & Thomasberger 2003, p. 17-18）。

(72) Polanyi-Levitt & Mendell 1987, p. 9 によれば、ポランニーは一九〇九年というきわめて早い時点から、すでにファシズム的傾向への警告を発し始めていたという。また Congdon 1976, p. 174 は、ポランニーが、人々にアプリオリな基準を与える宗教的倫理に反対し、道徳的自由に高い価値を置いていたことを強調している。しかし一方 Litvan 1991 は、ウィーンに移民して以降のポランニーの思想には、それ以前からの変化も認められることを指摘した。とはいえ「リベラルな社会主義者」という基本的スタンスは、生涯変わることがなかったと思われる。

(73) Humphreys 1969, pp. 168-173 はさらに、マンハイムやゾンバルトとの関係も指摘している。

(74) これについては Cangiani 2006 が詳細な考察を行っている。

(75) Cangiani & Thomasberger 2003, pp. 11-12.

(76) たとえば Smith 2003 や Harvey, Tuathail らの先行研究。

(77) 「『いかなる社会的力の爆発』も、どこか知られない空間や、文明のない混沌とした場所で消えてしまわずに、地球上の遠い場所から再び鋭く反響するだろう。世界の政治的・経済的有機体の弱い諸要素は、結果的に消されてしまうことになるだろう」(Mackinder 1904, p. 422)。Smith 2003, p. 13 もこの部分を用いている。

(78) カンジャーニとトマスベルガーが編集したポラニーの全三巻の論考集のうち、第二巻はすべて「国際関係」に関する諸論考であることは、『大転換』に至るポラニーの国際関係論に関する理論的基盤の厚さを示している。

(79) たとえば『大転換』におけるこの部分の註(pp. 266-267)と Polanyi 1933 の対応関係は明らかである。しかし従来のポラニー研究は、『大転換』における一九世紀までの分析に焦点をあてることが多く、大戦間期に関する分析はむしろ少なかった。二〇〇五年にトマスベルガーとカンジャーニという二人のポラニー研究家が編纂した三巻の論考集も含め、ポラニーのこの時期の論考は、きわめて多くの興味深いものであり、今後の研究の発展が望まれる。

(80) 「政治的にみると、条約は致命的な矛盾を隠していた。それは敗戦国を非対称に武装解除させることで、権力の存在を要請するバランス・オブ・パワーシステムの再建を妨げたのである」(Polanyi 1944/1957, p. 21)。たとえば対独平和条約であるヴェルサイユ条約は、国際連盟に関する規約から始まり、ドイツ国の境界、ヨーロッパに関する政治的諸条項、ドイツ国外におけるドイツ国の権利と利権、陸・海・空軍条項、俘虜および墳墓、制裁、賠償などの条項が続く。敗戦したそれぞれの国について、同様の条約が締結された。

(81) Daoudi & Dajani 1983, p. 56-57.

(82) Daoudi & Dajani 1983, pp. 25-27.

(83) また Daoudi & Dajani 1983 は、当時、軍事行動に至らずに経済的圧力だけの力で押さえ込むことは、戦争に疲れた人々の間で一般に高く評価され、広く受け入れられたことを指摘している(pp. 29-30)。それは社会意識における大きなパラダイム・チェンジであった(pp. 18-20)。

(84) またこの点に関しては、すでに一九三七年の論考'Europe Today'で詳しく論じている(Polanyi 1937, pp. 19-20)。

(85) 具体的には、ドイツの脅威に対してフランスが強い防衛的反応を示したことが述べられている。

(86) Polanyi 1937, p. 20 ; p. 43.

(87) Daouni & Dajani 1983, pp. 6-7.

(88)「経済的強制とは、送り手とよばれるあるひとつ国民国家または国民国家の集団が、ターゲットと呼ばれる他のひとつの国民国家との間で、ターゲット国が示された政治的要求に従わない限り、経済的交換を中断するという脅し、もしくはその行為である。中断する交換には、貿易制裁、ボイコット、援助停止、財政資産の凍結、関税率の操作などが含まれる」(Drezner 1999, pp. 2-3)。

(89) Daoudi & Dajani 1983, p. 161.

(90)「経済戦争(economic warfare)と経済制裁(economic sanction)は区別されなければならない。前者は戦時に敵の敗北を目的として行われるもので、軍事作戦に比せられるものであり、後者は平時のより緩やかな形態である」(Daoudi & Dajani 1983, p. 7-8)。

(91) たとえば細井 2001, 四二-四頁、März 1981/1984 など。ちなみにハイエクも第一次世界大戦直後の時期、賠償金関係の委員会に携わっていたことが知られている。別の機会に検討したい。

(92) 休戦協定はドイツがアメリカのウィルソン大統領宛に、一四か条を受諾し、覚書を送ることによってなされたが、それは後まで保持されず、実際に定まった条約はドイツに対して巨額の賠償金を課すものであった。それを可能にしたのは、「陸・海・空からのドイツの侵略によって連合国の民間人ならびにその財産に対して加えられたいっさいの損害」をドイツが支払わなければならないとされたことである、とケインズは見る(Keynes 1919/2004, p. 100. 邦訳四六頁)。

(93) Backhouse 1985 は、この一側面を明らかにしている。

(94)『大転換』の中には、ケインズに関する記述はほとんどないが、P・ドラッカーの回想録には、すでに一九二七年当時、『オーストリア・エコノミスト』誌の編集会議において、ポラニーがケインズへの高い評価を述べたことに関する記述がある。「…ケインズというイギリスの経済学者…一九一九年から一九二〇年の平和の経済的帰結について書いたイギリスの元大蔵官僚だ。…興味津々たる新理論をこのところ立て続けに発表している」(Drucker 1979, 邦訳一九三頁)。

(95) Polanyi 1937, p. 36-37.

(96)「今や立場が逆転した。賠償金にみられるように政治的な理由で債務が生み出され、その支払いを可能にするためなど、半ば政治的な理由で貸付が行われるようになった。しかし貸付はまた、世界価格の安定化や金本位制の回復のためなど、経済政策上の理由でも行われたのである。…生産条件や交易条件とは無関係に、経済的組織が相対的に乱れた部分において、ギャップを埋めるために、世界経済の相対的に健全な地域が信用メカニズムを用いるようになった」(Polanyi 1944/1957, pp. 232-233)。

(97) Polanyi 1944/1957, p. 215.

(98) たとえばミーゼスは、理論的陣営の立場から、もっぱら第二次世界大戦後の自由主義世界に向けて構想を立てた。Ebelingは、ミーゼスの遺稿からこれにかかわる論考を編集した(Mises 2000; 2002)。

(99) カンジャーニ&トマスベルガー 2009.

(100) 「市場社会は始まりからずっとオータルキーにとり憑かれていたので、自由主義的経済学者たちは戦争の亡霊を追い払い、鈍感にも不滅の市場社会という前提を基に、自分たちの立場を築いたのである」(Polanyi 1944/1957, p. 189)。

(101) Polanyi 1944/1957, p. 3, 邦訳五頁。

(102) かつて筆者は、リベラル・インターナショナリズムという概念を考察したことがある(中山 2007b)。ミーゼスはまさにリベラル・インターナショナリズムの担い手であり、資本主義のロジックが戦争に通じるという考え方には、もちろん肯定的でなかった。

(103) Polanyi 1944/1957, p. 138.『大転換』は、たとえば一九世紀以前の行動原理である互酬、再分配、家政が、それぞれ対称性、中心性、自治などの制度的パターンに対応していたように(p. 43)、自己調整的市場は交換という行動原理を支える制度的パターンであり、一九世紀的な制度的パターンであると考えた。しかしこのような図式的整理が、市場システムは一九世紀以前にもあったとするなど、ブローデルらの批判を招くことになった。

(104) Polanyi 1944/1957, pp. 133-134. 邦訳二四二頁。

(105) 二重運動の概念については、ポランニー研究の中でもしばしば論じられるが、これを大きな政府と小さな政府の間の変動と、きわめて自由主義的に解釈する論者もいる。本書の見方はこれを批判するものである。

(106) この対立は、直接的には、一七世紀初頭の公文書から引用された。「この信条は、純経済的な進歩の本質、すなわち(人間の)社会的混乱(ディス・ロケーション:中山)という代価を払おうとも進歩を達成しようとする態度を、明らかに当然視しているかのようである。…彼ら(領主や貴族)は、貧者から共有地におけるその共同用益権を文字どおり強奪し、それまで侵すことのできなかった習慣の力によって貧者が長いこと自分とその子孫のものであるとみなしてきた住居を破壊した」(『大転換』p. 34, 邦訳六一-二頁)。

(107) Polanyi 1944/1957, p. 113.

(108) Polanyi 1944/1957, pp. 179-180.

(109) 本書の前章「創造的破壊」の節を参照。

(110) Polanyi 1944/1957, p. 18.

(111)「貿易は平和的性格を帯びることになった。かつて貿易の組織は軍事的であり、貿易は戦争のようであった。(中略)それらがすべて忘れられたのである。貿易はいまや、全般的戦争において機能することができない国際貨幣システムに依存するようになった」(Polanyi 1944/1957, p. 15)。

(112) Polanyi 1944/1957, p. 20.

(113) 特に同時代のマルクス主義者、ヒルファディングらが論敵であった。この点については、別の箇所でも考察した(中山 2007b, 一六八-一六九頁)。

(114) 小さな戦争はその間にもあった。そしてもちろん、ひとびとの暮らしに対する損害において、小さな戦争と大きな戦争に根本的な違いはない。土佐 2006 の論考は、現代世界における、よりましな悪、大きな犠牲を防ぐための小さな犠牲といった発想が、いかにひとびとを、特に本来助けを必要とするひとびとを圧迫しているかを分析している。それは付帯的被害(collateral damage)に関する議論に通じるものである。

(115) Polanyi 1944/1957, p. 207. 邦訳三七四頁。

(116) 同前。

(117) Polanyi 1944/1957, p. 188. 邦訳三三九頁。

第五章

(118) Arendt 1951/1985, p. xx. 邦訳第二巻二八四-五頁。

(119) オーストロ・ファシズムについては Talos & Neugebauer 1988/2005 が優れた論考集であるが、日本でも細井 2001; 村松 2006 らの手堅い研究がある。ファシズム全般については山口 1980; 2006 が網羅的である。

(120) この点については Klausinger の研究が詳しい。また Nakayama 2003 もこれを扱っている。

(121) Johnston 1972/1983, 邦訳上巻九六-一〇〇頁; Janik & Toulmin 1973/1996, など。ヒトラーの『わが闘争』(一九二六—七)には、ルエーガーについて言及したいくつかの箇所がある。たとえば、「わたしは次第に、そのころウィーンの運命を規定していた人物と運動を知ったのである。カール・ルエーガー博士とキリスト教社会党がそれであった。（中略）次第に公正な判断が、明らかな敬服へと成長した」（邦訳上巻九二-三頁）など。

(122) ルエーガーの大衆扇動の戦略については、たとえば「キリスト教社会党は白いカーネーションと赤字に縫い込んだ白い十字をシンボルに採用した。市長が現れるときはいつも、このシンボルが掲げられた。こうした行事のために『ルエーガー行進曲』が特別に作曲され、（中略）この指導者のメダルや肖像写真、胸像が大量に出回った。教会ではかれに月桂冠と銀器が捧げられた」（Mosse 1991, 邦訳一二六頁）ことなどが指摘されている。

(123) ルエーガー広場と名づけられた広場には、ルエーガーの立派な像を建てられたが、今日でもこの場所は残っている。

(124) 当時ウィーンで事件を目の当たりにしたK・ポパーも、この事件を転換点と見ている。「暴力を行使するぞという脅かしは、一九二七年七月に、ウィーンの多数の平和的で無防備な社会民主主義的労働者や傍観者に対して銃撃を加える理由を警官たちに与えた。（中略）社会民主主義的指導者たちはよかれとおもってやったにせよ、その方針は無責任かつ自殺的だったということが、私にははっきりしてきた」（Popper 2002, 邦訳下巻八頁）。同書には、一九二〇年代にポパーとポラニーが社会主義に関して何度か議論を行ったことが記されている（前掲書、邦訳上巻三一頁）。

(125) ちなみに、復興支援として施された自由主義的方策による「損害」は、二〇世紀の後半、発展途上諸国が世界銀行やIMFから通達された構造調整プログラムによって被った、さまざまな不都合を想起させる。

(126) 先行研究が指摘するのは、たとえば戦時経済法Kriegswitschaftliche Ermächtigungs-gesetz（War-time Economic Authorization Law）の曖昧な存続である。この法律は第一次世界大戦も数年を経た一九一七年に、ほとんど立ち行かなくなった経済に指令を出すために出されたものであり、政府が特別の指揮官を任命し、経済政策を迅速に発動できることを定めたものである。制定されて以来、しばらくは実効性のないまま存続した。しかし一九三二年に改めて制定しなおされ、一九三四年、一九三五年などに反国家運動に対する措置や価格安定政策のため、実質的機能を果たしたという（細井 2001, 一九八頁；Mattl 1988 など)。

(127) オーストリアはドイツ・ナチズムの侵攻を受けた被害者であるとする論者もいるが、その欺瞞性を指摘しナチズムとの協同を指摘する論者、あるいはファシズム体制としてのオーストリア独自の問題を指摘する論者もいる。

(128) Schumpeter 1942/1976, p. 163. ちなみにこの箇所は、『資本主義・社会主義・民主主義』を大いに参照しながら世界システム分析的に二〇世紀を検討したアリギの『長い二〇世紀』(一九九四)が、字句をもじってアメリカのヘゲモニーの衰退後を考える際に用いた部分でもある。

(129) 「その(労働者を擁護する社会主義の)勝利がきわめて完全なものである結果として、今日その形成が目の当たりにされているアングロ・アメリカンによる世界事情のマネジメントがあるが、それを倫理的帝国主義と名付けることができるかもしれない。イギリスとアメリカが理解を示し、賛同したときにのみ、それ以外の諸国の利害や野望がまともに受け取られるという世界秩序は、ただ軍事力によって築かれ、軍事力への永続的なスタンバイ状態によってのみ維持される」(Schumpeter 1942/1976, p. 373)。それは強制力と合意を二つの原動力にして、倫理的社会をおし進めるというA・グラムシのアメリカニズムの概念をも想起させるものである。

(130) 逆にいえばそれは、軍産複合体のシステムを、どこまで他国のシステムや世界システムにひきつけ、歴史的にさかのぼってとらえることができるかの問いともいえる。すでに近代世界システムの初期に、もちろん企業と国家の具体的なイメージや両者間の労働分業の度合い、また分業の方法は異なるとしても、軍産複合体に類似したものが存在したと考える立場もある。また軍と産業が結びつくことへの道徳的な批判——死の商人への批判——も、早い時期から存在したとする論者もいる(Molander 1992)。

(131) 『経済分析の歴史』の第七章「『重商主義者』の文献」に付された註によれば、シュンペーターはすでに一九四三年六月の段階でこの章の草稿を完成させており、実質的にはそのまま出版に回すことができると話していたそうである(Schumpeter 1954/1994, p. 335)。

(132) Schumpeter 1954/1994, p. 340-341.

(133) ポラニーにとってそれは、ビヒモスという怪物名を付して把握される現象であった。ビヒモスは、リヴァイアサンとともにヨブ記に記された巨獣である。ちょうど一九四二年にはフランツ・ノイマンも、『ビヒモス』と題した書物において、ナチズムの全体主義的構造を分析した。

(134) もっとも特徴的にはPolanyi 1935. しかしカンジャーニ&トマスベルガー編の第三巻、第三部「ウィーンからイギリスへ：ファシズム、マルクスと社会主義のキリスト教的根源」は、「ファシズムの精神的諸前提」、「ファシズムとマルクス主義的用語法」など、この時期に書かれた何本ものファシズム論を含んでいる。

(135) 「絶望は、希望よりいっそう強力な転換の推進力であることを証明することになったのだった。人間は、現世の地獄を甘んじて受け入れざるをえなかった。つまり、人間は種としての再生を停止するか、あるいは戦争・ペスト・飢餓・悪徳による滅亡という罰をみずからに課するよう定められていると考えるほかはなかったのである」(Polanyi 1944/1957, p. 84. 邦訳一四五頁)。

(136) Polanyi 1935, p. 392. 邦訳二一八頁。

(137) 先に述べたポラニーのファシズム研究の論考には、「オトマール・シュパン：ファシズムの哲学者」、「シュパンのファシズム的ユートピア」などが含まれているほか、一九三五年の論考でもシュパンは詳細に検討されている。

(138) Spann 1921. シュパンについては村松 2006 も詳しく考察している。

(139) 「ファシズムによる介入は実際、国家と社会の全システムを革命的に再組織化し、資本主義を救い出すことを意味していた。それは自由放任の自由主義の再来ではなく、経済的身分制によって統治された資本家自身による計画経済であった。これは結果的に、(a)経済的リーダー自身による生産のプランニングと制限、(b)雇用者の監視とストライキの禁止のもとでの雇用者と被雇用者の協同的労働、(c)一国レベルでの計画経済、を生み出すことになった」(Polanyi 1933, p. 219)。

(140) Polanyi 1935, p. 376. もちろん五ヶ年計画やニューディールにおける国家の位置は、ファシズムにおけるそれと完全に同質ではなく、たとえばニューディールにおける、国家の主導方針に関して産業がこれを実行するというシステムにおける国家と産業の間には、部分的に親和し部分的に対立する独特の関係がある。しかしニューディール体制においても、国家と産業の組織は総体として、全体主義的な組織の力によって支配されている。

(141) たとえばシュパンは、この部分においてみずからの試みを読み違えたとポラニーは指摘している(Polanyi 1934)。つまりシュパンは普遍性を志向したのである。シュパンはドイツ・ナチズムから排除されたが、それはシュパン自身のこの誤解によるところも大きかったかもしれない。

(142) それは、ウィーン市長ルエーガーの「誰がユダヤ人かはわたしが決める」という言葉に体現されるような恣意性である。

(143) Polanyi 1933, p. 237.

(144) Polanyi 1935, pp. 379-80.

(145) ただし、他方でアメリカの大学への移籍をこの時期から考え始めていたことも、書簡などから明らかである。これについては Nakayama forthcoming 参照。

(146) Nakayama 2003a. p. 67 ; Morgenstern 1946.

(147) De Marchi & Dohlman 1991 は特に国際連盟の景気研究プロジェクトについて明らかにした。また後者のプロジェクトについては Aumann *et al.* (ed.) 1981, p. viii. も参照。第一の報告書は一九四四年、第二の報告書は一九四五年に刊行されたが、いずれも国際連盟の経済不況に関する代表者会議の報告書として出されたものである。

(148) 典型的には Morgenstern 1934/1937. 一九三四年のドイツ語版と一九三七年の英訳の間には、いくぶん論調の違いがあり、経済活動への国家介入に対して、より寛容な態度となっている。Rellstab 1992 はこれを、モルゲンシュテルンがオーストリア学派の他のメンバーから外れた異端派であったことの論拠としている。また未完のメモなどを含めると、Morgenstern 1932 ; 1933 ; 1937a ; 1937b ; 1937c ; 1937d なども類似したテーマを扱っている。

(149) Morgenstern 1938. またオーストリアの生存可能性については Morgenstern 1932b も参照。

(150) 初期の留学先にはイタリアも含まれており、特にエナウディをはじめとして、イタリアの経済学者との知的交流は密接であった。編集主任となってからは、精力的にイタリアの経済学者の仕事を紹介している。しかしオーストリアがイタリア・ファシズムに接近した時期には、出版からかなり距離をとっていた。

(151) 金本位制への復帰に関して、バウアーら立場の異なる論者も賛同していたことについては Sandgruber 1995, p. 392. 為替レートについては特に Morgenstern

1937c; 1937d. 参照。また Pavanelli & Nakayama 2008 は、この論点に関してモルゲンシュテルンとイタリアのエナウディの間でのやり取りが重要であったことを明らかにした。

(152) Mattl 1988, p. 188.

(153) Morgenstern 1934/37, p. 26. また Rellstab 1992 もこの著作をとらえ、モルゲンシュテルンの自由主義概念を、他のオーストリア学派の第四世代のそれから切り離している。

(154) Morgenstern 1938b.

(155) *Ibid.*, p. 39.

(156) Morgenstern 1939.

(157) 「自由主義は個人主義を意味するものであり、そうでなければ意味がない。しかし政策原理と理論的分析道具を混同しないよう、厳密な区別がなされなければならない。たとえ介入主義が存在して、社会に浸透している場合でも、システム全体が依拠する最後の要素として個人主義は残るものであり、この道具を利用しないような試みが、うまい説明を見出すことはないだろう」。(Morgenstern 1939. 筆者による試訳)

(158) Morgenstern 1934/37, p. 145.

(159) Craver 1986b, pp. 212-213. また de Marchi 1991, p. 147 も参照。

第三部

(1) もちろんランド研究所の創世記、トップの頭脳として協力したのはジョン・フォン・ノイマンであり、核兵器の開発とランド研究所を結びつけたのは、おもにかれの存在である。

(2) しかし今日では、核抑止の理論の位置づけについても見直され始めている。たとえば「Tannenwald 2008 は、核抑止論に対する一つのアンチテーゼを提示する。著者によれば、冷戦期から現代に至るまで、核兵器がそれとして戦争に用いられなかったのは、核抑止論があったからではない。むしろ核兵器＝原爆の初めての使用時から戦後の「大量破壊兵器」としての位置づけ、朝鮮戦争、ベトナム戦争などいくつかの戦争の契機を経て、人々の間に徐々に浸透した核のタブー観によるものである。

(3) Drezner 1989, pp. 28-30.

(4) 「制裁の短期的コストの負荷は、送り手にもターゲット国にも重大だが、それだけではない。経済制裁を前にして示された譲歩によって、ターゲット国と送り手のあいだに政治的財産の再分配が示唆される。諸国家は、この再分配が将来の紛争後の交渉の際、みずからに害を与えないように気を配る。将来の紛争の予想が短期の相対的利潤や評判への関心へと翻訳されるが、それは送り手とターゲット国との相互関係によってさまざまに変化する」(Drezner 1989, p. 4)。

(5) Drezner 1989 の示した理論的帰結としては、むしろ逆説的な意思決定が行われることになるという。すなわち、制裁の送り手は、将来紛争が起きる可能性が高ければ高いほど強く経済制裁の脅しをかけることになるが、そこで制裁によって得られるみずからの相対的利益や評判が高ければ高いほど、結果としては引き分け、つまり経済制裁を緩めた形態をより好み、紛争が起きる可能性を低くしようとする。またターゲットとされた国は、将来紛争が起きる可能性が高ければ高いほど、それを避けるために強い譲歩案を受け入れることになるが、他方でその譲歩が将来の紛争後の交渉において、みずからの立場を悪化させることを考えるため、結果的には強い譲歩案を黙認することに懐疑的にならざるを得ない。

(6) ドレッナーの論考の後半部分にある、第二次世界大戦後のさまざまな経済制裁に関する実証的分析は、国際システムの攪乱、システムの不安定さが経済制裁と正の相関関係を持つこと、冷戦時代にアメリカ以外の国がアメリカのヘゲモニーを乱すような行動をとった場合に、アメリカが経済制裁を用いたこと、また冷戦構造が崩壊して以来、経済制裁措置が増大したことを指摘する。さらにアメリカだけが制裁の送り手であるというバイアスを修正するために、一九九二年から一九九七年にかけて、ロシアが新興独立諸国に対して行った経済措置に関する検証も行われ、さらに第三部では朝鮮半島における核の増大に対して、アメリカの政治的手腕が発揮されたことを強調する。それは実証分析でありながら、アメリカによるスタンダードを「中立」として示すという、明確な価値判断に基づいている。

第六章

(7) Schelling 1960/1997, p. 5.

(8) ゲーム理論、ゲームの理論という二つの呼び方があるが、ここでは書物の邦訳タイトルを除いて、ゲーム理論で統一することにする。

(9) Morgenstern & von Neumann 1944/1947, p.

555.

（10） 最高でもこれ以上は取らせないという（max-min）戦略と、最悪でもこれだけは確保するという（mini-max）戦略が対峙した結果が、ある鞍点（saddle point）に落ち着くという論証である（Neumann 1928/1959, p. 21）。

（11） それはベルヌイとウォルトグレイブの分析した「ル・ハー」というゲームであった（Dimand & Dimand 1992, p. 16）。一方、ノイマンと同時代には、ボレルが一九二一年、一九二四年、一九二七年などの論考で、ジャンケンに類似したゲーム分析を行ったことが知られている。

（12） フォン・ノイマンは次のような脚注を与えている。「絶対的に利己的な『ホモ・エコノミクス』は、所与の外的環境のもとでいかに行動するか？　これは古典派経済学の主要問題である」（von Neumann 1928/1959, p. 13）。

（13） この点については Morgenstern 1928 ; 1935 などに明示的だが、『ゲームの理論と経済行動』の冒頭にも記述がある。Leonard 1995, p. 755 は同書がヒックス＝サミュエルソン型の均衡論と対立すると論じている。

（14） モルゲンシュテルンは、シャーロック・ホームズとかれを追い詰めて殺そうとするモリアティの対立という例を好んで、何度も用いた（Morgenstern 1928, p. 98 ; 1976b, p. 173-174）。『ゲームの理論と経済行動』にもその記述が再現されている（p. 177）。この点については別の場所で比較的詳しく論じた（中山 2003, 二九三-三〇一頁）。

（15） たとえば E. R. Weintraub 1992 ; Mirowski 1991 ; 1992 ; 2002 ; U. Rellstab 1992b ; R. J. Leonard 1991 ; 1994 ; 1995 ; C. Schmidt 1990 ; 1995 ; A. Innocenti 1995 ; Giocoli 2003 など。

（16） 二〇〇五年のノーベル経済学賞はT・シェリングとR・オーマンに与えられた。

（17） Binmore 1992, p. xxxix.

（18） Debreu 1959, p. x.

（19） ここでの道具の概念は、道具的理性という意味合いを含んでいる。

（20） Schmidt 2002 によれば全体のおよそ三分の二の部分がこれにあたる。

（21） Nasar 1998, p. 87.

（22） Morgenstern & Neumann 1944/1957, p. 31. ちなみに、ここでは経済システムにおけるあらゆる構成員の目的は貨幣という商品であると前提され、このことが効用概念の規定の基盤になっている。

（23） Morgenstern & Neumann 1944/1957, p. 34.

（24） *Ibid.*, p. 11.

（25） たとえばドブリューは『ゲームの理論と経済行動』について、それが経済学にとっての転換点であったと位置づける。「一八三八年（クルノーが代表的著作 *Recherches sur les principes mathématiques de la théorie de richesses* を刊行した年）が数理経済学にとって象徴的な誕生年であるとすれば、一九四四年は現代の始まりを象徴するだろう。…『ゲームの理論と経済行動』の刊行は経済理論の大幅な転換を告げたのである」（Debreu 1984, p. 267）。一方方法論的観点からは、たとえば集合論の援用や公理系としての経済体系の成立が評価される（Punzo 1989; 1991; Craver 1986a; 1986b; Weintraub 1983; 1985（Ch. 6）など）。しかし、いずれも「解」すなわち行動基準や結託という、『ゲームの理論と経済行動』自身が主張した部分を注意深く避けているところが興味深い。

（26） プレーヤー概念の展開のひとつはたとえば、ハルサニの示したベイズ的プレーヤーの概念である（Harsanyi 1967/1968; 1982）。またサミュエルソンは、ナッシュ、マルシャックらと共に、『ゲームの理論と経済行動』の効用その他に関する諸前提を批判的に乗り越えようとしていたことを回想している（Samuelson 1966b, p. 129）。

（27） Morgenstern & Neumann 1944/1957, p. 36.

（28） 『ゲームの理論と経済行動』では、ゲームにおける審判員の存在が想定されているが、かれが持っている情報は実際に行われたすべての選択に関する情報であって、全知全能のそれではない（p. 69-73）。

（29） *Ibid.*, pp. 53-4.

（30） たとえば *Ibid.*, p. 564.

（31） メンガーは、企業者のリスクを考察した H. von Mangoldt の理論を検討し、批判した。マンゴルトは「危険を引き受けること」が企業者活動の本質にあるとしたが、メンガーはむしろ危険の偶発性を強調した（Menger 1933a, p. 137）。

（32） 例えば、Dimand & Dimand, 1996.

（33） Bernoulli 1738/1956.

（34） 数学・論理学者メンガー（K. Menger）は、上記のメンガー（C. Menger）の息子である。父の遺稿を整理、編集して『経済学原理』第二版を出版するなど、オーストリア学派の経済学者たちともかかわりを持った。かれが一九二七年に経済学者の会合でベルヌイの賭けのゲームについて報告した際、モルゲンシュテルンはこれを高く評価して、雑誌への投稿を勧めた。これが論文の形となったのが、一九三四年の「経済学における不確実性」であり（K. Menger 1979, p. 137）、モルゲンシュテルンはこれを通じてフォン・ノイマンに効用の重要性を伝えることができたという（H. W. Kuhn & A. W. Tucker 1958, p. 108）。『ゲームの理論と経済行動』でも、この論考への言及がある（p. 83）。ただし、H・クラーメルも同時期に同様の理論的貢献を果たしたことが知られている。またE. von Böhm-Bawerk 1881.

（35）これはベーム・バヴェルクの教授資格申請論文であり、Streissler 1969, p. 251 は、モルゲンシュテルンがこの書に多くを負うとしていたことを指摘している。

（36）Streissler 1969, p. 257.

（37）Morgenstern 1934 ; 1976a, 特に p. 156. ただしこの論考でモルゲンシュテルンが考えた、「適切な時間（期間）分割による確実性等価」は、残念ながら理論的には展開できない。このことはすでに当時、フォン・ノイマンやフランク・ナイトから指摘され、モルゲンシュテルンも意識的であった。しかしそれだけに一層、時間概念に取り組むことになったのである。

（38）この点については Nakayama forthcoming で詳しく検討した。モルゲンシュテルンはむしろ、シュンペーターの企業者利潤のような動態的利潤や、それに関わる不確実性を重視した。

（39）「（生産物が三つの要素から生産される場合に：中山）二つの断片をもっている人物が第三の断片をもつ人物に何を与えるかに関して、ベーム・バヴェルクは双方の人物を考察せず、片方の人物だけに注目している」(Morgenstern 1976a, p. 155)。

（40）ベーム＝バヴェルクが「馬の取引」の例の中で示した限界ペアの概念を参照（尾近・橋本編 2003, 七五-七六頁）。『ゲームの理論と経済行動』はこれに関して、数学的に厳密な定式化によって、ベーム＝バヴェルクの示した幅が修正されると論じた。しかしその考え方は、ヴァーチャリティという発想にきわめて近い。また Shubik 1959, 1982 は、ベーム＝バヴェルクとエッジワースの接点に意識的である。

（41）Morgenstern 1927/1972, p. 478. 一九二五年のこの時期は、モルゲンシュテルンがまだオーストリア学派の経済学を学び始めたばかりの時期である。

（42）Giocoli 2003 は『ゲームの理論と経済行動』がエッジワースに明示的に言及していないのは驚くべきことだとしている（p. 290）。
（43）Mirowski 1994, p. 54.
（44）Edgeworth 1883/1994, pp. 16-19.
（45）Morgenstern 1976c, p. 8.
（46）モルゲンシュテルン自身は limited rationality というタームを用いたが、それは後の限定合理性（bounded rationality）に相通じている。この概念を打ち出した H. A. Simon もまた、初期のゲーム理論を学んだ一人であった。かれは限定合理性の概念がオーストリア学派の知識論、特にハイエクのそれと深く関わることを指摘している。「わたしはオーストリア学派のものの見方、特にハイエクの見方がある種の限定合理性ととらえられることに気づいた。（中略）オーストリア学派の論者たちは暗黙知や個人的知識を強く強調したのである」（H. A. Simon et al. 1992, p. 26）。
（47）筆者はK・メンガーの合理性概念について、概観したことがある（中山 2001）。
（48）Giocoli 2003 は合理性の概念が二〇世紀、特に第二次世界大戦後の数十年に大きく変化したとし、力のシステム（system-of-forces；SOF）と関係のシステム（systems of relations）という分類を提示した。しかしここではむしろ両者の類似性に注目する。
（49）Harsanyi 1956 は交渉の問題を論じた先駆者としてツォイテン、ヒックス、ナッシュを取り上げ、論考の中ではエッジワースと（さらにピグー）のかかわりも論じているが、Schelling 1960 もこの Harsanyi の論考に言及している（Schelling 1960, p. 267）。Ayson 2004, p. 119. は Harsanyi がエッジワースの契約曲線とピグーの「実践的交渉の範囲」が対応していると述べたことに言及する。またかれはこの点を、ノイマンとモルゲンシュテルンによるゲーム理論や初期（Luce & Raiffa, Harsanyi ら）のそれとの深い共通基盤であるとみる（Ayson 2004, pp. 120-126）。
（50）シェリングがヴァーチャリティの概念を『ゲームの理論と経済行動』から受容していることは、以下の部分に明らかである。すなわち彼は、10以上の価格で商品（ここではかれの持ち家とされている）を売ろうとしている一人の売り手Aと、これを買うためにそれぞれ15、25まで出す用意のある買い手BとCを例としてあげ、「(『ゲームの理論と経済行動』の示した）解の概念の新しさは、Bが市場から立ち退くことによってCが15以下で商品を購入できる場合に、CからBに、安く購入できた節約分の一部を支払うかもしれないという点である。（中略）Bが受け取る最大限の額は15－10＝5であった」（Schelling 1960/1997, p. 116）と述べている。ここにはMorgenstern & von Neumann1944/1957, p. 564という脚注が付されている。

第七章

（51） Arrow 1994.

（52） Levi-Strauss 1955/2008. 二〇〇八年はレヴィ＝ストロースの生誕百周年であり、日本でもさまざまな特集やシンポジウムが組まれたが、「人間の数学」が邦訳されたことも、この一環であった。これに関連する記述は、すでに一九五二年の論考「民俗学における構造の概念」にも見出されるが、そこでおもに論じられているのはゲーム理論の構造的分析手法である（Levi-Strauss 1952/1958. たとえば邦訳三〇八－九頁）。

（53） Levi-Strauss 1955/2008, p. 120.

（54） たとえばLyotard 1979/1986, p. 85（邦訳一六六頁）には、情報科学への注記として、フォン・ノイマンの諸著作を参照するよう求めている。またその第三章では、ゲーム理論とヴィトゲンシュタインの言語ゲームとが並行的に説明されている（たとえばpp. 9-10, 邦訳二七-三一頁）。

（55） Bourbaki 1950, p. 227.

（56） Tribe 2009 はフーコーによるオーストリア学派関連のドイツ語文献の参照が、もっぱらフランス語で読める文献に依拠したものであることを指摘している。

（57） ちなみにフーコーはドイツのオルド自由主義、オーストリア学派とならべ、イタリアにおいてはエナウディの自由主義が同時代であり、かつ同質であったと述べている。モルゲンシュテルンはウィーン時代の若い頃から生涯にわたって、エナウディと深い親交があり、一九二〇年代後半から三〇年代にかけて、当時のイタリアにおいて盛んに議論されていた財政学の諸著作を、みずからが編集責任をつとめるオーストリアの雑誌で精力的に紹介させていた。Pavanelli & Nakayama 2003 は、エナウディとモルゲンシュテルンの書簡を復刻し、かれらの理論的相互関係について考察を行った。

（58） Foucault 2004, 邦訳九一頁。

（59）第一部でみたとおり、戦争をパラメーターとして世界システム分析を行ったゴルトシュタインは、アメリカの外交政策に関する世論を調査した論考を引用し、統計的データの論拠としているが、一九三六年から一九三七年にかけてのデータと一九六四年のデータしかなく、一九四〇年前後のデータが存在しない（Goldstein 1988, p. 109）。この数年間にアメリカの世論は大幅に変化した。データが示すとおり、一九三六年から一九三七年にかけては、まだ「国際主義」よりもずっと「孤立主義」の方が優勢であった。「ヨーロッパにおいて第一次世界大戦のような戦争が起こったら、アメリカは参戦すべきでしょうか？」という問いに対して、九五パーセントの回答者が否定的な回答を示したという。

（60）Goldstein 1988, p. 168. また Boswell, Sweat & Brueggmann, p. 13 もこれを取り上げている。ゴルトシュタインにとってそれは、「戦争の資源理論」の歴史的実証のための論拠であった。

（61）とはいえ、世論はドイツとの闘いに必ずしも乗り気でなく、日本との闘いをより強く求めていたため、慎重な政策が必要だったと言う指摘もある（MacLauchlan 1997, p. 13）。

（62）たとえば Smith 2003 も言及している写真誌『ライフ』の一九四一年二月一七日号において、編集長ヘンリー・ルースが執筆した冒頭記事「アメリカの世紀」は、アメリカがみずからの領土のためではなく、民主主義を守るために戦うと何度も強調している。「アメリカの領土を守るための戦争ではない。いわゆる民主主義の原則を遵守し、さらにその世界的な普及に向けてひとびとを促し、勇気付けてそこへと駆り立てるために、われわれは戦争の中にいるのである」（Luce 1941, p. 62）。

（63）Luce 1942, p. 90.

（64）たとえば第二次世界大戦期につくられた、キャプラの宣伝映画『Why we fight ?』が明示するとおり、アメリカが主たる敵としたのはドイツ・ナチズムだが、そこにイタリア・ファシズムや日本の軍国主義が束ねられ、同じようなものとして敵視された。

（65）*Ibid.*, p. 64.

（66）Mclauchlan 1989. 同研究はゴルトシュタインらの世界システム分析に対して批判的立場を表明しており、この著者はその後、アメリカ歴史研究へと向かった。

（67）McLauchlan 1989, p. 84. ちなみにマクロフリン

は、第二次世界大戦後のヤルタ協定を移行点として、戦時にのみ軍事戦略を必要とした総動員、ジオポリティクスの時代が終結し、平時でも膨大な軍事戦略を必要とするテクノポリティクスの時代に突入したと位置づけている。しかし本書の見方によれば、ジオポリティクスはテクノポリティクスの時代にも生き残り、共存している。

(68) Derian 2001 は現代に通じる軍産複合体の概念をこのように規定している。

(69) MacLauchlan 1997, p. 14-16.

(70) Hooks 1992, p. 139. フクスは、第二次世界大戦期の経済的動員が生産的であったと同時に破壊的だったということを、シュンペーターの創造的破壊の概念を用いて説明している。

(71) Hooks 1992, p. 144-145. また Maclauchlan 1992 もこの点を指摘している。

(72) アイゼンハウワーによれば、「国防のための巨大な軍事要員と大規模な武器産業の連合体は、アメリカにとって新しい体験である。あらゆる都市、あらゆる州の機関、あらゆる連邦政府の部局にその経済的・政治的影響、さらには精神的影響までもが見られる。(中略)その深刻な意味をも理解しなければならない。(中略)政府の評議会でわたしたちは、軍産複合体がみずから求めるにせよ、そうでないにせよ、与えられた以上の影響力を獲得しないよう、ガードしなければならない。いまや誤った権力委譲が幅を利かせる恐れがあり、この傾向はおそらく今後も続くからである」(Walker, Bella, & Sprecher (ed.) 1992 に付録として収録されたものから筆者の試訳)。

(73) 「問題は陰謀や癒着ではなく、チェックされないルールである。チェックされないゆえに、そのルールは国民のニーズではなく官僚のニーズを反映すること、つまり陸海空軍、将校のダイナミズム、アメリカロックウェル、グルマン航空機、国防総省の代表者たち、情報局の役人、メンデル・リバーズやリチャード・ラッセルらが最善と考えるニーズを反映することである」(Galbraith 1969, p. 35)。

(74) 一九四九年の National Security Council Report 68 において、ソ連の脅威という大義のもと、ほとんど異議もなく軍事費の縮減期から増大期への転換が行われたことは、しばしば指摘される。

(75) ヴァーチャル植民地の概念は、西谷 2002/2006 が考案した概念である。

「この『植民地』には『本国』との間に空間的なズ

レがない。つまり支配する国家と支配される地域とが空間的に重なっている。いわば国家そのものが『植民地』として存立しているのだ。『植民地』でありながらそのことを否認する国家、それを『潜在化した植民地』すなわちヴァーチャル植民地と呼ぶとするなら、それがアメリカ国家の歴史的構造なのである。（中略）他でもないこの構造が、今ひとつになった世界に拡大されようとしている」（西谷 2002/2006, 八六-八七頁）。ただしそれは、直接に第二次世界大戦後ではなく、むしろ二一世紀の九・一一以降の世界におけるアメリカを考察するための概念として提示された。

(76) 「植民地は『外部』にあるのではないし、権力をもつ宗主国もこの『秩序』の外にあるのではない。いわば植民地がこの『秩序』そのものと一体化しているのだ。（中略）植民地と本国に空間的な区別のない『内国植民地』のようなものだ」（前掲書、七三-七四頁）。

(77) 軍産複合体における独自の社会階層を分析したフクス（Hooks 1992）は、ヤノヴィッツ（Janowitz 1957）やミルズ（Mills 1956）など軍事エリートの台頭に重きを置くエリート理論、軍事的ケインズ主義と呼ばれる一派、またガルブレイスら政府主導力の増大が官僚制の増大に派生し、結果的に社会経済構造から切り離されることを強調した官僚制理論、などを取り上げて簡潔に概観している。

(78) フクスは民間向け耐久財産業と国防向け耐久財産業における雇用の比率のデータを示しているが、一九五八年以降は一九六九年まで持続的に、一九四五年と同じレベルである一五-一七%が維持されていたとのことである（Hooks 1992, p. 165）。

(79) Hooks 1992, p. 151.

(80) Janowitz 1957, p. 13-18.

(81) フクスは「『架空法人 hollow corporation』は長期的な生産へのコミットメントに意志を持たず、したがってそれへの能力もない。（中略）民間プランニングのキャパシティを作り上げようとする戦後の努力は、死産となるか、もしくはペンタゴンによってとらわれているかのいずれかであった」（Hooks 1992, p. 169）と分析している。

(82) Abella 2008, pp. 14-5. 邦訳二五頁。同書は研究の専門書というよりはむしろ、読み物として平明に興味深く書かれたものであり、必ずしもすべての情報をそのまま受け取ることはできないかもしれない。しかしランド研究所設立から現代までを、荒削りながら概観している重要な文献である。
（83） Abella 2008, p. 3. 邦訳四〇五頁。
（84） Abella 2008, p. 21. 邦訳三三頁。
（85） 特に本書に関わる経済学者たちへの財政支援については、Craver 1986 が重要な先行研究である。
（86） 本書の直接の主題ではないが、第二次世界大戦後のアメリカで、フリードマンらのシカゴ学派が大いに勢力を拡大したのは、シカゴ大学がこのようなプロセスを意識的に推進した結果であったといわれている（Klein 2007）。
（87） Aumann *et al.*（ed.）1981, p. viii. ; Morgenstern 1956.
（88） Morgenstern 1959. 邦訳者序文（v頁）より。
（89） Morgenstern 1959.
（90） Morgenstern 1947b. また同じ日付を付したメモがMorgenstern 1947a であり、モルゲンシュテルン・ペーパーに所蔵されている。
（91） Morgenstern 1937c ; 1937d.
（92） Merritt 1995, p. 294.
（93） *Ibid.*, p. 16.
（94） 「ドイツの社会変革のケースは、国家形成というよりは植民地化に近いものであった。占領されたものたちによる呼び名はさまざまであったが、意味は同一であった。つまりそれは、占領者のポリティクス、価値観、文化を、その土地の人々に対して課すものであった。アメリカ人は自分たちが反植民地主義国家であるという集合的自己イメージをもっていたので、自分たちの占領政策をそのような名で考えることは難しかった」（Merritt 1995, p. 14-16）。
（95） Taquey 1947. ＯＳＳやＯＷＩは戦時中にアメリカで情報に関する政策や戦略のために設立された重要な組織であった（谷川 2002, 第二章）。
（96） Morgenstern 1947b, p. 1.
（97） *Ibid.*, p. 2.
（98） *Ibid.*, p. 2.
（99） モルゲンシュテルンは草稿では、「計画」、「管理」、「割当」などの無駄を指摘し、ドイツに向けたイギリスの社会主義的プログラムを強く批判していたが（Morgenstern 1947a, p. 3）、完成稿ではニュアンスが弱めてある。またＩＭＦへの批判（*Ibid.*, p. 7）は削除した。おそらくかれは、みずからリベラル・インターナショナリズムへの依拠に関して、意識的であり、立場を一貫させたのではないかと思われる。
（100） Taquey 1947.

(101) 同時期、核の問題にも関わったアメリカのJ・バーンズは「経済援助を拡大するためには、その国の人々を自由にさせるよう、つとめなければならない」と述べたという(Scott-Smith 2002, p. 66)。

(102) たとえばハイエクもこの点について後年、振り返っている(Hayek 1963/1992, pp. 36-38)。特にL・フォン・ミーゼスがこの点を強調し、弟子たちを思いとどまらせていたという。

(103) たとえば Morgenstern 1959b. 上川 2006 は国際金本位制に関する諸研究という文脈において、この文献に言及している。しかし同書の英独仏米四カ国における一八七六年から一九一四年、一九二五年から一九三八年に関するデータ分析の部分は、Morgenstern 1943 の再掲である。さらに遡ると、ウィーンの景気研究所ではたらいていた頃の論考にも似通った分析がある(Morgenstern 1927)。

(104) Morgenstern 1959b. 特に第五章。

(105) C. Granger (1935-2009)。時系列分析の発展への貢献で、二〇〇三年にノーベル経済学賞を受賞した。

(106) Malkiel 1973/2003, 邦訳三一-三頁。ちなみにこのラテン語の格言は、グランジャーとの共著の冒頭にも掲げられている(Granger & Morgenstern 1970. 奥付の次頁(頁番号なし))。

(107) モルゲンシュテルンは、先のラテン語の格言で述べられている価値が「交換価値」であると述べ、それが「価値論のイロハ」であるとしている(Granger & Morgenstern 1970, p. 9)。

(108) Granger & Morgenstern 1970, p. 6.

(109) Granger & Morgenstern 1970, p. 31. ただし、ランダムウォーク仮説自体においては、ケインズの美人投票の例が「交換価値」の決定のされ方として挙げられており、モルゲンシュテルンとケインズは同じ陣営に整理されている。モルゲンシュテルンにとっては遺憾な整理の仕方だろう。

第八章

(110) P・クルーグマンは「地理学」にひきつけて類似した主張を述べたが、その後のかれの論調はむしろ、アメリカのジオポリティクスに批判的である(Krugman 1991)。

(111) Nash, 1995/2002, p. 7-8 ; Nasar, pp. 90-91, 401. B・F・ホゼリッツ(一九一四-一九九五)はシカゴ大学で一九四五年以来教鞭をとったが、オーストリアからの移民であり、モルゲンシュテルンとも関わりがあったようである。千葉商科大学には「モルゲンシュテルン・ホゼリッツ文庫」として両者の蔵書が一つの文庫として所蔵されている。

(112) 「ある*N*個の連なりについて、これに対応する各プレーヤーの戦略が一定の所与のもとで最も高い利益を与えると期待される場合、その所与とはそのプレーヤー以外のプレーヤー戦略がそれ以外の連なりに比べて高い利益を生み出すことだが、この場合この*N*個の連なりは他よりも優れているといえる」(Nash 1950a, p. 49)。これがナッシュの定義する均衡点であり、これが角谷、ブラウワーの不動点定理を用いて証明された。

(113) Arrow & Debreu 1954, 特にかれらの「抽象経済」についてはp. 277. 同じ一九五四年にMcKenzieがグラハムの世界貿易モデルとその他の競争モデルに関する論考で類似の論証をしたことから(*Econometrica* 22, pp. 147-161)、これをArrow-Debreu-McKenzie Modelとも呼ぶ。Weintraub 1985, Ch. 6; Duffie & Sonnenschein 1989; Ingrao & Israel 1990, Ch. 9. などがこれを論じている。『ゲームの理論と経済行動』の解を不毛とする立場としては、たとえばFeiwel 1987, p. 251. また一般均衡論とゲーム理論の位置関係について、これらをまったく同一視してしまうことへの異論もある。たとえばSchmidt 1995/2002a. pp. 34-35. など。

(114) 「かれ(ナッシュ)は、フォン・ノイマン教授が興味深いと思うかもしれない考えを議論しようとして、二人以上のゲームにおける均衡の証明と考えたものを描写し始めた。(中略)しかし、ひとことふたこと話し始めるとすぐに、フォン・ノイマンがさえぎった。『君、それは取るに足らないことだよ。単なる不動点定理に過ぎない』」(Nasar, pp. 93-94)。『ゲームの理論と経済行動』とナッシュの貢献の違いについては、Leonard, 1994; Schmidt 1995/2002a. らも言及しており、Leonardはフォン・ノイマンがナッシュの貢献を「嫌っていた」と表現している(Leonard 1994, p. 503)。

(115) 経済理論としてはAumann 1976の貢献だが、制度の規定としてはLewis 1969, p. 81; Schotter 1981; 1983, p. 691. など。

(116) 結託の役割と大きさの重要性についてはMorgenstern & Neumann 1944/1957, p. 15.「フォン・ノイマンはナッシュの解を特に好まず、協力の理論の方が社会的に意味深いとした」（Shubik 1992, p. 155）。モルゲンシュテルンも同様の見方だったが、ナッシュに協力した（Shubik 1978, p. 542；Rellstab 1992, p. 191）。

（117） Nash 1951, p. 295.

（118） Nasar p. 91；Kuhn & Nasar, p. 15.

（119） Nasar, pp. 284-286.

（120） Nash, 1953, p. 131, 135. それはナッシュ均衡とともに、ナッシュの業績として、ノーベル経済学賞で認められることになった（'Press Release —— The Royal Swedish Academy of Sciences', Kuhn & Nasar 2002, p. 2）。クーンはこれをアローの不可能性定理（Arrow 1951/1963）、ミルナーの「自然に対するゲーム」（Milnor 1951）、シャープレイ値（Shapley 1953）などとともに五〇年代前半の代表的な理論業績であるとしている。

（121） 両者は同質のプレーヤーであるが（公理４）、その効用は比較不可能であり（公理３）、唯一の（公理１）効率的に望ましい解（公理２）を求めて交渉する。その場合に無駄な選択肢はあらかじめ省いてよい（公理５）、という前提である（Nash, 1953, p. 137）。

（122） すなわちペイオフ関数 $h(d_1g+(1-g)p_1(t_1, t_2), d_2g+(1-g)p_2(t_1, t_2))$ の極大化である。ただし d は要求関数、(t_1, t_2) は脅威戦略の均衡セット、p はその場合の双方の取り分、g は交渉が成立した場合は $g=1$、決裂の場合は $g=0$ である（*Ibid.*, pp. 131-134）。

（123） Ayson 2004 はシェリングが数学的定式化を好まなかったという点に関して、ナッシュと対照的に論じ、また交渉問題をめぐるこの時期の諸論者について整理している（Ayson 2004, pp. 126-134）。

（124） Luce & Raiffa 1957, p. 166.

（125） *Ibid.*

（126） Coase 1988a, p. 13.

（127） Ichiishi 1993.

（128） Schelling 1958, pp. xiv-xv.

（129） *Ibid.*

（130） 以下の経歴はおもに二〇〇五年のノーベル賞記念講演における自伝的紹介による（Schelling 2006）。また Ayson 2004 の第一章は「経済学者から戦略学者へ」と題し、シェリングの経歴を紹介している。

（131） conflict には、対立、衝突、紛争などの訳語があてられるが、ひとつに定めることで過度に限定的になるのを避けるため、ここではそのまま紛争とする。

（132） Schelling 1958, p. 447.

(133) Schelling 1958, p. 448.
(134) Schelling 1958, p. 487.
(135) Schelling 1958, p. 490.
(136) Schelling 1960/1997, p. 3.
(137) Zeckhauser 1989, p. 159.
(138) Schelling 1960/1997, p. 5.
(139) Schelling 1960/1997, p. 6. なお、限定戦の原語は limited war である。
(140) Zeckhauser 1989, p. 157. ただし第二章に収録された交渉(バーゲニング)に関する論考は、一九五六年に刊行されたものである(The Royal Swedish Academy of Science 2005, p. 3)。
(141) ランド研究所が設立された時期の数学部門の責任者ジョン・ウィリアムズは、戦争の一般理論の開発のためにフォン・ノイマンに協力を求めたが(Abella 2008, p. 21. 邦訳三三-四頁)、一九五〇年代の終わりごろには、ナッシュ、アロー、H・サイモンら「第一級の頭脳が多数結集」し、シェリングはその頂点に立っていたA・ウォルステッターの弟子であった(Ibid., p. 94, 邦訳一二八-九頁)という。ただしこの先行研究のシェリングに関する記述の中の「五〇年近くランドと関わり」の部分は、「五〇年代に」の誤りだろう(p. 258-9. 邦訳三三三-四頁)。
(142) Schelling 1960/2008. 邦訳ⅳ頁「日本語版への序文」より。
(143) たとえば第二章「交渉に関する論考」は以下のように始まる。
「この主題(交渉の分析)は明示的交渉と(中略)非明示的交渉の双方を含んでいる。経済学においてこの主題は、賃金交渉、関税率交渉、少数者の競争、法廷外での和解交渉、不動産仲介人と顧客などの領域を扱うが、経済学以外では、大規模な復讐からタクシーの右側通行まで広範にわたる」(Schelling 1960/1997, p. 21)。
(144) Schelling 1960/1997, p. 5.
(145) モルゲンシュテルンのシェリングに対する評価、また『紛争の戦略』に対する評価はあまり高くなく、この部分をほのめかしながら、戦争においても双方にとって利になる場合があることは、とりたえて強調するほどのことはないと述べている(Morgtenstern 1966, p. 453)。また Ayson 2004 は、この部分が経済学における寡占の問題ときわめて似通っていると指摘している(Ayson 2004, p. 14-115)。
(146)「軍事的事象をとりまく機密性のため、シェリングの仕事が超大国の行動に与えた厳密なインパクトを評価するのは難しい。しかし手がかりの一つは、シェリングが一九九三年に、アメリカの国立科学アカデミーによる核戦争防止のための重要な行動研究賞を受賞したことである」(The Royal Swedish Academy of Science 2005, p. 11)。

(147) Schelling 2006.

(148) Schelling 1960/1997, pp. 190-191.

(149) Tannenwald 2007. タブーの定義については pp. 8-17.

(150) *Ibid.*, p. 46.

(151) 先行研究で Watkins は、チョムスキーなど一九六〇年代からのいくつかの先行研究に言及している。また本書とのかかわりでは、オーストリアのジャーナリストのR・ユンクは持続的に反原子力の立場からいくつかの著作を著し、オールタナティヴ・ノーベル賞を得た。

(152) 二〇〇八年夏号の『ニューレフト・レヴュー』誌は、核不拡散条約をめぐる小特集を組み、その歴史を概観して、核問題に関する議論の現代的重要性を強調した(Watkins 2008, Dombey 2008)。また日本では二〇〇八年秋のNHK海外ドキュメンタリー枠では、およそ二週間にわたって、「核」をめぐるさまざまな番組を連続的に放映した。

(153) もっとも象徴的には劣化ウラン弾がその一例である。冷戦期のアメリカで劣化ウラン弾が開発されたとき、大量の核廃棄物をグッズに転化することができ、しかも安価で高性能の武器が製造できるとあって、とりわけ歓迎されたという。しかしその後、人体に及ぼす害が次第に明らかにされるにつれ、このような経済的判断がいかに有害であるかがわかってきている。

(154) もっとも典型的にはM・カルドーの『新戦争論』に展開されている(Kaldor 1999/2001, 邦訳二二頁)。カルドーは二〇世紀の核の時代の後に、「新しい戦争」の概念をおき、これを「古い戦争」との対比で論じている。この「新しい戦争」の概念は、国際政治学や紛争研究、国際関係論などの分野で、盛んに論じられている。しかし本書の見方からすれば、そこで「新しい」とされる要素はすでに二〇世紀なかばから顕在化していたといえる。

(155) ユンクは、原子力発電所の労働が、人間の労働現場としては根本的に不可能であることを指摘している。「…長期間働くにつれ、『臨時雇い』ばかりでなく、正規職員たちもまた、しだいに無関心でなげやりになっていく。実際そうでなければ、放射線の危険にたえず脅かされる生活に耐えられないのであろう。汚染された「独房」の「ほんの小さな取っ手」をかたづけるというようなときには、防護服を着ようとしなくなる。…こうした、あるいは他のささいな、しかし重大な結果をもたらす規則違反を、かれらの無関心さだけから説明してはならない。これらの違反は、四六時中の監視、絶えざる警戒、まったく耐えがたくなっている抑圧的隷属に対する、文字通り生命をかけた反抗なのである」(邦訳三七-三八頁)。しかもこれらの労働者は、技術的な安全性の確保のため、ストライキもできないという状況に置かれている。

(156) ポラニーから着想をえたというI・イリイチが、開発主義をひた走る世界の状態をさして述べた言葉。

結語

(1) Cooling (ed.) 1977 は、各国の軍産複合体的状況を分析することの必要性を述べたが、それは広大な研究領域を示唆するものである。また Hardt & Negri 2004 は、軍産複合体の概念が「資本主義の発展の帝国主義的段階において大企業と国家の軍事および政策機関との間で生じる利害の合致をさすために」作られたものであるとし、ボーイング社と米国防総省の例に加えて、武器メーカーのクルップ製鋼所とドイツ軍、ロイド保険と英国の帝国主義的事業、航空機メーカーのダッソーとドゴール政権の軍事政策の関係に言及する (Hardt & Negri 邦訳八七-八八頁)。

(2) たとえば時代を経て、一九八〇年代に「小さな政府」を志向したとされているレーガノミクスの時代でも、国防費の絶対水準は下がるどころかむしろ上がっており、「小さな政府」と「大きな国防費」をセットにして進める方針であったことが、今では明らかにされている。それは何ら秘密裏に進められた計画ではなく、ウォール・ストリート・ジャーナルの紙面を用い、むしろ公然と広められた見解であった。国防予算はカーター時代よりも一三%、金額にして四四〇億ドル近く増大し、その後も増大し続けたという (Abella 2008, p. 253)。

(3) 'What you see here, what you say here, let it be here, let it stay here.' (Abella 2008, p. 215. 邦訳二八〇頁)。

(4) Abella 2008, p. 18. 邦訳三〇頁。

(5) Abella 2008, p. 1. 邦訳四〇二頁。

（6）ジェノサイド条約（一九四八年）におけるジェノサイド（大量虐殺）とは、「国民的、人種的、民族的又は宗教的集団を全部又は一部破壊する意図をもって行われた」集団構成員の殺害、重大な肉体的または精神的危害を加えること、それを意図した生活条件を課すこと、さらにはその共同謀議、未遂、共犯、公然の教唆などの行為のいずれをも意味する（the United Nations 1995. The United Nations & Human Rigths 1945-1995), Department of Public Information, New York より。

（7）高木 2002/2005.

（8）旧ユーゴスラビアの紛争において、ファシストと名指されたミロシェヴィッチの率いるセルビアは経済制裁を受け、国際連合から締め出され、さらに数年後にはコソボにおける大量虐殺を理由に、ＮＡＴＯ軍の空爆を受けた。このような事態は、人間から転落した非人間的存在に対して、人間たちがとりうる「あらゆる手段」に、爆撃すなわち戦争そのものも含まれていることを明らかにする。中山 2001 は、反ファシズムの論客の一人であったスーザン・ソンタグを通じて、この事態を検討した。「アンチ・ファシズム・ヒステリア」はその際に筆者が考案した用語である。

人名索引

あ行

か行

さ行

た行

ドラッカー(Drucker), P.　208, 219
ドルフェス(Dollffus), E.　100
ドレッナー(Drezner), D. W.　124, 125, 219, 226, 227

な行

ナイト(Knight), F. H.　230
中山智香子(Nakayama), C.　208, 210, 217, 220, 221, 225, 226, 230–232, 243
ナッシュ(Nash), J. F.　131, 132, 137, 148, 178–181, 187–189, 229, 231, 237–239
ナポレオン(Napoleon), B.　43
西谷修　vi, 211, 234, 235
ノイマン(Neumann), F.　224
ノイマン(Neumann), J. von　8, 11, 123, 128–131, 134, 140, 141, 163, 164, 166, 173, 189, 206, 226, 228–230, 232, 238, 240

は行

ハイエク(Hayek), F. A.　68, 109, 115, 153, 154, 172, 231, 237
バウアー(Bauer), O.　69, 83, 225
パスカル(Pascal), B.　141
バスチア(Bastiat),F.　118
ハーバラー(Haberler), G.　172
ハルサニ(Harsanyi), J.　131, 229, 231
バーンズ(Burns), J.　237
ピグー(Pigou), A. C.　231
ヒックス(Hicks), J. R.　231
ヒトラー(Hitler),A.　99, 221
平井俊顕　213
ヒルファディング(Hilferding), L.　38, 83, 221
フィッシャー(Fisher), I.　38, 39
フェルマー(Felmer), P. L.　141
フーコー(Foucault), M.　48, 153, 212, 232
ブラウワー(Brower), L. E. J.　238
フランク(Frank), A. G.　12
フランクリン(Franklin), B.　118
フリッシュ(Frisch), R. A. K.　39
フリードマン(Friedmann), M.　236
ヘクシャー(Heckscher), E.　49, 213
ベームーバヴェルク (Boehm-Bawerk), E.　140–144, 230
ベルヌイ(Bernoulli), D.　142, 228–230
ベレンソン(Berenson), B.　153
ベンサム(Bentham), J.　5, 118, 205, 206
ホイヘンス(Huygens), C.　141
ホゼリッツ(Hoselitz), B.　178,

ま行

や行

ら行

事項索引

あ行

か行

さ行

た行

な行

は行

ま行

や行

ら行

参考文献

Abella, A. 2008. *Soldiers of Reason : The RAND Corporation and the Rise of the American Empire*, Orlando : Harcourt.（牧野洋訳『ランド　世界を支配した研究所』，文藝春秋，2008 年）

Alvarez, J. E. 2005. *International Organizations as Law-Makers*, Oxford/New York : Oxford University Press.

Arendt, H. 1951/1985. *The Origins of Totalitarianism*, New York/London : Harcourt.（大島通義・大島かおり訳，『全体主義の起原』，みすず書房，1972 年）

Arrighi, G.

——1994. *The Long Twentieth Century*, London/New York : Verso.（土佐弘之監訳『長い二十世紀』作品社，2009 年）

——2003. "Lineages of Empire," in Balakrishnan. G. (ed.), *Debating Empire*, London/New York : Verso, pp. 29-42.

——2007. *Adam Smith in Beijing : Lineages of the Twenty-First Century*, London/New York : Verson.

Arrighi, G.(ed.) 1985. *Semiperipheral Development : the Politics of Southern Europe in the Twentieth Century*, Beverly Hills/London/New Delhi, Sage Publications.

Arrow, K. J.

——1951/1963. *Social Choice and Individual Values*, second edition, Westford.

——1971. *Essays in the Theory of Risk-Bearing*, Chicago : North-Holland.

——1989. *Von Neumann and the Existence Theorem for General Equilibrium*.

——1994. "Methodological Individualism and Social Knowledge," *The American Economic Review, Papers and Proceedings*, pp. 1-9.

——& Debreu. 1954. "Existence of an Equilibrium for a Competitive Economy," *Econometrica*, 22(3).

Aumann, R. J. 1976. "Agreeing to disagree," *Annals of Statistics*, 4, pp. 1236-1239.

——1985. "What Is Game Theory Trying to Accomplish?," in Arrow, K. L. & Honkapohja, S. (eds.), *Frontiers of Economics*, New York.

——1987. "Game Theory : Introduction," in Eatwell, J. (ed.), *The New Palgrave : A Dictionary*, London.

Aumann, R. J. et al. 1981. *Essays in Game Theory and Mathematical Economics in Honor of Oskar Morgenstern*, Manheim : Bibliographisches Institut.

Ayson, R. 2004. *Thomas Schelling and the Nuclear Age : Strategy as Social Science*, London/New York : Frank Cass.

Backhaus, J.

——1985. "Keynesianism in Germany," in Lawson, T. & Pesaran, H.. (ed.), *Keynes' Economics : Methodological Issues*, London/Sydney : Croom Helm.

——2002. "Fiscal Sociology : What For?," in Moss, L. S. (ed.), *The New Political Economies*, Malden : Blackwell Publishers Inc., pp. 55-77.

——(ed.) 2003. *Joseph Alois Schumpeter : Entrepreneurship, Style and Vision*, Boston/Dordrecht/London : Kluwer Academic Publishers.

Barber, W. J. 1991. "British and American Economists and Attempts to Comprehend the Nature of War, 1910-1920," in Goodwin, C. D. (ed.), *Economics and National Security*, Durham : Duke University Press, pp. 61-86.

Bentham, J.

——1789/1996. *An Introduction to the Principles of Morals and Legislation*, Burns, J. H. and Hart, H. L. A. (ed.), Oxford : Clarendon Press.

——1834/1983. *Deontology*, Goldworth, A. (ed.), Oxford : Clarendon Press.

Bernoulli, D. 1738/1956. "Exposition of a New Theory of the Measurement of Risk," *Econometrica*, 22, pp.23-36. (originally. "Specimen theoriae novae de mensura sortis")

Biancardi, F. 2003. *Democracy and the Global System : A Contribution to the Critique of Liberal Internationalism*, Houndmills/New York : Palgrave McMillan.

Binmore, K.

——1994. *Game Theory and the Social Contract I : Playing Fair*, Cambridge/Massachusetts/London : The MIT Press.

——1998. *Game Theory and the Social Contract II : Just Playing*, Cambridge/Massachusetts/London : The MIT Press.

Böhm-Bawerk, E. Von

——1881. *Rechte und Verhältnisse vom Standpunkt der volkswirtschaftlichen Güterlehre*, Innsbruck.

——1888/1959. *Positive Theory of Capital*, Huncke, G. D. (trsl.), South Holland. (originally. *Positive Theorie des Kapitals*,)

——1914. "Macht oder ökonomisches Gesetz?," *Sonderausdruck aus der Zeitschrift für Volkswirtschaft, Sozialpolitik und Verwaltung*, Wien.

Blacksell, M. 2006. *Political Geography*, London/New York : Routledge.

Boswell, T., Sweat, M. & Brueggemann, J. 1989. "War in the Core of the World-system : Testing the Goldstein Thesis," in Schaeffer (ed.), 1989, pp. 9-26.

Bourbaki, N. 1950. "The Architecture of Mathematics," *The American Mathematical Monthly*, 57, pp. 221-232.

Brewer J. 1989. *The Sinews of Power : War, Money, and the English State, 1688-1783*, Unwin Hyman.（大久保桂子訳『財政＝軍事国家の衝撃：戦争・カネ・イギリス国家　1688-1783』，名古屋大学出版会，2003 年）

Browne, M. S. 1981. "Erinnerungen an das Mises-Privatseminar," *Wirtschaftspolitische Blätter*, 28 (4), pp. 110-120.

Cangiani, M.

——1998/nn. "Economic Science and the Great War : a Turning Point." (originally. "La scienza economica alla prova della Grande guerra." in Cali, G., Corni, G. & Ferrandi, G. (ed.), *Gli intellettuali ela Grande guerra*, Bologna : Spcietà editrice il Mulino.)

——2006. "From Menger to Polanyi : Towards a Substantive Economic Theory," *History of Economic Thought*, 48 (1)., pp. 1-15.

——2008. *Karl Polanyi : A Short Intellectual Biography*, unpublished document for the conference for the Japanese Society for the History of Social Thoughts in October, 2008.

Cangiani, M. & Thomasberger, C.

——2002. "Marktgesellschaft und Demokratie : die Perspektive der menschlichen Freiheit : Karl Polanyis Arbeiten von 1920 bis 1945," in Polanyi, K. 2002, pp. 11-44.

——2003. "Machtpolitik, Systemkonfrontation und friedliche Koexistenz : die Bedeutung der Demokratie," in Polanyi, K. 2003, pp. 11-43.

——2008. *Karl Polanyi 1920-1947*, unpublished draft for the conference for the

Japanese Society for the History of Social Thoughts.（第五章部分は中山智香子訳「カール・ポラニー 1920-1947：社会哲学的考察」『現代思想』37(10), 116-132 頁）

Cangiani, M. Polanyi-Levitt & K. Thomasberger, C. 2005. "Die Polarität : Mneschliche Freiheit-marktwirtschaftliche Institutionen : Zu den Grundlagen von Karl Polanyis Denken," in Polanyi 2005, pp. 15-64.

Carayannis, E. G. & Ziemnowicz, C. (ed.) 2007. *Rediscovering Schumpeter : Creative Destruction Evolving into "Mode 3"*, Houndmills/New York : Palgrave Macmillan.

Coase, R. H.

——1988a. "The Firm, the Market, and the Law," *The Firm, the Market, and the Law*, Chicago/London : Chicago University Press.（「企業、市場、そして法」宮沢健一・後藤晃・藤垣芳文訳『企業・市場・法』, 東洋経済新報社, 1992 年）

——1937/1988b. "The Nature of the Firm," *The Firm, the Market, and the Law*, Chicago/London : Chicago University Press. (originally. *Economica*, n.s. 4).（「企業の本質」宮沢健一・後藤晃・藤垣芳文訳『企業・市場・法』, 東洋経済新報社, 1992 年）

Congdon, L. 1976. "Karl Polanyi in Hungary, 1900-1919," in *Journal of Contemporary History*, 11, pp. 167-183.

Cooling, B. F. (ed.) 1977. *War, Business, and American Society : Historical Perspectives on the Military-Industrial Complex*, Port Washington, N. Y : Kennikat Press.

Coulomb, F. 2004. *Economic Theories of Peace and War*, London/New York : Routledge.

Craver, E.

——1986a. "The Emigration of the Austrian Economists," *History of Political Economy*, 18 (1), pp. 1-32.

——1986b. "Patronage and the Directions of Research in Economics : The Rockefeller Foundation in Europe, 1924-1938," *Minerva*, 24 (2-3), pp. 205-222.

Daoudi, M. S. & Dajani, M. S. 1983. *Economic Sanctions, Ideals and Experiences*, Boston/London : Routledge & Kegan Paul.

Davis, B. L., Kick, E. L. & Kiefer, D. 1989. "The World-System, Militarization,

and National Development," in Schaeffer 1989, pp. 27-45.

Debreu, G. 1959. *Theory of Value : An Axiomatic Analysis of Economic Equilibrium*, London : Chapman & Hall.

De Marchi, N. & Dohlman, P. 1991. "League of Nations Economists and the Ideal of Peaceful Change in the Decade of the Thirties," in Goodwin, C. D. (ed.), *Economics and National Security*, Durham : Duke University Press., pp. 143-178.

Derian, J. 2001. *Virtous War : Mapping the Military-Industrial-Media-Entertainment Network*, Boulder/Oxford : Westview Press.

Dierker, E. & Sigmund, K. (ed.), 1998. *Ergebnisse eines Mathematischen Kolloquiums/Karl Menger*, Foreword by G. Debreu, afterword by F. Alt, Wien/New York : Springer.

Dimand, R. W. & Dimand, M. A.

——1992. "The Early History of the Theory of Strategic Games from Waldgrave to Borel," in Weintraub (ed.), *Toward a History of Game Theory*, E. R., Durham : Duke University Press.

——1996. *The History of Game Theory, Vol. 1 : From the Beginning to 1945*, London/New York : Routledge.

——2002. "Von Neuman and Morgenstern in Historical Perspective," in Schmidt, C. (ed.), *Game Theory and Economic Analysis : A Quiet Revolution in Economics*, London and New York : Routledge.

Dombey, N. 2008. "The Nuclear Non-Proliferation Treaty," *New Left Review*, 52, pp. 39-66.

Dore, M. H. I. (ed.) 1998. *John von Neumann and Modern Economics*, Oxford.

Dow, S. C. (ed.) 1998. "Controversy ; Formalism in Economics," *The Economic Journal*, 108, November, pp. 1826-1869.

Drezner, D. W. 1999. *The Sanctions Paradox : Economic Statecraft and International Relations*, Cambridge/New York : Cambridge University Press.

Drucker, P. 1979. *Adventures of a Bystander*, New York : Harper & Row, Publishers.（風間禎三郎訳『傍観者の時代：わが 20 世紀の光と影』，ダイヤモンド社，1979 年）

Duffie, D. & Sonnenschein, H. 1989. "Arrow and General Equilibrium Theory," *Journal of Economic Literature*, vol. XXVII, June, pp. 565-598.

Duffield, M. 2005. *Global Governance and the New Wars : the Merging of Development and Security*, London/New York : Zed books.

Edgeworth, F. Y.

——1881/1994. *Mathematical Psychics : an Essay on the Application of Mathematics to the Moral Sciences*, (reprint), Düsseldorf : Verlag für Wirtschaft und Finanzen.

——1915/1994. *Relations of Political Economy to War*, in Edgeworth. 1881/1994.

Edmondson, C. E. 1978. *The Heimwehr and Austrian Politics 1918–1936*, Athens : University of Georgia Press.

Engelhardt, K. & Heise, K-H. 1974. *Militar-Industrie-Komplex im Staatsmonopolistischen Herrschaftssystem*, Berlin : Staatsverlag der Deutschen Demokratischen Republik.

Feiwel, G. R. 1987. *Arrow and the Ascent of Modern Economic Theory*, Basingstoke : Macmillan.

Fick, L. 1967. *Einleitung, Die Grundlage der modemen Wertlehre, Versuch einer neuen Theorie der Wertbestimmung von Clucks/alien*, German translation by A. Pringsheim from "Specimen Theoriae Novae de Mensura Sortis" by D. Bernoulli, 1896, reprint, Westmead : Gregg Press Limited.

Foucault, M.

——1979/1994. "Naissance de la biopolitique," *Dits et Écrits 1954–1988*.（石田英敬訳「生体政治の誕生」『ミシェル・フーコー思考集成 VIII：1979-1981 政治・友愛』，筑摩書房，134-142 頁）

——2004a. *Sécurité, Territoire, Population : cours au Collège de France (1977–1978)*, Michel Senellart (ed.), Paris : Gallimard & Seuil.（高桑和巳訳『安全性、領土、人口』，筑摩書房，2007 年）

——2004b. *Naissance de la biopolitique ; Cours au Collège de France (1978–1979)*, Paris : Seuil/Gallimard（慎改康之訳『生政治の誕生：コレージュ・ド・フランス講義 一九七八─一九七九年度』，筑摩書房，2008 年）

Frechet, E. & Neumann, J. von. 1953. "Commentary on the Borel : Note," *Econometrica*, 21, pp. 118-127.

Free, Lloyd A. & Cantril, H. 1967. *The Political Beliefs of Americans : A Study of Public Opinion*, New Brunswick : Rutgers University Press.

Friedmann, M. & Savage, L. J.

——1948. "The Utility Analysis of Choices Involving Risk," *The Journal of Political Economy*, Vol. LVI, pp. 279-304.

——1952. "The Expected-Utility Hypothesis and The Measurability of Utility," *The Journal of Political Economy*, Vol. LX, pp.463-474.

Galbraith, J. K. 1969. "How to Control the Military," *Harper's Magazine*, I., 238., pp. 31-46.

Gillies, D. B., Mayberrry, J. P. & von Neumann, J. 1953. "Two Variants of Poker," in Kuhn, H. W. & Tucker, A. W. (ed.), *Contribution to the Theory of Games II*, Princeton : Princeton University Press, pp. 13-50.

Giocoli, N.

——2001. "Oskar Morgenstern and the Origin of the Game-Theoretic Approach to Institutional Economics, Porta," in P. L., Scazzieri, R. & Skinner, A. (ed.), *Knowledge, Social Institutions and the Division of Labor*, Cheltenham/Northampton : Edward Elgar.

——2003. *Modeling Rational Agents : From Interwar Economics to Early Modern Game Theory*, Cheltenham/Northampton : Edward Elgar Publishing Limited.

Goldstein, J. S. 1988. *Long Cycles : Prosperity and War in the Modern Age*, New Heaven/London : Yale University Press.

Goodwin, C. D. (ed.) 1991. *Economics and National Security : A History of Their Interaction*, Durham/London : Duke University Press.

Gramsci, A. & Forgacs, D. (ed.) 1988/2000. "Americanism and Fordism," *A Gramsci Reader : Selected Writings, 1916-1935*, New York : New York University Press, pp. 275-299.（「アメリカニズムとフォーディズム」上村忠男編訳『現代の君主』，ちくま学芸文庫，2008 年）

Hagemann, H.

——1998. "Zur Wirksamkeit ökonomischer Theorien in der europäischen Politik der Zwischenkriegszeit, Die Rolle der Konjunkturforschungs-institute," im Nautz, J. & Brix, E. (ed.) *Zwischen Wettbewerb und Protektion : Zur Rolle staatlicher Macht und wettbewerblicher Freiheit in Österreich im 20. Jahrhundert*, Wien : Passagen-Verlag.

——1999. "Oskar Morgenstern,"im Hagemann, H. & Krohn, C.(ed.), *Biographisches Handbuch der deutschsprachigen wirtshcaftswissenschaftlichen Emigration nach 1933*, K. G., München : Saur Verlag.

Hagemann, H. (ed.) 1997. *Zur deutschsprachigen wirtschaftswissenschaftlichen Emigration nach 1933*, Marburg : Metropolis Verlag.

Hardt, M. & Negri, A.

——2000. *Empire*, Cambridge/London : Harvard University Press.（水嶋一憲・酒井隆史・浜邦彦・吉田俊実訳『〈帝国〉：グローバル化の世界秩序とマルチチュードの可能性』，以文社，2003 年）

——2004. *Multitude : War and Democracy in the Age of Empire*, New York : Penguin Press.（幾島幸子訳『マルチチュード：〈帝国〉時代の戦争と民主主義 上・下』，日本放送出版協会，2005 年）

Harsanyi, J.

——1956/1982. "Approaches to the Bargaining Problem Before and After the Theory of Games ; A Critical discussion of Zeuthen's, Hicks', and Nash's Theories," *Papers in Game Theory*, Dordrecht/Boston/London, D. Reidel Publishing Company. (originally. *Econometrica*, 24)

——1967-8/1982. "Games with Incomplete Information Played by "Bayesian" Players, I-III," *Papers in Game Theory*, Dordrecht/Boston/London, D. Reidel Publishing Company. (originally. *Management Science*, 14 (3-5), pp. 159-182, 320-334, 486-502.)

——1977. *Rationality Behavior and Bargaining Equilibrium in Games and Social Situations*, Cambridge : Cambridge University Press.

——1982. *Papers in Game Theory*, Dordrecht/Boston/London, D. Reidel Publishing Company.

Harvey, D.

——1990. *The Condition of Postmodernity : an Enquiry into the Origins of Cultural Change*, Oxford : Blackwell.（吉原直樹訳『ポストモダニティの条件』，青木書店，1999 年）

——2003. *New Imperialism*, Oxford/New York : Oxford University Press.（本橋哲也訳『ニュー・インペリアリズム』，青木書店，2005 年）

——2005. *A Brief History of Neoliberalism*, Oxford : Oxford University Press.（渡辺治監訳『新自由主義：その歴史的展開と現在』，作品社，2007 年）

Hayek, F. A. von

——1933. "Introduction," in Menger, C. (1871/1968).

——1949. *Individualism and Economic Order*, London : Routledge.

——1963/1992. "The Economics of the 1920s as Seen from Vienna," *The*

Fortunes of Liberalism (*The Collected Works of F. A. Hayek*, Vol. IV), Chicago : The University of Chicago Press, pp. 19-60.

——1965. "Wiener Schule," *Handwörterbuch der Sozialwissenschaften*, 12ten Aufl., Tübingen.

Hickel, R. (ed.) 1976. *Die Finanzkrise des Steuerstaats : Beiträge zur politischen Ökonomie der Staatsfinanzen*, Frankfurt : Suhrkamp Verlag.

Hirschman, A. O. 1945. *National Power and the Structure of Foreign Trade*, Berkeley/Los Angeles/London : University of California Press.

Hitler, A. 1926-7. *Mein Kampf.*（平野一郎・将積茂訳『わが闘争　上・下』，角川文庫，1973 年）

Hooks, D. 1992. "The Danger of an Autarkic Pentagon : Updating Eisenhower's Warning of the Military-Industrial Complex," in Walker, G. B., Bella, D. A. & Sprecher, S. J. (ed.), pp. 129-180

Humphreys, S. C. 1969. "History, Economics, and Anthropology : The Work of Karl Polanyi," *History and Theory*, 8, pp. 165-211.

Ichiishi, T.

——1993. *The Cooperative Nature of the Firm*, Cambridge : Cambridge University Press.

Inis L. Claude, 1964. *Swords into Plowshares : The Problems and Progress of International Organaization*, New York : Random House.

Ingrao, B. & Israel, G. 1990. *The Invisible Hand : Economic Equilibrium in the History of Science*, McGilvray, I. (tras.), Massachusetts.

Innocenti, A. 1995. "Oskar Morgenstern and the Heterodox Potentialities of the Application of Game Theory to Economies," *Journal of the History of Economic Thought*, 17, pp. 205-227.

Janik, A. S. & Toulmin, S. 1973/1996. *Wittgenstein's Vienna*, Chicago : Ivan R. Dee, Inc.（藤村龍雄訳『ウィトゲンシュタインのウィーン』，平凡社，2001 年）

Janowitz, M. 1957. "Military Elites and the Study of War," *The Journal of Conflict Resolution*, March. Vol. 1., pp. 9-18.

Johnston, W. M. 1972/1983. *The Austrian Mind : An Intellectual and Social History, 1949-1938*, Berkeley : University of California Press.（井上修一他訳『ウィーン精神：ハプスブルグ帝国の思想と社会１．２』，みすず書房，1986 年）

Jungk, R. 1977. *Der Atomstaat*, Aachen : Kindler Vlg.（山口祐弘訳『原子力帝国』，社会思想社，1989 年）

Kaldor, M. 1999/2006. *New and Old Wars : organized Violence in a Global Era*, Stanford : California University Press（山本武彦・渡部正樹訳『新戦争論』，岩波書店，2003 年）

Kallis, A. A. 2000. *Fascist Ideology : Territory and Expansionism in Italy and Germany, 1922–1945*, London and New York : Routledge.

Keizer, W. 1991. "Two Forgotten Articles by Ludwig von Mises on the Rationality of Socialist Economic Calculation," *The Review of Austrian Economics*.

Kernbauer, H. & Weber, F. 1988. "Von der Inflation zur Depression," im Talos & Neugebauer (ed.) *Austrofascismus*, Wien : Verlag für Gesellschaftskritik.

Keynes, J. M. 1919/2004. "The Economic Consequence of the Peace," *The End of Laissez-faire, The Economic Consequence of the Peace*, New York : Prometheus Books.（早坂忠訳『平和の経済的帰結：ケインズ全集 2』，東洋経済新報社，1977/1994 年）

Kindleberger, C. P. 1986. *The World in Depression, 1929/1939*, revised and enlarged edition, Los Angeles/London : University of California Press.

Kirshner, J. 1999. "Keynes, Capital Mobility and the Crisis of Embedded Liberalism," *Riview of International Political Economy*, 6 (3), pp. 313–337.

Kiser, E. 1989. "A Principal-Agent Analysis of the Initiation of War in Absolutist States," in Schaeffer 1989. pp. 65–82.

Klein, N. 2007. *The Shock Doctrine : The Rise of Disaster Capitalism*, New York : Metropolitan Book.

Klausinger, H.

——2006a. "From Mises to Morgenstern : Austrian Economics During the Ständestaat," *Quarterly Journal of Austrian Economics*, 9 (3), pp. 25–43.

——2006b. "In the Wilderness : Emigration and the Decline of the Austrian School," *History of Political Economy*, 38 (4), pp. 617–664.

Koistinen, P. A. C. 1980. *The Military-Industrial Complex : A Historical Perspective*. New York : Praeger.

Krugman, P. 1991. *Geography and Trade* (Gaston Eyskens Lectures), Leuven : Leuven University Press.

Kuhn, H. W. & Tucker, A. W. 1958. "John von Neumann's Work in the Theory

of Games and Mathematical Economies," *Bulletin of the American Mathematical Society*, 64, pp. 100-122.

Kuhn, H. W. & Nasar, S. (ed.) 2002. The Essential John Nash, Princeton/Oxford, Princeton University Press.

Kurz, H. D. 2005. *Joseph A. Schumpeter : Ein Sozialökonom zwischen Marx und Walras*, Marburg : Metropolis-Verlag.（中山智香子訳『シュンペーターの未来』，日本経済評論社，2008 年）

League of Nations,

——1936a, "Financial Position of Austria in the First Quarter of 1936," by Rost van Tönningen, *the Representative of the League of Nations in Austria*, Geneva.

——1936b, "Austria-Public Finances," *First report by the Financial Organization of the League of Nations*, Geneva.

——1943. *The Transition from War to Peace Economy, Report of the Delegation on Economic Depressions, Part I*, Geneva. (Official No. : C. 6. M. 6. 1943. II. A)

——1945. *Economic Stability in the Post-War World : the Conditions of Prosperity after the Transition from War to Peace, Report of the Delegation on Economic Depressions, Part II*, Geneva. (Official No.: C.1 M.1.1945. II. A)

Leinfellner, W. & Kölher, E. (ed.) 1998. *Game Theory, Experience, Rationality : Foundations of Social Sciences, Economics and Ethics in Honor of John C. Harsanyi*, Vienna Circle Institute Yearbook, Dordrecht/Boston/London : Kluwer Academic Publishers.

Lens, S. 1970. *The Military-Industrial Complex*, Philadelphia : Pilgrim Press.（小原敬士訳『軍産複合体制』，岩波書店，1971 年）

Leonard, R. J.

——1991. "War as a "Simple Economic Problem" : The Rise of an Economics of Defense," in Goodwin, C. D. (ed.), pp. 261-283.

——1992. "Creating a Context for Game Theory," in Weintraub, E. R. (ed.) *Toward a History of Game Theory*, Durham : Duke University Press.

——1994. "Reading Coumot, Reading Nash : the Creation and Stabilization of the Nash Equilibrium," *The Economic Journal*, 104, pp.492-511.

——1995. "From Parlor Games to Social Science : von Neumann, Morgenstern and the Creation of Game Theory," *Journal of Economic Literature*, 33, pp.

730-761.

——1997. "Value, Sign and Social Structure : The "Game" Metaphor and Modern Social Science," *European Journal of the History of Economic Thought*, 4 (2), pp. 299-326.

——1998. "Ethics and the Excluded Middle ; Karl Menger and Social Science in Interwar Vienna," *Isis*, 89, pp. 1-26.

——2004. "Between worlds," or an Imagined Reminiscence by Oskar Morgenstern about Equilibrium and Mathematics in the 1920s," *Journal of the History of Economic Thought*, 26 (3), pp. 285-310.

Levi-Strauss, C.

——1952/1958. "Social Structure," *Werner-Gren Foundation International Symposium on Anthropology*, New York.（「民俗学における構造の概念」荒川幾男他訳『構造人類学』，みすず書房，1972年）

——1955. "Mathematics of Man," *Bulletin International des Sciences Socials*, 6 (4), Paris : UNESCO, pp. 581-590.（泉克典訳「人間の数学」『思想：クロード・レヴィ＝ストロース—生誕100年を祝して』，2008年12月，111-124頁）

Lewis, D. K. 1969, *Convention : A Philosophical Study*, Cambridge : Cambridge University Press.

Litvan, G. 1991. "Democratic and Socialist Values in Karl Polanyi's Thought," in Mendell & Salee.

Luce, H.

——1941. "The American Century," *Life*, 17th. Feb, pp. 61-65.

——1942. "America's War and America's Peace," *Life*, 16th. Feb, pp. 82-90.

Luce, R. D. & Raiffa, H. 1957. *Games and Decisions : Introduction and Critical Survey*, New York : Dover Publication Inc.

Lyotard, J=F. 1979/1986. *The Postmodern Condition : A Report on Knowledge*, Bennington, G. & Massumi, B., Manchester : Manchester University Press,（originally. *La condition postmoderne*, Paris : Éditions de Minuit. 小林康夫訳『ポスト・モダンの条件』水声社，1986年）

Machlup, F. 1981. "Ludwig von Mises, the Academic Scholar who would not Compromise," *Wirtschaftspolitische Blatter*, 4, Jg. 28, pp. 6-14.

Malkiel, B. G. 1973/2003. *A Random-walk Down Wall Street : the Time-Tested Strategy for Successful Investing*, New York/London : W. W. Norton &

Company.（井出正介訳『ウォール街のランダム・ウォーカー：株式投資の不滅の真理　新版』，日本経済新聞社，2004 年）

März, E.

——1981/1984. *Austrian Banking and Financial Policy : Creditanstalt at a Turning Point 1913-1923*, (tarns.) C. Kessler, London : Weidenfeld and Nicolson. (originally. *Österreichische Bankpolitik in der Zeit der grossen Wende 1913-1923*, München/Wien : Ordenbourg Verlag.)

——1983. *Schumpeter : Forscher, Lehrer und Politiker*, München : Ordenbourg Verlag.（杉山忠平監訳・中山智香子訳『シュムペーターのウィーン』，日本経済評論社，1998 年）

Mattl, S. 1988. "Die Finanzdiktatur" in Talos & Neugebauer (ed.).

McCraw, T. K. 2007. *Prophet of Innovation : Joseph Schumpeter and Creative Destruction*, Cambridge/London : The Belknap Press of Harvard University Press.

McLauchlan, G.

——1989. "World War, the Advent of Nuclear Weapons and the Global Expansion of the National Security State," in Schaeffer (ed.), pp. 83-97.

——1992. "The advent of Nuclear Weapons and the Formation of the Scientific-Military-Industrial Complex in World War II," in Walker ,G. B., Bella, D. A. & Sprecher, S. J.(ed.), pp. 101-127.

——1997. "World War II and the Transformation of the U. S. State : The Wartime Foundations of U. S. Hegemony," *Sociological Inquiry*, 67, pp. 1-26.

McRobbie, K. & Polanyi-Levitt, K. (eds.) 2000. *Karl Polanyi in Vienna : The Contemporary Significance of the Great Transformation*, Montreal/New York/London : Black Rose Press.

Mendell, M. & Salee, D. 1991. *The Legacy of Karl Polanyi : Market, State and Society at the End of the Twentieth Century*, Houndmills/London : MacMillan Academic and Professional.

Menger, C.

——1871/1933a. *Grundsätze der Volkswirtschaftslehre* (originally. Vienna, 1871), *The Collected Works of Carl Menger, Vol. 1*, The London School of Economics Reprint Series, no. 17, London.

——1883/1933b. *Untersuchungen über die Methode der Sozialwissenschaften und*

der politischen Ökonomie insbesondere (originally. Vienna, 1883), *The Collected Works of Carl Menger, Vol. 2*, The London School of Economics Reprint Series, no. 18, London.

——1923. *Grundsätze der Volkswirtschaftslehre*, Menger, K.(ed.),die zweite Auflage, Wien, Hölder-Pichter-Tempsky A.G.

Menger, K.

——1930/1979a. "The New Logic," *Selected Papers in Logic and Foundations, Didactics, Economics,* Vienna Circle Collection 10, Dordrecht/Boston : D. Reidel Publishing Company.

——1930/1979b. "The Intuitionism," *Selected Papers in Logic and Foundations, Didactics, Economics*, Vienna Circle Collection 10, Dordrecht/Boston : D. Reidel Publishing Company.

——1934/1979c. "The Role of Uncertainty in Economies," *Selected Papers in Logic and Foundations, Didactics, Economics*, Vienna Circle Collection 10, Dordrecht/Boston : D. Reidel Publishing Company. (trs. from "Das Unsicherheitsmoment in der Wertlehre : Betrachtungen im Anschluß an das sogenannte Petersburger Spiel," *Zeitschrift für Nationalökonomie*, 5, pp. 459-485.)

——1934/1973-4. *Morality, Decision and Social Organization ; Toward A Logic of Ethics*, Vienna Circle Collection 6, Dordrecht/Boston : D. Reidel Publishing Company. (trs. from *Moral, Wille und Weltgestaltung*, Wien : Springer).

——1936/1979d. "Remarks on the Law of Diminishing Returns : A Study in Meta-Economics," *Selected Papers in Logic and Foundations, Didactics, Economics*, Vienna Circle Collection 10, Dordrecht/Boston : D. Reidel Publishing Company. (trs. from "Bemerkungen zu den Ertragsgesetzen", *Zeitschrift für Nationalökonomie VII*, pp. 25-56.)

——1938. "An Exact Theory of Social Groups and Relations," *American Journal of Sociology*, 43, pp. 790-798.

——1952. "*The Formative Years of Abraham Wald and His Work in Geometry,*" *The Annals of Mathematical Statistics*, 23, pp. 14-20.

——1953/1979. "On the Grouping Problems and Related Intelligence Tests," (originally. in *American Journal of Educational Psychology*)

——1960-1/1979. "A Counterpart of Occam's Razor," *Selected Papers in Logic*

and Foundations, Didactics, Economics, Dordrecht.(originally. in *Syntese*, 12 & 13.)

——1973. "Austrian Marginalism and Mathematical Economics," Hicks, J. R. & Weber, W. (ed.), *Carl Menger and the Austrian School of Economics*, Oxford : Clarendon Press.

——1979a "Wittgenstein, der Wiener Kreis und der kritische Rationalismus," im Berghel, H., Hübner, A., & Köhler, E. (ed.), *Akten des 3. internationalen Wittgenstein Symposium*, Vienna.

——1979b. "My Memories of L. E. J. Brower," *Selected Papers in Logic and Foundations, Didactics, Economics*, Vienna Vienna Circle Collection 10, Dordrecht/Boston : D. Reidel Publishing Company.

——1982. "Memories of Moritz Schlick," in Gadol (ed.) *Rationality and Science : A Memorial Volume for Moritz Schlick in Celebration of the Centennial of His Birth*, Vienna : Springer Verlag.

——1983. "On Social Groups and Relations," *Mathematical Social Sciences*, 6, pp. 13-25.

——1994. "Memories of Kurt Gödel," *Reminiscences of the Vienna Circle and the Mathemtical Colloquium*, Golland, L., McGuinness, B. & Sklar, A. (ed.), pp. 200-236. Vienna Circle Collection, Dordrecht/Boston : D. Reidel Publishing Company.

——nn. "The Papers of Carl Menger, 1840-1921" *Duke University, Part 2, Reel 32 : Correspondence, Karl Menger 1914–1985*.

Merritt, R. L., 1995. *Democracy Imposed : U. S. Occupation Policy and the German Public, 1945–1949*, New Haven/London : Yale University Press.

Milford, K. & Rosner, P. 1997. "Die Abkopplung der Ökonomie an der Universität Wien nach 1920, Hagemann (ed.), pp. 479-502.

Mills, C. W. 1956/2000. *The Power Elite*, New York : Oxford University Press.

Milnor, J. W. 1951. "Games against Nature," *Research Memorandum RM-679*, Santa Monica : The RAND Corporation.

Mirowski, P.

——1986a. "Mathematical Formalism and Economic Explanation," *The Reconstruction of Economic Theory*, Mirowski (ed.), Boston.

——1986b. "Institutions as a Solution Concept in a Game Theory Context," *The Reconstruction of Economic Theory*, Mirowski, P. (ed.), Boston.

——1991. "When Games Grow Deadly Serious : The Military Influence on the Evolution of Game Theory," *Economics and National Security : A History of their Interaction*, Goodwin, C. D. (ed.), Durham : Duke University Press.

——1992. "What were von Neumann and Morgenstern Trying to Accomplish?," *Toward a History of Game Theory*, Weintraub, E. R. (ed.), Durham : Duke University Press.

——1994. "Marshalling the Unruly Atoms : Understanding Edgeworth's career (Introduction)," Mirowski (ed.), *Edgeworth on Chance, Economic Hazard, and Statistics*, Lanham/London : Rowman & Littlefield Publishers, Inc.

——2002. *Machine Dreams : Economics Becomes a Cyborg Science*, Cambridge : Cambridge University Press.

Mises, L. von

——1920. "Die Wirtschaftsrechnung im sozialistischen Gemeinwesen," in *Archiv für Sozialwissenschaft und Sozialpolitik*, 47, pp. 86-121.

——1922/1996. *Die Gemeinwirtschaft : Untersuchungen über den Sozialismus*, Jena/Düsseldorf : Verlag von Gustav Fischer, Faksimili-Ausgabe.

——1924. "Neuere Beiträge zum Problem der sozialistischen Wirtschaftsrechnung," *Archiv für Sozialwissenschaft und Sozialpolitik*, 51, pp. 501-520.

——1929/1977. "A Critique of Intervention," New Rochelle/New York : Arlington House Publishers. (originally. *Kritik des Interventionismus*)

——2000. *Selected Writings of Ludwig von Mises : The Political Economy of International Reform and Reconstruction*, Ebeling, R. (ed.), New York : Liberty Fund.

——2002. *Selected Writings of Ludwig von Mises : Between the two World Wars : Monetary Disorder, Interventionism, Socialism and the Great Depression*, Ebeling, R. (ed.), New York : Liberty Fund.

Molander, E. A. 1992. "The Emergence of Military-Industrial Criticism : 1895-1915." in Walker, G. B., Bella, D. A. & Sprecher, S. J.(ed.), pp. 237-267.

Morgenstern, O.

——1922. "Werktätiges Deutschtum," *Oskar Morgenstern Papers*, Box 1, Correspondence 1918-1924.

——1927/1976. "Francis Y. Edgeworth," Schotter, A. (ed.) *Selected Economic Writings of Oskar Morgenstern*, New York : New York University Press.

(originally. *Zeitschrift für Nationalökonomie*, 10-12.)
——1927. "Internaional vergleichende Konjunkturforschung," *Zeitschrift für die Gesamte Staatswissenschaft*, 83, pp. 261-90.
——1928a. "Aufgaben und Grenzen der Institute für Konjunkturforschung," Diehl, K. (ed.), *Beiträge zur Wirtschaftstheorie, Part2, Konjunkturforschung und Konjunkturtheorien, Schriften des Vereins für Sozialpolitik*, Vol. 172, München & Leipzig, Duncker & Humblot, pp. 339-353.
——1928b. "Qualitative und Quantitative Konjunkturforschung," *Zeitschrift für die gesamte Staatswissenschaft*, 85 (1), pp. 54-88.
——1928c. *Wirtschaftsprognose*, Wien : Julius Springer.
——1932a. "Die Wiener Messe——Fata Morgana-oder Ausblick auf eine bessere Zukunft?" A report for radio, dated 25 August. *Oskar Morgenstern Papers*.
——1932b. "Bericht über die österrerichische Wirtschaftslage," *Oskar Morgenstern Papers*.
——1933. "Zur Lage der Konjunkturtheorie," *Der Stand und die nächste Zukunft der Konjunkturforschung : Festschrift für Arthur Spiethoff*, München : Duncker & Humblot.
——1934/1976a. "The Time Moment in Value Theory," in *Selected Economic Writings of Oskar Morgenstern*, Schotter, A.(ed.), New York : New York University Press. (originally. "Das Zeitmoment in der Wertlehre," *Zeitschrift für Nationalökonomie*, 5, pp. 433-458.)
——1934. *Die Grenzen der Wirtschaftspolitik*, Wien : Verlag von Julius Springer
——1934/1937. *The Limit of Economics*, Smith, V.(trs.), London : William Hodge and Company, Ltd..
——1935/1976b. "Perfect Foresight and Economic Equilibrium," in *Selected Economic Writings of Oskar Morgenstern*, Schotter, A. (ed.), New York : New York University Press. (originally. "Vollkommne Voraussicht und wirtschaftliches Gleichgewicht," *Zeitschrift fur Nationalokonomie*, 6, pp. 337-357.)
——1935. "Sinn und Methode der Wirtschaftspolitik," *Die Wirtschaftspolitik : Halbmonats Zeitschrift des Österreichischen Heimatschutzes*, II. Jahrgang, Heft 2.
——1936. "Wirtschaftsbeobachtung, Konjunkturforschung und wirtschaftliche

Publizistik," *Oskar Morgenstern Papers*.
——1936/1976. "Logistics and the Social Sciences," in *Morgenstern* 1976a.
——1937a. "Zur gegenwärtigen konjunkturlage Österreichs," *Die Wirtschaftspolitik*, Heft 1.
——1937b. "Entstehung und Abbau der österreichischen Devisenbewirtschaftung," *Nationalökonomisk Tidsskrift*, February, pp. 34-56.
——1937c. "Free exchange, the experience of Austria I : A policy with good results," *The Times*, London, 20th of June, p. 17.
——1937d. "Free exchange, the experience of Austria II : Further steps to decontrol," *The Times*, London, 21st of June, p. 15.
——1938a. "Die Bedingungen der wirtschaftlichen Lebensfähigkeit Oesterreichs," *Oskar Morgenstern Papers*.
——1938b. "The Experience with Public Regulation and Public Monopoly Abroad," *Proceedings of the American Academy of Political and Social Sciences*, 202 (2) March, pp. 34-39.
——1939. "The principles of Economic Liberalism," *Oskar Morgenstern Papers*, dated : Nov. 27, 1939
——1940. "Maxims of Behavior," unpublished paper in the *Oskar Morgenstern Papers*, Duke University
——1941/1976c. "Professor Hicks on Value and Capital," in *Selected Economic Writings of Oskar Morgenstern*, Schotter, A. (ed.), New York : New York University Press. (originally. *Journal of Political Economy*, 49 (3), pp. 361-393.)
——1943. "On the International Spread of Business Cycle," *The Journal of Political Economy*, Vol. LI., No. 4, pp. 287-309.
——1947a. "An Economic Program for Germany," *Oskar Morgenstern Papers*, Box 24. (Writings and Speeches : Alphabetical)
——1947b. "German Economy : A Free Trade System, Rules for Industrial control Proposed," Letter to the（New York）Times, (*New York Times*, vol. 97. No.32775. Oct. 19. p. E. 10) (*Oskar Morgenstern Papers*, Box 26. Writings and Speeches : Alphabetical)
——1948. "Oligopoly, Monopolistic Competition, and theTheory of Games," *The American Economic Review*, 2, Papers and Proceedings, May, vol. XXXVIII, pp. 10-32.

——1950/1963. *On the Accuracy of Economic Observations*, 2nd Edition, Princeton/New Jersey : Princeton University Press.

——1954, "Experiment and Large Scale Computation in Economics," Morgenstern, O. (ed.), *Economic Activity Analysis*, New York : John Wiley & Sons, Inc..

——1955/1983, "The Validity of International Gold Movement Statistics," *Special Papers in International Economics*, No. 2, New York/London : Garland Publishing, Inc.

——1959a. *The Question of National Defense*, NewYork : Random House Inc. (筑土龍男訳『米国国防の諸問題』, 鹿島研究所・日本国際問題研究所, 1962 年)

——1959b. *International Financial Transactions and Business Cycles*, Princeton : Princeton University Press.

——1961/1962, "Review of *Fights, Games and Debates* by Rapoport, A. and *The Strategy of Conflict* by Schelling, T.," *Southern Economic Journal*, 28, pp. 103-105.

——1966, On Some Criticisms of Game Theory," in Mensch, A. (ed.), *Theory of Games : Techniques and Applications*, London : English Universities Press, pp. 444-455.

——1972 ; 1976d, "Thirteen Critical Points in Contemporary Economic Theory : An Interpretation," in *Selected Economic Writings of Oskar Morgenstern*, Schotter, A. (ed.), New York : New York University Press. (originally. *The Journal of Economic Literature*, 10 (4), pp. 1163-1189.)

——1972/1976e. "Descriptive, Predictive and Normative Theory," in *Selected Economic Writings of Oskar Morgenstern*, Schotter, A. (ed.), New York : New York University Press. (originally. *Kyklos*, 25, pp. 699-714.)

——1976a. *Selected Economic Writings of Oskar Morgenstern*, Schotter, A. (ed.), New York : New York University Press.

——1976b. "The Collaboration Between Oskar Morgenstern and John von Neumann on the Theory of Games," *Journal of Economic Literature*, 14, pp. 805-816.

Morgenstern, O. (ed.) 1954. *Economic Activity Analysis*, New York : John Wiley & Sons, Inc..

Morgenstern, O. & Granger, C. W. 1970. *Predictability of Stock Market Prices*,

Lexington/Massachusetts : Health Lexington Books.
Morgestern, O, Knorr, K. & Heiss, K. P. 1973. *Long Term Projections of Power : Political, Economic, and Military Forecasting*, Cambridge (Mass.) : Ballinger Publishing Company.
Morgenstern, O. & Neumann, J. von 1944/1957. *Theory of Games and Economic Behavior*, 3rd edition, Princeton : Princeton University Press.（銀林浩他訳『ゲームの理論と経済行動　1』，ちくま学芸文庫，2009 年）
Morgenstern, O. & Schwödiauer, G. 1976. "Competition and Collusion in Bilateral Markets," *Zeitschrift für Nationalökonomie*, 36, pp. 17-245.
Morgenstern, O. & Thompson, G. L. 1976. *Mathematical Theory of Expanding and Contracting Economies*, Lexington/Tronto/London : Lexington Books.
Moskos, C. C. (Jr.) 1974. "The Concept of the Military-Industrial Complex : Radical Critique or Liberal Bogey?" *Social Problems*, April, Vol. 21 (4), pp. 498-512.
Mosse, G. 1991. *The Nationalization of the Masses*, Ithaca : Cornell Uni Press.（佐藤卓己・佐藤八寿子訳『大衆の国民化：ナチズムに至る政治シンボルと国民文化』，柏書房，1994 年）
Munck, R.
――2004. "Globalization, Labour and the Polanyi Problem," in Unfried, B. Linden van der M. (eds.), *Labour and New Social Movements in a Globalising World System*, Vienna : Akademische Verlagsanstalt, pp. 71-90.
――2005. "Neoliberalism and Politics, and the Politics of Neoliberalism," in Saad-Filho & Johnson (eds.), *Neoliberalism : a Critical Reader*, London/Ann Arbor : Pluto Press.
Nakayama, C.
――1997. "The Process of Collaboration Between Oskar Morgenstern and John von Neumann," *History of Economics Review*, 26, pp. 40-50.
――2002. "An Investigation of Hayek's Criticism of Central Planning," in *F. A. Hayek as a Political Economist : Economic Analysis and Values*, Birner, J., Garrouste, P & Thierry A. (eds.), London and New York : Routledge.
――2004. "Involvement of Austrian émigré economists into America," *a paper presented at the 8th Annual conference of the European Society for the History of Economic Thought* in Treviso in February.
――2005. "A Critique of the Changing Phase of (Neo-) Liberalism by Karl

Polanyi," *a paper presented at the ESHET conference* held in Stirling (Scotland) in June.

——nn. "Involvement of an Austrian émigré economist into America," Hagemann, Ikeda & Nishizawa (eds), *Austrian School in Transition*, Palgrave Macmillan, forthcoming.

Nasar, S. 1998/2001. *A Beautiful Mind : The Life and Mathematical Genius and Nobel Laureate John Nash*, New York : Touchstone.

Nash, J. F.

——1950a/2002. "The Bargaining Problem," in Kuhn, H. W. & Nasar, S. (eds.), *The Essential John Nash*, Chapter 4, Princeton/Oxford : Princeton University Press. (originally. *Econometrica*, 18, pp. 155-162.)

——1950b/2002. "Equilibrium Points in *n*-Person Games," in Kuhn, H. W. & Nasar, S. (eds.), *The Essential John Nash*, Chapter 5, Princeton/Oxford : Princeton University Press. (originally. *Proceedings of the National Academy of Sciences*, 36, pp. 48-49.)

——1951. "Non-Cooperative Games," in Kuhn, H. W. & Nasar, S. (eds.), *The Essential John Nash*, Chapter 7, Princeton/Oxford : Princeton University Press. (originally. *Annals of Mathematics*, 54, pp. 286-295.)

——1953. "Two-Person Cooperative Games," in Kuhn, H. W. & Nasar, S. (eds.), *The Essential John Nash*, Chapter 8, Princeton/Oxford : Princeton University Press. (originally. *Econometrica*, 21, pp. 128-140.)

——1995/2002. "John F. Nash Jr.—— Autobiography," in Kuhn, H. W. & Nasar, S. (eds.), *The Essential John Nash*, Chapter 1, Princeton/Oxford : Princeton University Press.

Nash, J. F., Mayberry, J. P. & Shubik, M. 1953. "A Comparison of Treatments of A Duopoly Situation," *Econometrica*, 21, pp. 141-154.

Nash, J. F., Kalisch, G. K., Milnor, J. W., & Nering, E. D. 1954. "Some Experimental *n*-Person Games," in Thrall, R. M., Combs, C. H., & Davis, R. L. (eds.), *Decision Processes*, London.

Nash, J. F., Kuhn, H. W., Harsanyi, J. C., Selten, R., et al. (eds.) 1995/1996. "Nobel Seminar, 8. December 1994," in Weisfeld, M. (ed.), *A Special Volume : A Celebration of John F. Nash Jr., Duke Mathematical Journal*, vol. 81, Duhram : Duke University Press.

Negri, A.

——1980/1988. "Crisis of the Crisis-State," in Negri 1988, pp.177-197.

——1988. *Revolution Retrieved : Writings on Marx, Keynes, Capitalist Crisis and New Social Subjects 1967–1983*, Merrington, J. (intr.), London : Red Notes.

Neumann, J. von. 1928/1959. "On the Theory of Games of Strategy," in *Annals of Mathematics Studies*, 40, in Tucker, A. W. & Luce, R. D. (eds.), *Contributions to the Theory of Games*, 4, Princeton : Princeton University Press. (originally. "Zur Theorie der Gesellschaftsspiele", *Mathematische Annalen*, 100, pp. 295-320.)

Oakley, A. 1997. *The Foundations of Austrian Economics. from Menger to Mises*, Cheltenham : Edward Elgar.

Pavanelli, G. & Nakayama, C. 2008. "A Lifelong Freindship : The Correspondence between Oskar Morgenstern and Luigi Einaudi", *Storia del Pensiero Economico*, n. 1-2008, gennaio/giugno, pp. 95-120.

Poast, P. 2006. *The Economics of War*, McGraw-Hill Companies Inc..（山形浩生訳『戦争の経済学』，バジリコ，2007 年）

Polanyi, K.

——1933/2005. "Die geistigen Voraussetzungen des Fascismus," in Polanyi 2005.

——1993. "Der Mechanismus der Weltwirtschaftskirise," *Sonderbeilage des Österreichischen Volkswirt : Wirtschafts-und soziale Probleme der Donaustaaten*, Wien, pp. 3-9.（「世界経済恐慌のメカニズム」玉野井芳郎・平野健一郎編訳『経済の文明史』，ちくま学芸文庫，2003 年）

——1934/2005a. "Othmar Spann, der Philosoph des Fascismus," in Polanyi 2005.

——1934/2005b. "Spanns fascistische Utopie," in Polanyi 2005.

——1934/2005c. "Faschismus und Marxistische Terminologie," in Polanyi 2005.

——1935. "The Essence of Fascism," in Lewis, J., Polanyi, K. & Kitchin, D. K. (eds.) *Christianity and the Social Revolution,* London : Victor Gollancz Ltd. (Left Book Club Edition.)（「ファシズムの本質」玉野井芳郎・平野健一郎編訳『経済の文明史』，ちくま学芸文庫，2003 年）

——1937. *Europe Today*, London : The workers' educational trade union committee.

——n.d./2005. "Marx über Korporativismus," in Polanyi 2005.

——1944/1957. *The Great Transformation : The Political and Economic Origins of Our Times*, Boston : Beacon Press.（野口建彦・栖原学訳『新訳　大転換』，東洋経済新報社，2009 年）

——2002. *Chronik der grossen Transformation : Artikel und Aufsätze (1920–1945), Band 1. Wirtschaftliche Transformation, Gegenbewegungen und der Kampf um die Demokratie*, Cangiani, M. & Thomasberger, C. (hrsg.), Marburg : Metropolis Verlag.

——2003. *Chronik der grossen Transformation : Artikel und Aufsätze (1920–1945), Band 2, Die international Politik zwischen den beiden Weltkriegen*, Cangiani, M. & Thomasberger, C. (hrsg.), Marburg : Metropolis Verlag.

——2005. *Chronik der grossen Transformation : Artikel und Aufsätze (1920–1945), Band 3. Menschliche Freiheit, politische Demoktratie und die Auseinandersetzung zwischen Sozialismus und Faschismus*, Cangiani, M. & Thomasberger, C. (hrsg.), Marburg : Metropolis Verlag.

Polanyi-Levitt, K.1990. "The Origins and Significance of the Great Transformation," in Polanyi-Levitt (ed.), pp. 111-124.

Polanyi-Levitt, K.(ed.), 1990. *The Life and Work of Karl Polanyi : A Celebration*, Montreal/New York : Black Rose Press.

Polanyi-Levitt, K. & Mendell, M. 1987. "Karl Polanyi : His Life and Times." *Studies in Political Economy*, 22, Spring, pp. 7-40.

Popper, K.R. 2002. *Unended Quest : An Intellectual Autobiography*, London : Routledge.（森博訳『果てしなき探求：知的自伝　上・下』，岩波書店，2004 年）

Poundstone, W. 1992. *Prisoner's Dilemma*, New York : Doubleday.（松浦俊輔他訳『囚人のジレンマ：フォン・ノイマンとゲームの理論』，青土社，1995 年）

Punzo, L. F.

——1989. "Von Neumann and Karl Menger's Mathematical Colloquium," in *John von Neumann and Modem Economics*, Dore, N. H. I. (ed.), Oxford : Oxford University Press.

——1991. "The School of Mathematical Formalism and the Viennese Circle of Mathematical Economists," *Journal of the History of Economic Thought*, 13, pp. 1-8.

Rabinbach, A. 1983. *The Crisis of Austrian Socialism : From Red Vienna to Civil War 1927–1934*, Chicago : Chicago University Press.

Rawls, J. 1993/2005. *Political Liberalism, expanded version*, New York : Columbia University Press.

Rellstab, U.

——1992a. "New Insights into the Collaboration Between John von Neumann and Oskar Morgenstem on the *Theory of Games and Economic Behavior*," in Weintraub 1992.

——1992b. *Okonomie und Spiele : die Entstehungsgeschichte der Spieltheorie aus dem Blickwinkel des Okonomen Oskar Morgenstern*, Chur/Zurich : Verlag Ruegger.

Reinert, H. & Reinert, E. S. 2006. "Creative Destruction in Economics : Nietzsche, Sombart, Schumpeter," *Friedrich Nietsche 1844–2000 : Economy and Society*, New York : Springer.

Robinson, J. 1972/1973. "The Second Crisis of Economic Theory, *Collected Economic Papers, Vol. IV*, Oxford : Basil Blackwell, pp. 92-105. (originally. *American Economic Review*, 62, pp. 1-10.)

Rosen, F. 1996. "New Introduction to *An Introduction to the Principles of Morals and Legislation* of Bentham, J," in Bentham 1789/1996, pp. xxxi-lxxviii.

Ruggie, J. G.

——1982. "International Regimes, Transactions, and Change : Embedded Liberalism in the Postwar Economic Order," *International Organization*, 36 (2), Spring, pp. 379-415.

——1993. "Territoriality and Beyond : Problematizing Modernity in International Relations," *International Organization* 47 (1), Winter, pp. 139-174.

Salerno, J. T. 1990. "Ludwig von Mises as Social Rationalist," *The Review of Austrian Economics*, 4, pp. 26-54.

Samuelson, P. A.

——1966a. "Probability and the Attempts to Measure Utility," *The Collected Scientific Papers of P. A. Samuelson, Vol. 1*, Stiglitz, J. E. (ed.), Massachusetts, pp. 117-126.

——1966b. "Utility, Preference, and Probability," *The Collected Scientific Papers of P. A. Samuelson, Vol. 1*, Stiglitz, J. E. (ed.), Massachusetts, pp. 127-136.

――1966c. "Probability, Utility and the Indepenence Axiom," *The Collected Scientific Papers of P. A. Samuelson, Vol. 1*, Stiglitz, J. E. (ed.), Massachusetts, pp. 137-145.

Sandgruber, R. 1995. *Krise zwischen zwei Kriegen, Ökonomie und Politik Österreichische Finanz und Wirtschaftspolitik 1929–1938*, Wien : Böhlau.

Schaeffer R. K. (ed.) 1989. *War in the World-system*, New York/Westport/London : Greenwood Press.

Schaeffer R. K. 1989. "Devolution, Partition, and War in the Interstate System," in Schaeffer (ed.), pp. 99-108.

Schelling, T.

――1958. *International Economics*, Boston : Allyn and Bacon Inc..

――1960/1997. *Strategy of Conflict*, Cambridge/London : Harvard University Press.（河野勝監訳『紛争の戦略：ゲーム理論のエッセンス』，勁草書房，2008 年）

――1967. "What is Game Theory," in Charlesworth, J. c. (ed.), *Contemporary Political Analysis*, London/New York : Collier-MacMillan Limited, pp. 212-238.

――2006. "Autobiography," *Les Prix Nobel, The Nobel Prizes 2005*, in Grandin, K. (ed.), Stockholm : The Nobel Foundation.

Schmidt, C.

――1990. "Game Theory and Economics: An Historical Survey," *Revue d'economic politique*, 100 (5), pp. 589-618.

――1995/2002a. "Rupture versus Continuity in Game Theory : Nash versus von Neumann and Morgenstern," *Game Theory and Economic Analysis : A Quiet Revolution in Economics*, London and New York : Routledge. (originally. "Nash versus von Neumann et Morgenstem," *Revue economique*, 46 (3), pp. 1003-1014.)

――2001. "From the "Standard of Behavior" to the "Theory of Social Situations" : A Contribution of Game Theory to the Understanding of Institutions," in Porta, P. L., Scazzieri, R. & Skinner, A. (eds.), *Knowledge, Social Institutions and the Division of Labor*, Cheltenham/Northampton : Edward Elgar.

――2002b. "Do von Neumann and Morgenstern have Heterodox Followers?," *Game Theory and Economic Analysis : A Quiet Revolution in Economics*,

London and New York : Routledge.
Schmidt, C. (ed.) 2002. *Game Theory and Economic Analysis : A Quiet Revolution in Economics*, London and New York : Routledge.
Schorske, C. E. 2002. *Fin-de-SiecleVienna : Politics and Culture*, Cambridge : Cambridge University Press.（安井琢磨訳『世紀末ウィーン：政治と文化』，岩波書店，1983 年）
Schotter, A.
——1974. “Auctioning Böhm-Bawerk’s Horses,” *International Journal of Game Theory*, 3, pp. 195-215.
——1981. *The Economic Theory of Social Institutions*, Cambridge : Cambridge University Press.
——1983. “Why Take a Game Theoretical Approach to Economics? : Institutions, Economics and Game Theory, Hommage à Oskar Morgenstern,” *Economie Appliquèe, XXXVI*, N° 4, pp. 673-695.
——1992. “Oskar Morgenstern’s Contribution to the Development of the Theory of Games,” in Weintraub, E. R. (ed.), *Toward a History of Game Theory*, Durham : Duke University Press.
Schotter, A. & Braunstein, Y. 1978. “An Experimental Study of the Problem of “Theory Absorption” in *n*-Person Bargaining Situations or Games,” *Coalition Forming Behavior*, Sauermann, H. (ed.), Tübingen.
Schotter, A. & Schwödiauer, G. 1980. “Economics and the Theory of Games : A Survey,” *Journal of Economic Literature*, pp. 479-527.
Schumpeter, J. A.
——1919/1951. “The Sociology of Imperialisms,” in Sweezy P. M.(ed.), *Imperialism and Social Classes*, New York : Augustus M. Kelley, Inc..
——1919/1953. “Zur Soziologie der Imperialismen,” (orginally. *Archiv für Sozialwissenschaft und Sozialpolitik*. Bd. 46. SS. 1-39.), *Aufsätze zur Soziologie*, Tübingen : J. C. B. Mohr.
——1939/1989. *Business Cycle Theory : A Theoretical, Historical and Statistical Analysis of the Capitalist Profess*, Philadelphia/New York : McGraw-Hill Inc..
——1942. *Capitalism, Socialism and Democracy*.（中山伊知郎・東畑精一訳『資本主義・社会主義・民主主義』，東洋経済新報社，1995 年）
——1954. *History of Economic Analysis*, New York : Oxford University Press.
Scott-Smith, G, 2002. *The Politics of Apolitical Culture : The Congress for Cultural*

Freedom, the CIA and post-war American Hegemony, London/New York : Routledge.

Selten, R. 1998. "Game Theory, Experience, Rationality," in Leinfellner, W. & Köhler, E. (eds.), *Game Theory, Experience, Rationality*, Dordrecht/Boston/London : Kluwer Academic Publishers.

Shapley, L. 1953. "A Value for *n*-Person Games," in Luce. H. & Tucker, W. (eds.), *Contribution to the Theory of Games II*, Princeton : Princeton University Press.

Shubik, M.

——1959. "Edgeworth Market Games," in Tucker, A. W. & Luce, R. D. (eds.), *Contributions to the Theory of Games.*, (*Annals of Mathematics Studies*, 40), Princeton : Princeton University Press.

——1967. "The Contribution of Oskar Morgenstern," in Shubik (ed.), *Essays in Mathematical Economics in Honor of Oskar Morgenstern*, Princeton : Princeton University Press.

——1978. "Morgenstern, Oskar," *International Encyclopedia of the Social Sciences*, vol. 18, New York : Biographical Supplement, pp. 541-544.

——1982. *Game Theory in the Social Sciences : Concepts and Solutions*, Massachusetts : MIT Press.

——1984. *A Game-Theoretical Approach to Political Economy*, Massachusetts : MIT Press.

——1992. "Game Theory at Princeton, 1949-1955 : A Personal Reminiscence," in Weintraub, E. R. (ed.), *Toward a History of Game Theory*, Durham : Duke University Press.

——1993. "Oskar Morgenstern : A Visionary in Economic Science," in Felderer, B. (ed.), *Wirtschafts- und Sozialwissenschaften zwischen Theorie und Praxis* : 30 Jahre Institut für Höhere Studien in Wien, Heidelberg.

Sigmund, K.

——1995. "A Philosopher's Mathematician : Hans Hahn and the Vienna Circle," *The Mathematical Intelligencer*, 17 (5), pp. 16-29.

——1998. "Menger's Ergebnisse-A Biographical Introduction," in Dierker & Sigmund (eds.), 1998.

——nn. "Exact Thought in a Demented Time ; Karl Menger and his Viennese Mathematical Colloquium," unpublished paper.

Simon, H. A., Egidi, M., Man-is, R. & Viale, R. 1992. *Economics, Bounded Rationality and Cognitive Revolution*, Hants/Vermont : Edward Elgar Publishing Limited.

Singer, P. W. 2003. *Corporate Warriors : The Rise of the Privatized Military Industry*, Ithaca/London : Cornell University Press.（山崎淳訳『戦争請負会社』, NHK出版, 2004 年）

Smith, N. 2003. *American Empire : Roosevelt's Geographer and the Prelude to Globalization,* Berkeley/Los Angeles/London : University of California Press.

Sorin, S. 2002, "Bluff & Reputation", Schmidt, C. (eds.), *Game Theory and Economic Analysis : A Quiet Revolution in Economics*, London and New York : Routledge.

Spann, O. 1921/1972. *Der wahre Staat, Vorlesungen über Abbruch und Neubau der Gesellschaft*, Leipzig/Graz : Gesamtausgabe, Vol. 5.

Stadler, F. 1997. *Studien zum Wiener Kreis : Ursprung, Entwicklung und Wirkung des Logischen Empirismusim Kontext*, Frankfurt am Main : Surkamp.

Stiefel, D. 1988. *Die grosse Krise in einem kleinen Land : Österreichische Finanz- und Wirtschaftspolitik 1929–1938*, Wien : Böhlau.

Stiglitz, J. E. 2001. *Foreword*, (Polanyi, Karl), *The Great Transformation*, Boston : Beacon Press, pp., vii-xvii.

Streißler, E. 1969. "Structural Economic Thought : On the Significance of the Austrian School Today," *Zeitschrift für Nationalökonomie*, 29, pp. 237-266.

Streißler, E & Weber, W. 1964. "Nutzen," *Handwöterbuch der Sozialwissenschaften*, Bd. 8, Stuttgart.

Swedberg, R. 1991. *Joseph A. Schumpeter : his Life and Work*, Cambridge : Polity Press.

Talos, E. & Neugebauer, W. (eds.) 1988/2005. *Austrofascismus, Beiträge über Politik, Ökonomie und Kultur 1934–1938*, 4, ergänzte Auflage, Wien : Verlag für Gesellschaftskritik.

Tannenwald, N. 2008. *The Nuclear Taboo : The United States and the Non-Use of Nuclear Weapons since 1945*, Cambridge : Cambridge University Press.

Taquey, C. H. 1947. "Plans for Germany : Imposition of Free Trade on Vanquished Is Criticized," The Letter to the (New York) Times, (*New York*

Times, vol. 97, No. 32782, Oct. 26. p. 8E). (*Oskar Morgenstern Papers*, Box 26. Writings and Speeches : Alphabetical.)

Thomasberger, C. 2005. "Human Freedom and the 'Reality of Society' : Origins and development of Karl Polanyi's Ideas during the Interwar Period," *The History of Economic Thought*, 47 (2), December, pp. 1-14.

The Royal Swedish Academy of Science 2005. "Robert Aumann's and Thomas Schelling's Contributions to Game Theory : Analyses of Conflict and Cooperation," *Advanced Information by Information Department*. (pdf)

Tribe, K.

——1995. *Strategies of Economic Order : German Economic Discourse. 1750-1950*, Cambridge : Cambridge University Press.（小林純・手塚真・枡田大和彦訳『経済秩序のストラテジー：ドイツ経済思想史 1750-1950』，ミネルヴァ書房，1998年）

——2009. "The Political Economy of Modernity : Foucault's College de France Lectures of 1978 and 1979." *Economy and Sociey*, vol. 38, No. 1, pp. 679-698.

Tuathail, G. 1996. *Critical Geopolitics*, London : Routledge.

Wald, A.

——1945a. "Generalization of a Theorem by von Neumann Concerning Zero-Sum Two-Person Games," *Annals of Mathematics*, 46, pp. 281-286.

——1945b. "Statistical Decision Functions Which Minimize the Maximum Risk," *Annals of Mathematics*, 46, pp. 265-280.

——1947. "Theory of Games andEconomic Behavior by John von Neumann and Oskar Morgenstern," *The Review of Econonomic Statistics,* 29, pp. 47-52.

——1950a. "Note on Zero-Sum Two-Person Games," *Annals of Mathematics*, 52, pp. 739-742.

——1950b. "On Some Systems of Equations of Mathematical Economics," *Econometrica*, 19, pp. 368-403.

Walker, G. B., Bella, D. A. & Sprecher, S. J.(eds.). 1992. *The Military-Industrial Complex : Eisenhower's Warning Three Decades Later*, New York/San Francisco/Bern : Peter Lang.

Watkins, S. 2008. "Editorial : The Nuclear Non-Protestation Treaty," *New Left Review*, 52, pp. 5-26.

Weintraub, E. R.

——1983. "On the Existence of a Competitive Equilibrium : 1930-1954," *Journal of Economic Literature*, 21, pp. 1-39.

——1985. *General Equilibrium Analysis : Studies in Appraisal*, Cambridge : Cambridge University Press.

——1991. *Stabilizing Dynamics : Constructing Economic Knowledge*, Cambridge : Cambridge University Press.

——2002. *How Economics Became a Mathematical Science*, Durham/London : Duke University Press.

Weintraub, R. (ed.) 1992. *Toward a History of Game Theory*, Durham : Duke University Press.

Weisfeld, M. (ed.), 1995/1996. *A Special Volume : A Celebration of John F. Nash Jr., Duke Mathematical Journal*, vol. 81, Duhram : Duke University Press.

Wohlstetter, A. 1964. "Sin and Games in America," in Shubik, M. (ed.), *Game Theory and Related Approaches to Social Behavior*, New York/London/Sydney : John Wiley & Sons, Inc., pp. 209-225.

Yergin, D. A., & Stanislaw, J. 1998. *The Commanding Heights : The Battle Between Government and the Marketplace that is Remaking the Modern World*.（山岡洋一訳『市場対国家　―世界を作り変える歴史的攻防　上・下』，日本経済新聞社，1998 年，2001 年）

Zeckhauser, R. 1989. "Distinguished Fellow : Reflections on Thomas Schelling," *Journal of Economic Perspectives*, 3 (2), spring, pp. 153-164.

Ziebura, G. 1984/1990. *World Economy and World Politics, 1924-1931 : From Reconstruction to Collapse*, (trsl. B. Little), Oxford/New York/Munich : Berg Publishers, (originally. *Weltwirtschaft und Weltpolitik 1922/24-1941 : Zwischen Rekonstruktion und Zusammenbruch*, Frankfurt am Main : Suhrkamp Verlag.)

明石欽司 2009.『ウェストファリア条約：その実像と神話』慶応義塾大学出版会.

浅田彰 1982.「公理主義的経済学の誕生：ウィーンとケンブリッジ」『人文学報』1-21 頁.

大倉正雄

——2000.『イギリス財政思想史：重商主義期の戦争・国家・経済』日本経済評論社.

――2002.「『財政・軍事国家』の形成と財政論議：重商主義の批判的評価」竹本・大森編著『重商主義再考』35-62頁.

尾近裕幸・橋本努編著 2003.『オーストリア学派の経済学：体系的序説』日本経済評論社.

上川孝夫 2006.「国際金本位制に関する覚書」横浜国立大学『エコノミア』57（1），75-93頁.

加藤哲郎 2003.「グローバリゼーションは福祉国家の終焉か？：ネグリ＝ハート『帝国』への批判的評注」『一橋論叢』130(4)，16-32頁.

草間秀三郎 1974.『ウッドロー・ウィルソンの研究：とくに国際連盟構想の発展を中心として』風間書房.

楠井敏朗 2005.『アメリカ資本主義とニューディール』日本経済評論社.

鈴木光男 1994.『新ゲーム理論』勁草書房.

多木浩二 1999.『戦争論』岩波書店.

高木徹 2002/2005.『ドキュメント 戦争広告代理店』講談社現代文庫.

高橋章 1979.「『コーポレート・リベラリズム』論ノート」『大阪市立大学人文研究』31(8)，539-571頁.

竹本洋・大森郁夫編著 2002.『重商主義再考』日本経済評論社.

谷川建司 2002.『アメリカ映画と占領政策』京都大学学術出版会.

土佐弘之

――2003.『安全保障という逆説』青土社.

――2006.『アナーキカル・ガバナンス』御茶の水書房.

中山智香子

――1998.「ファシズム思想における『合理性』：ポランニーのファシズム分析をめぐって」熊本大学文学会『文学部論叢』61，125-161頁.

――2001.「K. Mengerの思想に関するノート：オーストリア学派とウィーン学団のはざまで」『一橋大学社会科学古典資料センター年報』21，12-21頁.

――2003.「ゲーム理論：モルゲンシュテルン」尾近・橋本編著『オーストリア学派の経済学』293-316頁.

――2004a.「市場社会主義を考える」『現代思想：総特集マルクス』32(5)，184-192頁.

――2004b.「『市場』をめぐる権力：市場原理の幻想と市場の外部性」熊野純彦・吉澤夏子編『差異のエチカ』ナカニシヤ出版，247-270頁.

――2005a.「ジオポリティクスとは何か」西谷・中山編『視角のジオポリティ

クス』，105-113 頁.
――2005b.「J. A. シュンペーター：世界戦争の分析装置としての帝国主義をめぐって」大森郁夫編『経済思想 5：経済学の古典的世界 2』，日本経済評論社，165-214 頁.
――2006a.「『帝国』のネオリベラリズム批判：デモクラティックなグローバル・ニューディール・モデル」西谷修編『ネオリベラリズムと戦争の変容』科学研究費研究成果報告書，20-36 頁.
――2007a.「シュンペーターと思想の進化」西川潤編著『社会科学を再構築する：地域平和と内発的発展』明石書店.
――2007b.「リベラル・インターナショナリズム批判：ポラニーとシュンペーター」平井俊顕編著『市場社会とは何か：ヴィジョンとデザイン』，161-181 頁.
西谷修
――1992/1998.『戦争論』講談社学術文庫.
――2002.『不死のワンダーランド　増補新版』青土社.
――2002/2006.『〈テロル〉との戦争』以文社.
――2008a.「二つの西洋：アメリカ　異形の制度空間 1」『世界』2008 年 11 月，73-81 頁.
――2008b.「自由と所有権：アメリカ　異形の制度空間 2」『世界』2008 年 12 月，208-18 頁.
――2008c.「民主化―拡大する自由のレジーム：アメリカ　異形の制度空間 3」『世界』2009 年 1 月，62-70 頁.
――2008d.「底なしの『自由』に溺れて：アメリカ　異形の制度空間 4」『世界』2009 年 2 月，259-66 頁.
西谷修・中山智香子編 2005.『視角のジオポリティクス：メディアウォールを突き崩す』東京外国語大学大学院 21 世紀ＣＯＥプログラム「史資料ハブ地域文化研究拠点」研究叢書.
野口建彦
――1995.「カール・ポラニー再考」『思想』6 月号，26-54 頁.
――2008.「ポラニーの業績と二人のノーベル経済学賞受賞者のポラニー評価」『経済集志』（日本大学経済学部）78(3)，293-317 頁.
服部正治 2002.「イギリス歴史学派経済学における重商主義の復活」竹本・大森編著『重商主義再考』，193-222 頁.
平井俊顕編著 2007.『市場社会とは何か：ヴィジョンとデザイン』上智大学

出版会.
藤瀬浩司・李修二 1994.「国際連盟と経済金融問題」藤瀬浩司編『世界大不況と国際連盟』名古屋大学出版会.
細井保 2001.『オーストリア政治危機の構造：第一共和国国民議会の経験と理論』法政大学出版局.
前田芳人 2002.「グローバリゼーションと重商主義の遺産」竹本・大森編著『重商主義再考』, 223-257 頁.
村松恵二 2006.『カトリック政治思想とファシズム』創文社.
八木紀一郎
——1988.『オーストリア経済思想史研究：中欧（ハプスブルグ）帝国と経済学者』名古屋大学出版会.
——2001.「オーストリア学派における自由主義の純化」『土地制度史学』171, 1-9 頁.
——2004.『ウィーンの経済思想：メンガー兄弟から 20 世紀へ』ミネルヴァ書房.
山口定 1980/2006.『ファシズム』岩波書店現代文庫.

著者紹介

1964年生まれ。早稲田大学大学院経済学研究科博士後期課程単位取得退学。社会・経済学博士(ウィーン大学)。東京外国語大学総合国際学研究院准教授。経済思想史・社会思想史。「ゲーム理論：モルゲンシュテルン」尾近裕幸・橋本努編著『オーストリア学派の経済学：体系的序説』日本経済評論社、2003年；「リベラル・インターナショナリズム批判：ポラニーとシュンペーター」平井俊顕編著『市場社会とは何か：ヴィジョンとデザイン』上智大学出版会、2007年；"Austrian Economics in the Interwar Period: Morgenstern and Austria in the 1930s," *Area and Culture Studies* (Tokyo University of Foreign Studies) vol. 65: 61-82; "An Investigation of Hayek's Criticism of Central Planning," in *F. A. Hayek as a Political Economist: Economic Analysis and Values* (Aimar, T., Birner, J. ed.), London/ New York: Routledge, 2002 : 81-96 ほか。

経済戦争の理論　大戦間期ウィーンとゲーム理論

2010年２月20日　第１版第１刷発行

著者　中《なか》山《やま》智《ち》香《か》子《こ》

発行者　井村寿人

発行所　株式会社　勁《けい》草《そう》書房

112-0005 東京都文京区水道 2-1-1　振替 00150-2-175253
(編集) 電話 03-3815-5277／FAX 03-3814-6968
(営業) 電話 03-3814-6861／FAX 03-3814-6854
堀内印刷所・青木製本

ISBN978-4-326-15410-4　Printed in Japan

奥野満里子	シジウィックと現代功利主義	A5判	五七七五円	10125-2
M・ロスバード 森村進ほか訳	自由の倫理学 リバタリアニズムの理論体系	A5判	五六七〇円	10145-0
北田暁大	責任と正義 リベラリズムの居場所	A5判	五一四五円	60160-8
若松良樹	センの正義論 効用と権利の間で	四六判	三一五〇円	15371-8
中金聡	政治の生理学 必要悪のアートと論理	四六判	三四六五円	35120-6
J・ウルフ 森村進ほか訳	ノージック 所有・正義・最小国家	四六判	三三六〇円	15294-0

＊表示価格は二〇一〇年二月現在。消費税は含まれております。
＊ＩＳＢＮコードは一三桁表示です。